PEDAGOGAS E PEDAGOGOS ATUANTES EM ESTABELECIMENTOS DE PRIVAÇÃO DE LIBERDADE
FORMAÇÃO INICIAL, LIMITES, DESAFIOS E POSSIBILIDADES

Editora Appris Ltda.
1.ª Edição - Copyright© 2024 do autor
Direitos de Edição Reservados à Editora Appris Ltda.

Nenhuma parte desta obra poderá ser utilizada indevidamente, sem estar de acordo com a Lei nº 9.610/98. Se incorreções forem encontradas, serão de exclusiva responsabilidade de seus organizadores. Foi realizado o Depósito Legal na Fundação Biblioteca Nacional, de acordo com as Leis nᵒˢ 10.994, de 14/12/2004, e 12.192, de 14/01/2010.

Catalogação na Fonte
Elaborado por: Dayanne Leal Souza
Bibliotecária CRB 9/2162

	Santos, Bruno Tadeu de Oliveira
S237p	Pedagogas e pedagogos atuantes em estabelecimentos de privação de
2024	liberdade: formação inicial, limites, desafios e possibilidades / Bruno Tadeu
	de Oliveira Santos. – 1. ed. – Curitiba: Appris, 2024.
	241 p. : il. ; 23 cm. – (Coleção Educação, Tecnologias e
	Transdisciplinaridades).
	Inclui referências.
	ISBN 978-65-250-6855-8
	1. Pedagogia. 2. Educação em prisões. 3. Educação não escolar.
	I. Santos, Bruno Tadeu de Oliveira. II. Título. III. Série.
	CDD – 370.11

Livro de acordo com a normalização técnica da ABNT

Appris *editora*

Editora e Livraria Appris Ltda.
Av. Manoel Ribas, 2265 – Mercês
Curitiba/PR – CEP: 80810-002
Tel. (41) 3156 - 4731
www.editoraappris.com.br

Printed in Brazil
Impresso no Brasil

Bruno Tadeu de Oliveira Santos

PEDAGOGAS E PEDAGOGOS ATUANTES EM ESTABELECIMENTOS DE PRIVAÇÃO DE LIBERDADE

FORMAÇÃO INICIAL, LIMITES, DESAFIOS E POSSIBILIDADES

Appris
editora

Curitiba, PR

2024

FICHA TÉCNICA

EDITORIAL — Augusto Coelho
Sara C. de Andrade Coelho

COMITÊ EDITORIAL

Ana El Achkar (Universo/RJ)
Andréa Barbosa Gouveia (UFPR)
Antonio Evangelista de Souza Netto (PUC-SP)
Belinda Cunha (UFPB)
Délton Winter de Carvalho (FMP)
Edson da Silva (UFVJM)
Eliete Correia dos Santos (UEPB)
Erineu Foerste (Ufes)
Fabiano Santos (UERJ-IESP)
Francinete Fernandes de Sousa (UEPB)
Francisco Carlos Duarte (PUCPR)
Francisco de Assis (Fiam-Faam-SP-Brasil)
Gláucia Figueiredo (UNIPAMPA/ UDELAR)
Jacques de Lima Ferreira (UNOESC)
Jean Carlos Gonçalves (UFPR)
José Wálter Nunes (UnB)
Junia de Vilhena (PUC-RIO)

Lucas Mesquita (UNILA)
Márcia Gonçalves (Unitau)
Maria Aparecida Barbosa (USP)
Maria Margarida de Andrade (Umack)
Marilda A. Behrens (PUCPR)
Marília Andrade Torales Campos
(UFPR)
Marli Caetano
Patrícia L. Torres (PUCPR)
Paula Costa Mosca Macedo (UNIFESP)
Ramon Blanco (UNILA)
Roberta Ecleide Kelly (NEPE)
Roque Ismael da Costa Güllich (UFFS)
Sergio Gomes (UFRJ)
Tiago Gagliano Pinto Alberto (PUCPR)
Toni Reis (UP)
Valdomiro de Oliveira (UFPR)

SUPERVISORA EDITORIAL — Renata C. Lopes

PRODUÇÃO EDITORIAL — Bruna Holmen

REVISÃO — Bruna Fernanda Martins

DIAGRAMAÇÃO — Andrezza Libel

CAPA — Mariana Brito

REVISÃO DE PROVA — Bianca Pechiski

COMITÊ CIENTÍFICO DA COLEÇÃO EDUCAÇÃO, TECNOLOGIAS E TRANSDISCIPLINARIDADE

DIREÇÃO CIENTÍFICA — Dr.ª Marilda A. Behrens (PUCPR) — Dr.ª Patrícia L. Torres (PUCPR)

CONSULTORES

Dr.ª Ademilde Silveira Sartori (Udesc)

Dr. Ángel H. Facundo
(Univ. Externado de Colômbia)

Dr.ª Ariana Maria de Almeida Matos Cosme
(Universidade do Porto/Portugal)

Dr. Artieres Estevão Romeiro
(Universidade Técnica Particular de Loja-Equador)

Dr. Bento Duarte da Silva
(Universidade do Minho/Portugal)

Dr. Claudio Rama (Univ. de la Empresa-Uruguai)

Dr.ª Cristiane de Oliveira Busato Smith
(Arizona State University /EUA)

Dr.ª Dulce Márcia Cruz (Ufsc)

Dr.ª Edméa Santos (Uerj)

Dr.ª Eliane Schlemmer (Unisinos)

Dr.ª Ercilia Maria Angeli Teixeira de Paula (UEM)

Dr.ª Evelise Maria Labatut Portilho (PUCPR)

Dr.ª Evelyn de Almeida Orlando (PUCPR)

Dr. Francisco Antonio Pereira Fialho (Ufsc)

Dr.ª Fabiane Oliveira (PUCPR)

Dr.ª Iara Cordeiro de Melo Franco (PUC Minas)

Dr. João Augusto Mattar Neto (PUC-SP)

Dr. José Manuel Moran Costas
(Universidade Anhembi Morumbi)

Dr.ª Lúcia Amante (Univ. Aberta-Portugal)

Dr.ª Lucia Maria Martins Giraffa (PUCRS)

Dr. Marco Antonio da Silva (Uerj)

Dr.ª Maria Altina da Silva Ramos
(Universidade do Minho-Portugal)

Dr.ª Maria Joana Mader Joaquim (HC-UFPR)

Dr. Reginaldo Rodrigues da Costa (PUCPR)

Dr. Ricardo Antunes de Sá (UFPR)

Dr.ª Romilda Teodora Ens (PUCPR)

Dr. Rui Trindade (Univ. do Porto-Portugal)

Dr.ª Sonia Ana Charchut Leszczynski (UTFPR)

Dr.ª Vani Moreira Kenski (USP)

Aos pedagogos e pedagogas brasileiros,
mestres do ofício educativo nos mais diferentes contextos.

O futuro com que sonhamos não é inexorável. Temos de fazê-lo, de produzi-lo, ou não virá da forma como mais ou menos queríamos. É bem verdade que temos de fazê-lo não arbitrariamente, mas com os materiais, com o concreto que dispomos e mais com o projeto, com o sonho por que lutamos.

(Paulo Freire)

APRESENTAÇÃO

A pesquisa apresentada nesta obra buscou compreender de que maneira a formação inicial impacta a prática profissional de pedagogos atuantes no sistema prisional e no sistema socioeducativo paulista. O direito à educação dos jovens e adultos em situação de privação de liberdade está previsto em textos legais, como a Constituição Federal de 1988, a Lei de Execução Penal 7210/84 e o Estatuto da Criança e do Adolescente, Lei 8.069/90. Nesses documentos são previstas ações educativas escolares e profissionalizantes destinadas à população carcerária adulta e aos adolescentes internados para cumprimento de medida socioeducativa. Essas atividades são apresentadas como as iniciativas mais eficazes para promover um movimento que possibilite ao indivíduo privado de liberdade um retorno positivo à vida social na perspectiva da ressocialização. As previsões legais mencionadas configuram um cenário favorável para a realização de ações educacionais e circunscrevem um campo específico para a atuação do pedagogo, que combina práticas educativas escolares e não escolares nos estabelecimentos para internação de adolescentes e adultos. Desse modo, a presente obra apresenta pesquisa desenvolvida por meio de estudo teórico sobre a formação inicial de pedagogos, além de entrevistas com pedagogos que atuam na Secretaria da Administração Penitenciária do Estado de São Paulo e no sistema socioeducativo nas unidades da Fundação Casa, com o intuito de identificar as características da atuação em contextos não escolares com foco nas instituições de privação de liberdade e se essa temática é tratada na formação dos futuros profissionais. Nesses termos, a pesquisa, de abordagem qualitativa, propõe analisar os dados obtidos por intermédio de entrevistas e referencial teórico, com base em referenciais teóricos da Pedagogia como Ciência, dialogando, ainda, com o subcampo da Pedagogia Social, a partir de uma abordagem pedagógica crítica utilizando a metodologia de análise dos Núcleos de Significação.

LISTA DE ABREVIATURAS E SIGLAS

Anfope	Associação Nacional Pela Formação dos Profissionais da Educação
ASP	Agente de Segurança Penitenciária
BNCC	Base Nacional Comum Curricular
BNC – Formação	Base Nacional Comum para Formação de Professores
Casa	Centro de Atendimento Socioeducativo ao Adolescente
CDP	Centro de Detenção Provisória
CEP SAP	Comitê de Ética em Pesquisa da Secretaria da Administração Penitenciária
CEP Unifesp	Comitê de Ética em Pesquisa da Universidade Federal de São Paulo
CNE	Conselho Nacional de Educação
CNJ	Conselho Nacional de Justiça
Depen	Departamento Penitenciário Nacional
DCN	Diretrizes Curriculares Nacionais
EJA	Educação de Jovens e Adultos
ENE	Educação Não Escolar
Febem	Fundação Estadual do Bem-Estar do Menor
Funabem	Fundação Nacional do Bem-Estar do Menor
Funap	Fundação Professor Manoel Pedro Pimentel
Infopen	Levantamento Nacional de Informações Penitenciárias
LDB	Lei de Diretrizes e Bases da Educação Nacional
LEP	Lei de Execução Penal
MDH	Ministério dos Direitos Humanos

MEC	Ministério da Educação
MJ	Ministério da Justiça
ONG	Organização não governamental
PEC	Projeto de Emenda Constitucional
PIA	Plano Individual de Acompanhamento
RIP	Regimento Interno Padrão
SAP	Secretaria de Administração Penitenciária
Secadi	Secretaria de Educação Continuada, Alfabetização, Diversidade e Inclusão
SEE/SP	Secretaria da Educação do Estado de São Paulo
Sinase	Sistema Nacional de Atendimento Socioeducativo
SNDCA	Secretaria Nacional dos Direitos da Criança e do Adolescente
TCLE	Termo de Consentimento Livre e Esclarecido

SUMÁRIO

INTRODUÇÃO...15
   Caracterização Geral..16
   Justificativa...19

CAPÍTULO 1
A AUTONOMIA CIENTÍFICA DA PEDAGOGIA............................ 27
   Pedagogia como ciência, debates epistemológicos................ 27
   Ampliando o debate – A Pedagogia Social em questão.............41
   Aprofundando as raízes e fundamentos da Pedagogia Social....... 42
   A atualidade da Pedagogia Social Brasileira..................... 46
   Paulo Freire e a Pedagogia Social.............................. 53
   Considerações sobre o debate epistemológico da Pedagogia 56

CAPÍTULO 2
INSTITUIÇÕES DE PRIVAÇÃO DE LIBERDADE – ASPECTOS HISTÓRICOS
DO CÁRCERE... 61
   Os aparelhos repressivos em números........................... 65
   A internação de adolescentes, a proteção integral e a socioeducação 67
   Educação como elemento de ressocialização 72
   O inverso da ressocialização: a prisionização.................. 75
   Os pedagogos nas instituições de privação de liberdade 78
   Pedagogo e a Educação Social.................................. 80

CAPÍTULO 3
A EDUCAÇÃO EM ESPAÇOS NÃO ESCOLARES NOS CURSOS DE
PEDAGOGIA... 85
   Identidade e disputas em torno do curso de Pedagogia e a educação popular 85
   Neoliberalismo, atualidade brasileira e educação............... 98
   Os dias atuais: As "bases" neoliberais de uma política educacional de formação 108

CAPÍTULO 4
PESQUISA DE CAMPO 117
   Procedimentos da Pesquisa......................................117
   Análise dos dados a partir dos núcleos de significação 120

A categoria totalidade como elemento equalizador do método 124

Núcleos de significação: uma proposta histórico-dialética de apreensão das significações 126

Caracterização geral das pedagogas e pedagogos entrevistados 127

Levantamento dos Pré-indicadores e Indicadores da pesquisa 130

Conceito de Educabilidade – contribuições de Freire e Saviani 175

Análise Intranúcleo 178

Núcleo 1 – A escolha da profissão e os condicionantes do meio social: a cultura escolar como elemento constitutivo da identidade profissional do pedagogo 179

Núcleo 2: Formação acadêmica, capacitação profissional e continuada e as impressões dos pedagogos como intelectuais que refletem sobre sua prática 188

Núcleo 3: O exercício da profissão, condicionantes objetivos, precarização, contradições e aspirações 200

Núcleo 4: A função socioeducativa e ressocializadora do pedagogo e do trabalho pedagógico nas instituições de privação de liberdade 207

Sintetizando os núcleos de significação – Análise internúcleos 214

CAPÍTULO 5
CONSIDERAÇÕES FINAIS 221

REFERÊNCIAS 227

INTRODUÇÃO

A legislação brasileira prevê a oferta de educação nos estabelecimentos de privação de liberdade, tanto para adolescentes em conflito com a lei internados para o cumprimento de medida socioeducativa como para os adultos sob custódia do sistema penitenciário.

Nesses termos, é oportuno esclarecer que, por *instituições de privação de liberdade*, entende-se, aqui, tanto os estabelecimentos prisionais para adultos como os estabelecimentos destinados aos adolescentes. Observa-se que essas instituições possuem a mesma premissa punitivista erigida pelo sistema judiciário, apesar de serem direcionadas para diferentes grupos etários.

Por sua vez, a oferta do ensino é assegurada aos adolescentes pelo Estatuto da Criança e do Adolescente (ECA), na perspectiva da socioeducação e, para os adultos, é assegurada pela Lei de Execução Penal (LEP). Nota-se que o amparo legal atribui a oferta de ensino ao Estado, no sentido de resguardar a garantia desse direito humano. A pessoa que cumpre medida privativa de liberdade tem assegurado o direito à educação, prerrogativa essa que estabelece um cenário no qual é permitida a interlocução entre instituições educativas e sociedade civil com as instituições de privação de liberdade para a garantia e efetivação do acesso à educação, franqueando um campo de atuação para os pedagogos.

Cabe ressaltar que em ambos os textos legais, LEP e ECA, a educação é sempre apresentada na perspectiva da ressocialização, partindo do pressuposto do "regresso" do indivíduo à vida em sociedade, elemento sobre o qual este trabalho apresentará reflexões.

Faz-se necessário lembrar que o mundo contemporâneo impõe ao campo educacional uma série de novas demandas, sobretudo extraescolares, evidenciando, cada vez mais, que discutir educação exige a compreensão das dimensões política, econômica, social e cultural dos contextos em que ocorrem os processos educativos em questão; e a diversidade das condições que constituem os indivíduos deve ser levada em conta, pois é premente pensar o sujeito da educação como um sujeito integral.

Em meio a essa diversidade de realidades educativas, têm-se os pedagogos atuantes nas instituições de privação de liberdade, contexto em que se apresentam inúmeras questões originadas da busca pela compreensão dessa atuação profissional plural. Uma das principais questões que será abordada no âmbito da pesquisa diz respeito à compreensão de como ocorre a formação inicial dos pedagogos que irão atuar nesses contextos institucionais, tendo em vista que o curso de Pedagogia é, basicamente, voltado à formação de profissionais que atuem em contextos escolares.

Especificamente sobre o Curso de Pedagogia, as Diretrizes Curriculares Nacionais (DCN), promulgadas em 2006, regulamentam a formação do profissional para atuar em contextos não escolares. No entanto, interessa refletir se os cursos de licenciatura em Pedagogia tratam, de maneira suficiente e significativa, as diferentes nuances desses campos. Será que são contempladas as questões institucionais, estruturais, jurídicas, pedagógicas, humanas e políticas da prisão? Ou o pedagogo ainda permanece como um profissional restrito ao universo escolar regular e à educação de crianças?

Não há demérito nenhum nesse questionamento, pois o intuito real é averiguar se a previsão das Diretrizes para as "outras educações" está sendo, de fato, cumprida. Nesse sentido, o pesquisador depara-se com a Pedagogia Social, campo que assume a Educação Não Escolar como objeto de formulações teórico-práticas e estabelece, dentro do campo epistemológico da Pedagogia, a sistematização da Educação Social enquanto seu referencial maior e compreende o cárcere como espaço emblemático e privilegiado para a intervenção educativa.

É importante frisar que a atuação dos pedagogos nesses contextos possui um caráter bastante heterogêneo e será amplamente abordada nas entrevistas com os profissionais.

Caracterização Geral

O curso de Pedagogia e a formação de professores são marcados, na história da educação brasileira, por tensões e disputas político-ideológicas. Esses fatores, ao longo do tempo, estabeleceram, no curso, um amplo espaço para o debate e reflexão do fenômeno educativo.

Observando o desenrolar da história da educação brasileira desde os primórdios da educação jesuíta; por meio da *ratio-studiorum*, indo até o tecnicismo consolidado no auge da ditadura cívico-militar; constata-se um caráter difuso na formação dos pedagogos brasileiros, apesar da tendência bacharelesca. Observa-se que esse terreno não se manteve alheio aos diferentes movimentos da história nacional e tem-se a clareza de que a formação de pedagogos está longe de ser um campo isento de influências políticas.

Libâneo e Pimenta (2002), ao observarem as tensões e equívocos conceituais no percurso histórico da formação inicial de pedagogos e do Curso de Pedagogia, apontam que, no passado, persistiu nas diretrizes do curso de Pedagogia concebidas em 1939, e parcialmente mantidas em 1962 e 1969, uma concepção que defendia esse caráter bacharelesco do curso, em que a docência era algo, por vezes, secundarizado. Os autores evidenciam que, apesar de o campo da atuação não escolar não aparecer nos textos legais, ele já estava constituído muito antes das DCN de 2006, identificado, por exemplo, a partir de 1950 nas práticas de educação popular e nos movimentos sociais.

Outro ponto tratado pelos autores é a divergência em relação ao posicionamento da Associação Nacional Pela Formação dos Profissionais da Educação (Anfope), que anos antes da promulgação das DCN defendia a prevalência da identidade docente na formação do pedagogo, por compreender a "[...] docência como base da identidade profissional de todo educador" (Libâneo; Pimenta, 2002, p. 29).

Dando uma perspectiva mais ampla para formação no Curso de Pedagogia, Libâneo e Pimenta (2002, p. 19) defendiam que:

> O curso de pedagogia destinar-se-á à formação de profissionais interessados em estudos do campo teórico-investigativo da educação e no exercício técnico-profissional como pedagogos no sistema de ensino, nas escolas e em outras instituições educacionais, inclusive as não escolares.

Essa posição de Libâneo e Pimenta, que inclusive menciona a educação não escolar, está em perfeita consonância com o que afirmam as Diretrizes Curriculares Nacionais para o Curso de Pedagogia (2006):

> Art. 2.º As Diretrizes Curriculares para o curso de Pedagogia aplicam-se à formação inicial para o exercício da docência na Educação Infantil e nos anos iniciais do Ensino Fundamental, nos cursos de Ensino Médio, na modalidade Normal, e em cursos de Educação Profissional na área de serviços e apoio escolar, **bem como em outras áreas** (grifou-se) nas quais sejam previstos conhecimentos pedagógicos (Brasil, 2006).

Passada uma década da implantação das diretrizes, Silvestre e Pinto (2017), na apresentação do livro *Curso de Pedagogia avanços e limites após as Diretrizes Curriculares Nacionais,* refletem se o Curso de Pedagogia tem, de fato, formado adequadamente seus egressos para atuarem em todos os campos de exercício profissional previstos pelas DCN, esse tipo de questionamento converge para o que esta pesquisa busca problematizar quanto à necessidade de:

> [...] alimentar as políticas públicas na área de formação dos profissionais da Educação, de modo que o curso de Pedagogia, junto às demais licenciaturas, deem conta efetivamente da formação inicial dos professores para atuarem na Educação Básica pública, da formação dos gestores educacionais, e da formação de educadores para atuarem em espaços não escolares (Silvestre; Pinto, 2017, p. 21).

Ainda sobre a formação inicial, pode-se extrapolar as particularidades do contexto brasileiro com Tardif (2002), que levanta provocações com a finalidade de repensar a aproximação entre teoria e prática, ao afirmar que tanto a academia, como o exercício da profissão são desencadeadores de saberes, de teorias e de ações, de modo que o fazer profissional também possui caráter formativo.

O autor defende que a atividade profissional da docência deve ser compreendida como *lócus* prático para a produção, transformação e mobilização de saberes, teorias, conhecimentos e de um "saber fazer", específicos do ofício de ensinar, assim como aponta uma dimensão quase que artesanal do trabalho (Tardif, 2002).

Pinto (2012), ao conceituar a *docência em contexto,* nos oferece elementos para a discussão em torno da prática do pedagogo – ainda que, nesta pesquisa, a prática não se restrinja à docência. O autor apresenta três dimensões do trabalho pedagógico: o contexto institucional, o contexto local da unidade escolar e a dimensão (subjetiva) do professor como pessoa e como profissional e, assim, ele defende o princípio de que a formação do professor deve ser compreendida no encontro dessas dimensões.

Os referidos elementos são essenciais para a reflexão sobre a formação inicial confrontada aos desafios impostos pelo exercício da profissão em contextos não escolares, em que o pedagogo não está no seu "lugar natural" e barreiras e limites institucionais são ainda mais desafiadores.

Nesses termos, ressalta-se que as práticas educativas em instituições de privação de liberdade possuem peculiaridades e, diante disso, o pedagogo tem o desafio de adaptar-se a esses contextos e sua prática profissional, sendo docente ou não, também constitui um processo formativo. Uma vez que, atualmente, a atividade docente é parte constitutiva da profissão do pedagogo, sendo entendida como a base da formação acadêmica, quando o profissional se depara com a atuação em contextos institucionais diante dos quais a forma escolar está amalgamada a outro cânon institucional, como é o caso das instituições de privação de liberdade, a prática profissional deverá se configurar em consonância com as especificidades do contexto.

Portanto, nas instituições de privação de liberdade a "forma escolar" fica submetida à forma "do cárcere", que possui tempos e lógicas um tanto diferentes da escola. Sendo assim, torna-se oportuno o tratamento dessa problemática no âmbito da formação inicial, considerando o binômio trabalho/formação, como dimensão indissociável da prática do pedagogo.

Justificativa

No âmbito do sistema prisional, a educação está consagrada na legislação brasileira como prática ressocializadora. Entretanto, em números gerais, a oferta real de vagas em atividades educativas escolares e não escolares está muito longe de atender à demanda.

Em contrapartida, aos adolescentes é prevista a continuidade da vida escolar durante o período da internação e a garantia do acesso a esse direito é exercida e defendida com bastante força pela sociedade civil e pelo controle intenso do Ministério Público.

Assim, segundo dados do Levantamento Nacional de Informações Penitenciárias (Infopen) de 2019, apenas 16,53% da população prisional no Brasil está envolvida em algum tipo de atividade educacional e, quanto ao trabalho que é entendido também como atividade ressocializador, tem-se o índice de 19,28% da população prisional adulta em atividades laborais, internas ou externas aos estabelecimentos penais.

O Infopen é, basicamente, um censo sobre a população carcerária brasileira, por meio do qual o Ministério da Justiça reúne dados prisionais repassados pelos estados. É importante salientar que houve uma mudança drástica na forma de apresentação dos indicadores desse levantamento, em que, a partir de 2018, algumas categorias foram excluídas do relatório.

Em anos anteriores, o Ministério da Justiça apresentava um documento detalhado oferecendo informações sobre a estrutura completa do Sistema Prisional Brasileiro; em 2019, contudo, as informações foram expostas em forma de apresentação gráfica. Para se ter uma noção da inserção de Pedagogos nos estabelecimentos prisionais brasileiros pode-se recorrer ao Infopen do ano 2016, que aponta o número de 108.403 profissionais em atividade nas diferentes áreas do sistema prisional brasileiro naquele ano. Ademais, o levantamento destaca, ainda, que, em nível nacional, 316 profissionais atuavam em cargos específicos de pedagogo.

Nesses termos, os dados referentes às categorias de profissionais inseridas no Sistema Socioeducativo, ao se considerar todo o território nacional, indicam o emprego de 34.543 profissionais, assim distribuídos: a categoria classificada como Agente Socioeducador(a) é a maior e representa 67,3% (22.275) dos(as) profissionais, geralmente ligados ao atendimento direto no que diz respeito à custódia dos internos. Além disso, o documento aponta que os trabalhadores que estão inseridos nas equipes multidisciplinares são: assistentes sociais 4,08% (1.347), psicólogos 3,32% (1.223) e pedagogos 2,04% (672).

No estado de São Paulo, o quadro de pessoal da Fundação Centro de Atendimento Socioeducativo ao Adolescente (Casa) é regulamentado por meio de decretos do governo do estado. Uma primeira constatação no desenvolvimento desta pesquisa foi o número expressivo de 308 pedagogos (em setembro de 2019) atuantes nos estabelecimentos de internação de adolescentes Fundação Casa. Esse dado foi obtido por meio de uma solicitação realizada no portal do Serviço de Informações ao Cidadão (SIC), instituído pela Lei Federal de acesso à informação n.º 12.527, de 18 de novembro de 2011, regulamentada pelo decreto estadual n.º 58.052, de 16 de maio de 2012, que permite a qualquer cidadão solicitar documentos e dados relativos a órgãos e entidades da Administração Pública Paulista. Porém, a mesma solicitação foi feita à Secretaria da Administração Penitenciária do Estado de São Paulo (SAP-SP) e, no entanto, não foi obtida informação detalhada, motivo pelo qual se tomará por referência os dados nacionais do Governo Federal.

Ambos os levantamentos, Infopen e Portal da Transparência, são baseados nos relatórios oficiais de órgãos Públicos e permitem observar que a função de pedagogo compõe o quadro de pessoal dessas instituições e, apesar de certas limitações desses índices, como o fato de não serem os do ano corrente, servem de subsídio para referendar a necessidade de intensificar a discussão em torno da atuação dos egressos do curso de graduação em Pedagogia nesses estabelecimentos.

Inúmeros são os textos legais que subsidiam juridicamente o dever do Estado de garantia à Educação como um direito humano às pessoas privadas de liberdade, tanto aos adultos como aos adolescentes, a saber: Declaração Universal dos Direitos Humanos (1948); Lei de Execução Penal (1984); Constituição Federal (1988); Lei n.º 8.069/90 Estatuto da Criança e do Adolescente (ECA); Lei de Diretrizes e Bases da Educação (1996); Diretrizes Nacionais para oferta da educação em estabelecimentos penais aprovadas pela Resolução n.º 03/2009 do Conselho Nacional de Política Criminal e Penitenciário (CNPCP) e homologadas pelo Ministério da Educação por meio da Resolução n.º 02/2010 do Conselho Nacional de Educação (CNE); a Lei 12.433/2011, que estabelece remição da pena pelo estudo, além das leis estaduais que descrevem como a educação formal será ofertada – no estado de São Paulo, é a Resolução Conjunta SE-SAP-2, de 2016, para os adolescentes em conflito com a lei.

Além do levantamento dos textos legais foi realizada uma busca por produções acadêmicas recentes com convergência para este estudo.

A revisão bibliográfica da pesquisa apresentada nesse relatório buscou por produções acadêmicas dos gêneros tese e dissertação com o intuito de identificar como a temática da formação inicial do pedagogo para o trabalho em contexto não escolar, com foco nas instituições de privação de liberdade, é explorada. O recorte temporal estabelecido foi o período dos últimos dez anos e considerou produções publicadas e disponibilizadas integralmente nas plataformas digitais de acesso livre.

A busca foi realizada nas seguintes plataformas: Banco de Teses e Dissertações da Coordenação de Aperfeiçoamento de Pessoal de Nível Superior (Capes) e das universidades paulistas: Universidade de São Paulo (USP), Universidade Estadual Paulista (Unesp), Universidade Estadual de Campinas (Unicamp), Universidade Federal de São Paulo (Unifesp), Pontifícia Universidade Católica de São Paulo (PUC-SP) e Universidade Federal de São Carlos (Ufscar).

Dessa forma, convencionou-se utilizar como palavras-chave os termos: "educação prisional", "formação de pedagogos", "educação não formal". Como critérios de busca estabeleceu-se o período dos últimos 10 anos (2010 a 2019), o tipo de produção buscada voltou-se para dissertações e teses, bem como a grande área apontada foi a de Ciências Humanas. Por sua vez, a área de conhecimento, concentração e avaliação foi a área da educação; já como critério de exclusão, foi observada a aproximação das propostas investigativas para com a desta pesquisa e a menção à questão da formação inicial por meio de análise do resumo.

Assim, obedecidos os critérios, retornaram quatro resultados na busca pelos termos: "formação de pedagogos", a dissertação de mestrado de Silva (2019): "Os sentidos da educação em uma cadeia pública feminina no estado do Rio de Janeiro: perspectivas docentes", e três teses de doutorado: Coutinho (2013): "A questão da prática na formação do pedagogo no Brasil: uma análise histórica"; Oliveira (2015): "A formação do pedagogo para atuar no Sistema Penitenciário"; Tagliavini (2019): "A formação do pedagogo: a relação entre teoria e prática nas diretrizes curriculares do curso de Pedagogia".

Assim, ao seguir os mesmos procedimentos, para a expressão "educação prisional" foram obtidos dez resultados, consistindo em cinco dissertações de mestrado: Passos (2012): "Educação prisional no estado de São Paulo: passado, presente e futuro"; Gavioli (2015): "EJA e práticas pedagógicas: contribuições e desafios presentes nas publicações da ANPED nos anos de 2003 a 2013"; Campos (2018): "Reinserção escolar de jovens em cumprimento de medida socioeducativa: a visão dos educadores"; Pedroso (2017): "O significado e o sentido da escola pública para os jovens em conflito com a lei: uma discussão à luz da teoria da atividade de A. N. Leontiev"; Zundt (2019): "O professor na cela de aula : atuação docente de língua portuguesa para o ensino nas prisões"; e cinco teses de doutorado de: Graciano (2010): "A educação nas prisões: um estudo sobre a participação da sociedade civil"; Moreira (2016): "Educação prisional: gênese, desafios e nuances do nascimento de uma política pública de educação"; Seidel (2017): "A escola no cárcere: subjetividades entre as grades"; Leme (2018): "Educação nas prisões do Estado de São Paulo: esforços históricos e os limites institucionais"; José (2019): "Entre os muros e grades da prisão: o trabalho do professor que atua nas 'celas' de aula".

Ao buscar por "educação não escolar" retornaram cinco resultados, entre os quais três dissertações: Jantke (2012): "Educador social: formação e prática"; Menotti (2013): "O exercício da docência entre as grades: reflexões sobre a prática de educadores do sistema prisional do estado de São Paulo"; Martins (2014): "A formação de educadores sociais que

PEDAGOGAS E PEDAGOGOS ATUANTES EM ESTABELECIMENTOS DE PRIVAÇÃO DE LIBERDADE:
FORMAÇÃO INICIAL, LIMITES, DESAFIOS E POSSIBILIDADES

trabalham com a Educação não formal: a percepção de dois profissionais", e duas teses de doutorado: Zoppei (2015): "A educação não escolar no Brasil"; e Severo (2015): "Pedagogia e Educação Não Escolar no Brasil: Crítica epistemológica, formativa e profissional".

O levantamento mostrou que são escassos os estudos que se dedicam à análise da formação inicial e da atuação profissional dos pedagogos nas instituições de privação de liberdade, assim como o foco das produções concentra-se, majoritariamente, na prática docente dos profissionais. O tema da formação inicial é explorado em algumas das produções, outras, no entanto, abordam a temática na perspectiva das políticas públicas em educação e exploram as peculiaridades da EJA. Destacaram-se duas das produções, pela aproximação com a proposta investigativa da presente pesquisa, as teses de Oliveira (2015) e de Severo (2015).

Oliveira (2015) trata da formação dos pedagogos que atuam no sistema penitenciário do estado do Paraná e, assim, analisa a prática pedagógica docente desenvolvida pelos pedagogos que atuam em unidades penais com o objetivo geral de sistematizar princípios orientadores para a sua formação. A pesquisa desenvolveu-se em uma abordagem qualitativa, apoiada no eixo epistemológico da teoria como expressão da prática e toma, como objeto de estudo, a formação do pedagogo para o sistema prisional, formação por meio da prática com ênfase ao cotidiano profissional como espaço para a formação permanente, assim como reconhece a pertinência da Pedagogia Social como área privilegiada para a reflexão formativa do profissional, elementos preciosos e que contribuem para esta análise.

A presente pesquisa difere de Oliveira (2015), pois possui ênfase na formação inicial e busca problematizar, também, a abordagem da educação não escolar e da educação prisional nas matrizes curriculares de cursos de Pedagogia, além de abordar os estabelecimentos de internação para adolescentes.

Severo (2015), por sua vez, apresenta um estudo investigativo sobre os processos de formação inicial de pedagogos para intervenções profissionais em espaços de educação não escolar (ENE). Entre os questionamentos norteadores da análise, aponta a reflexão em torno da ENE se constituir como objeto formativo para o curso de Pedagogia e necessidade de delineamento dos saberes e habilidades profissionais que o curso deve contemplar para formar o pedagogo para a atuação nesses contexts. Assim, essa referida pesquisa fornece elementos norteadores para a análise que se desenvolve sobre a temática da ENE nos projetos pedagógicos de cursos das instituições públicas e privadas.

Desse modo, esse levantamento bibliográfico breve revela algumas das contradições e tensões históricas em torno do Curso de Pedagogia, no que se refere à formação de profissionais para atuar em ENE. Pode-se constatar que essa tem sido secundarizada, mesmo prevista nas atuais DCN, à medida que o curso de Pedagogia ainda centraliza a formação do professor dos anos iniciais da educação básica.

Ainda no campo das justificativas, o interesse pelo presente problema e campo de pesquisa também baseia-se na experiência profissional deste pesquisador como Agente de Segurança Penitenciária (ASP) no sistema penitenciário paulista, e na atuação como servidor público por cerca de cinco anos em diferentes estabelecimentos e regimes: Centros de Detenção Provisória (CDP), penitenciárias de regime fechado e alas de progressão de regime semiaberto, desempenhando atividades relacionadas diretamente à segurança – o trabalho, propriamente, de carcereiro – em contato direto com os internos. Cabe destacar que essa atuação profissional ocorreu em concomitância ao curso de graduação em Pedagogia na Unifesp.

Ao longo da graduação, o pesquisador foi muito estimulado pelas provocações e reflexões acerca da análise da instituição prisão em unidades curriculares obrigatórias como "Sociologia da Educação (I e II)" e "Filosofia da Educação II", que enunciaram aspectos teóricos conceituais mais clássicos da prisão; e nas disciplinas eletivas: "Educação de Jovens e Adultos: Diversidade e Práticas Educativas" e "Educação Escolar em Espaços de Privação de Liberdade", nas quais foram tratados aspectos em torno da construção da prisão como espaço de atuação do pedagogo e, ainda, um olhar na perspectiva da educação como um direito humano.

A partir desses fatores, este autor firmou o propósito desta pesquisa com intuito de identificar se a formação inicial dos pedagogos, nas diferentes instituições de ensino superior, está oferecendo elementos e subsídios teóricos para uma reflexão desse gênero.

O estudo, portanto, será direcionado por questões levantadas no cotidiano profissional passado de um pedagogo em formação que atuou em uma instituição de privação de liberdade. Essa experiência possibilitou um conhecimento peculiar sobre as mazelas da prisão, ainda que esta análise seja carregada do devido distanciamento próprio da atividade de pesquisa, está agregada ao olhar de quem investiga uma maior interlocução com a dinâmica interna do funcionamento do cárcere, tendo em mente a invisibilidade social da prisão e a impenetrabilidade desse território como campo de discussão e ação, pois, da mesma forma que a instituição exerce controle sobre os internos, ela também condiciona os que trabalham em sua manutenção, ou seja, o trabalhador está submetido ao desempenho de papéis regidos pelo exercício do controle, e, ao exercê-lo, torna-se simbolicamente parte do dispositivo.

Diante dessa questão contraditória no que se refere à formação do pedagogo, a presente obra problematiza em que medida o curso de Pedagogia tem contemplado a atuação de pedagogos em contextos não escolares e busca, nos referenciais teóricos da Pedagogia e da Pedagogia Social, os elementos necessários para estruturar uma reflexão que demonstre quão urgente é essa discussão.

CAPÍTULO 1

A AUTONOMIA CIENTÍFICA DA PEDAGOGIA

Pedagogia como ciência, debates epistemológicos

O debate sobre a defesa da autonomia científica da Pedagogia é bastante polêmico e mobiliza uma série de reflexões. É imprescindível se debruçar sobre alguns pontos fundamentais que versam sobre a defesa de uma concepção que evidencie o caráter científico da Pedagogia. Diante dessa necessidade, esta pesquisa discute a formação de pedagogos e a pluralidade do campo. Assim ao discutir o campo de atuação do pedagogo é fundamental logo de início assumir o pressuposto epistemológico que compreende a Pedagogia como Ciência da Educação.

Defender a profissão de pedagogo em sua diversidade de frentes de ação implica, antes de tudo, na defesa de uma formação sólida e na constituição de um campo científico que subsidie uma formação integral e crítica em suas dimensões teóricas e práticas. Portanto, defender uma compreensão mais alargada da atuação profissional dos egressos do curso de Pedagogia necessariamente acarretará um movimento em torno da busca do estatuto epistemológico da Pedagogia como ciência.

Esta pesquisa se volta para a atuação dos pedagogos que trabalham no âmbito das instituições de privação de liberdade. Partiremos do pressuposto de que este tipo de trabalho a princípio diverge da atuação docente e com amparo na revisão bibliográfica será articulado um debate que recorre ao subcampo da Pedagogia Social, o qual se debruça sobre os pressupostos teórico práticos da educação não escolar e que direciona um olhar atento para inserção do pedagogo como agente educativo no sistema prisional e socioeducativo.

Apresentado esse entendimento retomemos o debate teórico.

É importante estabelecer alguns consensos para a estruturação da concepção de epistemologia na Pedagogia. Boavida e Amado (2006) defendem que a epistemologia é o campo responsável pela análise dos limites e possibilidades de produção do conhecimento científico.

Buscando o sentido etimológico da palavra, epistemologia quer dizer discurso – *logos* sobre a ciência – *epistem* (Japiassu, 1977). Assim, epistemologia é um campo, na perspectiva da Teoria do Conhecimento e da Filosofia da Ciência que, conforme Japiassu (1977, p. 16), concentra seu objetivo no estudo "[...] metódico e reflexivo do saber, de sua organização, de sua formação, de seu desenvolvimento, de seu funcionamento e de seus produtos intelectuais". O autor ainda estabelece que o estatuto da epistemologia é polissêmico, pois se trata de um: "[...] discurso sistemático que encontra na Filosofia seus princípios e na ciência seu objeto" (Japiassu, 1977, p. 24).

Dessa forma, por epistemologia entende-se a área que concentra os estudos sobre estrutura, metodologias, validade e os limites do conhecimento obtido pela pesquisa científica. Cabe a ela o estudo científico que investiga os problemas relacionados ao conhecimento, sua natureza e limitações, além do grau de certeza do conhecimento científico nas suas diferentes áreas, com o objetivo principal de estimar sua importância para o ser humano.

Assim, para se constituir como matriz de conhecimento, a pedagogia recorreu ao instrumental de outras ciências que se voltam para o fenômeno educativo, como a psicologia, filosofia, sociologia e história, que se constituem como *ciências da educação*. Ressalta-se, porém, que a educação é o elemento que norteia as perspectivas articuladas nessas diferentes áreas, portanto considera-se o fenômeno educativo como elemento mobilizador de diferentes saberes.

Na tentativa de fornecer respostas para a problemática da cientificidade da pedagogia, destacam-se autores como: Dias de Carvalho (1988), Estrela (1980), Frigotto (1989), Mazzotti (1993) e Schmied-Kowarzik (1983), que possuem uma produção fundamental para a compreensão do tema. No entanto, há também uma outra geração de importantes autores brasileiros que, amparados por esses referenciais anteriores, avançaram em alguns aspectos e ocupam-se da discussão do caráter científico da pedagogia, como Saviani (2012, 2013), Libâneo (2010), Franco (2008), Pimenta (1999) e Pinto (2011).

Será articulada a seguir uma breve reflexão das principais convergências em torno desse debate que se encontra em aberto, mas gravita, por vezes, em torno de elementos da Pedagogia Histórico-Crítica proposta por Saviani.

Demerval Saviani contribui para pensar a pedagogia como ciência munido de elementos advindos do materialismo histórico-dialético, de modo particular, da influência dos escritos de Gramsci e da sua compreensão educativa expressa na Pedagogia Histórico-Crítica.

Dois textos muitos conhecidos auxiliam esta análise – *Educação: do Senso comum à consciência filosófica;* e *A Pedagogia no Brasil: História e Teoria*, além de outros textos da vasta obra de Saviani que atualizaram e reiteraram suas posições diante das problemáticas da educação brasileira.

Ao postular pela pedagogia histórico-crítica, Saviani se contrapôs aos métodos pedagógicos tradicionais. Assim, a pedagogia histórico-crítica defende uma proposta educativa que favoreça, objetivamente, o desenvolvimento do pensamento teórico e da consciência filosófica nos educandos, no sentido da autonomia e da emancipação, assumindo o compromisso ético-político implícito na dinâmica educativa. Para Saviani (2011), a função da escola não está em: "[...] mostrar a face visível da lua, isto é, reiterar o cotidiano, mas mostrar a face oculta, ou seja, revelar os aspectos essenciais das relações sociais que se ocultam sob os fenômenos que se mostram à nossa percepção imediata" (Saviani, 2011, p. 201).

A teoria pedagógica proposta por Saviani se inspira na concepção materialista histórico-dialética de Marx, porém o autor adverte que sua concepção está estruturada em elementos do método de análise proposto pelo materialismo histórico-dialético, não se trata de uma pedagogia marxista, pois: "[...] nem Marx, nem Engels, Lênin ou Gramsci desenvolveram teoria pedagógica em sentido amplo" (Saviani, 2012, p. 160).

Conforme Saviani (2012, p. 160-161), "[...] aquilo que está em causa é a elaboração de uma concepção pedagógica em consonância com a concepção de mundo e de homem própria do materialismo histórico". A pedagogia histórico-crítica concebe seu entendimento da realidade material a partir de uma teoria da história pautada na análise de uma sociedade que se organiza em torno da economia e dos pressupostos da lógica de produção do capitalismo. Nessa perspectiva, a historicidade é fundamental para situar e compreender o real e revela o caráter científico da história como ferramenta de análise e apreensão. A pedagogia histórico-crítica problematiza os modos de produção para, assim, compreender o desenvolvimento objetivo, material e histórico do homem. Isso implica questionar a função social da educação no seio da sociedade capitalista, por isso o seu caráter assumidamente crítico.

Em linhas gerais, Saviani transparece, em sua obra, uma compreensão que aponta para uma concepção da pedagogia como uma *"ciência dialética"*. Na busca da afirmação da cientificidade da pedagogia, Saviani defende a necessidade de afirmar veementemente, uma "abordagem pedagógica" (Saviani, 2013, p. 67), que não submeta a pedagogia às ciências da educação no sentido de superar os enciclopedismos da área. Ou seja, no esforço de afirmar o caráter e a autonomia científica da pedagogia, o que interessará é a centralidade na abordagem a partir do fenômeno educativo. O autor afirma que

> Em vez de considerar a educação a partir de critérios sociológicos, psicológicos, econômicos etc., são as contribuições das diferentes áreas que serão avaliadas a partir da problemática educacional. O processo educativo erige-se, assim, em critério, o que significa dizer que a incorporação desse ou daquele aspecto do acervo teórico que compõe o conhecimento científico em geral dependerá da natureza das questões postas pelo processo educativo (Saviani, 2012, p. 121).

Saviani identifica algumas conceituações utilizadas ao longo do tempo na busca pela caracterização do caráter científico da pedagogia, como: *ciência da educação, arte de educar, técnica de educar, filosofia da educação, história da educação, teologia da educação; teoria da educação*. Essas expressões são recorrentes na tentativa de se estabelecer um consenso em torno de uma epistemologia pedagógica. A única convergência é o fato de ocorrer, em todas as definições, um estreitamento do sentido de pedagogia como algo diretamente ligado à educação. O autor afirma que

> [...] há muita controvérsia não apenas em relação ao problema de se decidir sobre qual delas melhor se aplica ao termo pedagogia, mas também no que diz respeito ao significado de cada uma delas. O que se entende por ciência da educação? Qual o significado de expressões como "filosofia da educação", "história da educação", "arte de educar" etc.? Diante dessas dificuldades, a tendência dominante parece ser a de agrupar sincreticamente todas aquelas conceituações sob o nome de pedagogia (Saviani, 2012, p. 68).

Além da pluralidade de definições que dificultam estabelecer, *a priori*, a Pedagogia como um conceito preciso, outro fato que marca a Pedagogia é seu estreitamento com a instituição escolar, a ponto de a

Pedagogia figurar em muitos momentos da história como uma tecnologia da racionalidade institucional da escola. Essa definição também esvazia um sentido epistemológico mais amplo e, conforme afirma Saviani (2007),

> Ao longo da história da chamada civilização ocidental a pedagogia foi se firmando como correlato da educação, entendida como o modo de apreender ou de instituir o processo educativo. Efetivamente, a educação aparece como uma realidade irredutível nas sociedades humanas. Sua origem se confunde com as origens do próprio homem. Na medida em que o homem se empenha em compreendê-la e busca intervir nela de maneira intencional, vai se constituindo um saber específico que, desde a paidéia grega, passando por Roma e pela Idade Média chega aos tempos modernos fortemente associado ao termo pedagogia (Saviani, 2007, p. 100).

Outra questão importante tratada por Saviani (2013), que cita Orlandi (1969), é sobre como os pedagogos constroem suas pesquisas em educação. Segundo o autor, muitas investigações do campo pedagógico se estruturam partindo de metodologias e categorias de análises de outras ciências humanas, o que implica ignorar a reflexão epistemológica em torno de uma *abordagem pedagógica* dos problemas investigados, incorrendo na reprodução, por exemplo, de "sociologismos", "economicismos" e "psicologismos" sobre temáticas e problemas que deveriam ser compreendidos a partir de uma abordagem pedagógica rigorosa, processo que Orlandi (1969) denomina como "flutuação pedagógica". Para sanar essa tendência que coloca a pedagogia a reboque das outras ciências Saviani defende um "enfoque pedagógico" no sentido metodológico para a pesquisa em Pedagogia.

Outra distinção importante apresentada por Orlandi (1969) é a da independência das áreas do conhecimento escolar para com a Pedagogia. Dessa forma, uma questão teórica no campo da Biologia pode acarretar mudanças na maneira como esse componente curricular é ensinado na escola, ensejando a alteração nas metodologias e nos procedimentos didáticos, porém uma questão estritamente educativa não alteraria ou influenciaria a Biologia. Sendo assim, percebe-se que essa relação, por si só, revela qual a relação da Pedagogia com essas ciências e aponta como o fenômeno educativo se articula.

A partir das contribuições de Saviani é possível concluir que ciências da educação remetem às ciências já consolidadas epistemologicamente, com objeto e estatuto próprio estabelecido, diferente da educação. No entanto, na sua dinâmica interna, essas ciências assimilam a educação em uma disciplina, subárea ou ramo a partir de seu próprio objeto e tradição científica, se ocupando do fenômeno educativo apenas no que diz respeito ao aspecto específico derivado da grande área. Na contramão dessa perspectiva, uma ciência da educação autônoma se constitui no passo em que assimila a educação como seu objeto total.

Contribuindo com o debate sobre o caráter científico da Pedagogia, a pesquisadora Selma Garrido Pimenta (1996), na obra com o provocante título *Pedagogia, Ciência da Educação?*, afirma que sim, a Pedagogia é *"a ciência da Educação"*. A autora ainda analisa a dificuldade em precisar o método científico da Pedagogia como ciência, considerando que a Pedagogia é uma ciência prática, ou uma ciência da prática educativa, assim:

> Para além da dificuldade fundamental característica das Ciências Humanas, a educação apresenta uma suplementar – as dificuldades na delimitação de seu objeto/método – também porque sua natureza de prática social tem possibilitado o seu entendimento como um campo de aplicação de outras ciências (Pimenta, 1996, p. 43-44).

A autora prossegue apontando para a definição do caráter metodológico da Pedagogia como ciência, que está pautado na dialeticidade e tem caráter prático-reflexivo:

> A educação, enquanto prática social humana, é um fenômeno móvel, histórico, inconcluso, que não pode ser captado na sua integralidade, senão na sua **dialeticidade**. Ela é transformada pelos sujeitos da investigação, que se transformam por ela na sua prática social. Cabe aí, na práxis do educador, realizar o estudo sistemático, específico, rigoroso, dessa prática social, como forma de se interferir consistentemente nessa prática social da educação, cuja finalidade é a humanização dos homens. Esse estudo sistemático denomina-se pedagogia, ciência que tem na prática da educação a razão de ser – ela parte dos fenômenos educativos para a eles retornar (Pimenta, 1996, p. 53, grifo nosso).

A perspectiva da dialeticidade da Pedagogia, tomada por Pimenta (1996), está expressa em Schmied-Kowarzik (1983), que compreende a Pedagogia como uma "ciência da práxis, para a práxis educativa".

Pimenta acrescenta mais um elemento na discussão sobre a prática educativa que é a Didática, entendida como uma área de estudos da Ciência da Educação (Pedagogia). Nas palavras da autora, "[...] possui um caráter prático (práxis). Seu objeto de estudo específico é a problemática de ensino enquanto prática de educação" (Pimenta, 1996, p. 62-63). Essa perspectiva permite observar como a Pedagogia possui um corpo complexo, extrapolando uma concepção que a coloque em uma condição de "tecnologia escolar". A didática, para além de um aspecto prático e disciplinar, também se configura como um campo de investigação e tem sua centralidade na educabilidade humana, seja em contextos escolares ou não; e deve ser compreendida e analisada em uma perspectiva crítica, como sugere Pimenta:

> A tensão dialética entre o existente e o necessário está no cerne da investigação didática, sustentada por seu compromisso com a prática de orientar o desenvolvimento científico para que o processo de ensino-aprendizagem seja um dos instrumentos sociais da desalienação (Pimenta, 1996, p. 66).

Dando sequência nesse panorama sobre a cientificidade da Pedagogia temos uma obra essencial para o debate epistemológico da pedagogia no Brasil e para a defesa do caráter científico da Pedagogia, que é da professora doutora Maria Amélia Santoro Franco (2008), que no livro *Pedagogia como Ciência da Educação* postula de forma categórica pelo status científico da Pedagogia. A autora ancora-se em outros autores anteriormente citados neste trabalho, como: Demerval Saviani, Schmied-Kowarzik e Selma Garrido Pimenta.

O escrito contribui, de maneira significativa, para os estudos epistemológicos da Pedagogia por se tratar de uma pesquisa de base com ampla articulação bibliográfica em torno do estado de arte da temática. Ao longo dos quatro capítulos, a obra, primeiramente, estabelece, a partir da história da Pedagogia, a defesa da cientificidade do campo; em seguida, discute os fundamentos teóricos e epistemológicos da pedagogia como ciência da educação; posteriormente, abre uma discussão sobre a formação profissional dos pedagogos e defesa de que o curso assuma a tarefa da formação do cientista da educação; e, por fim, discorre sobre questões contemporâneas da Pedagogia, de modo mais específico, sobre a pesquisa e a formação na atualidade.

O objetivo principal da obra é discorrer acerca dos fundamentos e alicerces da cientificidade da Pedagogia e de sua constituição enquanto ciência da educação, superando o paradigma positivista de ciência e evidenciando, assim, o caráter metodológico dialético-crítico assentado na relação entre práxis pedagógica e epistemologia pedagógica. Por se tratar de uma ciência da prática educativa, a Pedagogia como ciência tem a sua epistemologia calcada na práxis, que é a prática crítica-reflexiva. Despida de um sentido estritamente mecânico a práxis absorve os condicionantes impostos pelas relações sociais, influências políticas, econômicas, estruturais e culturais, ou seja, é permeada de intencionalidade dos sujeitos envolvidos nos processos educativos. A práxis pedagógica, em si, se estabelece como uma etapa do fazer científico da pedagogia.

Franco (2008), diante da característica interdisciplinar da Pedagogia, a qual recorre ao repertório epistemológico das ciências da educação, ressalta que essa dinâmica não altera a cientificidade da Pedagogia. Essa pluralidade de influências, por vezes, pode parecer ofuscar uma identidade singular para a área da Pedagogia, porém a autora aponta que esse processo também ocorre em outras ciências

> A maioria das ciências acaba sempre requerendo saberes e conhecimentos de outras ciências. [...] a medicina se exerce a partir de diversos conhecimentos subsidiários de muitas ciências como, por exemplo, a química, a biologia, a física, a psicologia, entre outras, e nem por isso perde sua identidade, ou perde-se nas outras identidades. Ao contrário, muitas vezes, ao absorver formas e métodos de outras ciências, enriquece-se e qualifica-se (Franco, 2008, p. 28).

Infere-se que a interdisciplinaridade não é uma característica exclusiva da Pedagogia e que essa característica não deveria servir para desqualificar a epistemologia pedagógica como algo frágil ou ancorado em pressupostos alheios à sua finalidade última, que é a educação enquanto fenômeno. Pode-se aventar que, diferentemente de outras áreas, a Pedagogia, de alguma forma, não goza do mesmo *status* social científico pelo fato de ocupar um lugar muitas vezes secundarizado no âmbito das ciências humanas, considerando que paira, também, sobre esse campo, uma compreensão que reduz a Pedagogia à técnica e, por vezes, à arte.

Franco (2008) aponta a educação como objeto de estudo da Pedagogia e indica que a práxis educativa é manifesta nas ações de ensino intencionais e reflexivas, de maneira que a Pedagogia, na condição de ciência, está ligada ao processo de formação humana e social, e

> [...] para poder dar conta de seu papel social, deverá defi-
> nir-se e exercer-se como uma ciência própria, que liberta
> dos grilhões de uma ciência clássica e da submissão às
> diretrizes epistemológicas de suas ciências auxiliares, a
> fim de que possa se assumir como uma ciência que não
> apenas pensa e teoriza as questões educativas, mas que
> organiza ações estruturais, que produzam novas condições
> de exercício pedagógico, compatíveis com a expectativa da
> emancipação da sociedade (Franco, 2008, p. 73).

A autonomia científica da Pedagogia deve assumir a tarefa de pautar a formulação da grade curricular da formação de pedagogos e docentes de outras áreas que, na formação, discutem os fundamentos teóricos e metodológicos do campo pedagógico, superando uma concepção de formação pedagógica como formação de técnica didática. Nessa perspectiva, a partir de Franco (2008), a Pedagogia como ciência propõe a libertação da pedagogia restrita ao campo da docência, pois essa é uma das dimensões do fazer pedagógico, mas não a única. No entanto, ainda na perspectiva da formação docente, por se tratar da ciência da educação – por excelência – os campos da docência e da didática são áreas privilegiadas para a investigação e aplicação científica da pedagogia, nas palavras da autora:

> Se não é a Pedagogia como ciência da educação a condu-
> tora e operacionalizadora desse movimento de formação
> de professores reflexivos, qual outra ciência pode assumir
> esse papel? Qual outra alternativa, em relação à formação
> de professores se não a racionalidade crítico-reflexiva? É
> possível transformar essas propostas em projeto educacio-
> nal? Se não os pedagogos, quem deve assumir a condução
> deste projeto? (Franco, 2008, p. 123).

Cabe à Pedagogia, como ciência, organizar o trabalho educativo, assim, a docência fundamenta-se e estrutura-se na Pedagogia e não o contrário. Essa é uma discussão travada no campo da formação de professores, por diferentes setores do campo educacional, organizações e intelectuais ao longo de décadas divergem nessa matéria. No entanto, Franco (2008) defende a Pedagogia como a ciência da educação que sistematiza e formula suas concepções a partir da práxis educativa considerando todos os aspectos científicos, técnicos e subjetivos da formação do ser humano, constituindo-se, assim, como referência para todas as práticas educativas, entre as quais o trabalho docente, pois: "A essencialidade da identidade do pedagogo deverá ser a investigação educacional, centrada na práxis educativa e seus condicionantes" (Franco, 2008, p. 123-124).

Ainda explorando a produção dos intelectuais brasileiros nos deparamos também com a contribuição de Umberto Pinto (2011), na obra *Pedagogia Escolar a Coordenação Pedagógica e Gestão Educacional*, em que aborda temáticas da pedagogia escolar e, logo de início, torna explícita uma postura que defende a Pedagogia como ciência da Educação. Assumir essa opção epistemológica pode ser compreendido como aquilo que Saviani (2013) conceituou como *"abordagem pedagógica"* ou *"enfoque pedagógico"*, pois a respectiva obra apresentada por Pinto (2011) parte da Pedagogia e se desenvolve também assentada em categorias pedagógicas. Pinto (2011) problematiza o fato de a Pedagogia ser reduzida à docência e considera que essa é uma prática pedagógica, entre outras tantas, e não o contrário.

A Pedagogia permeia todos os processos educativos, em se tratando da realidade escolar o foco é direcionado à intencionalidade das ações, à dimensão do planejamento, à organização e à coordenação dos processos educativos e não apenas aos processos ocorridos no interior da sala de aula. Por isso, defender uma concepção que prime pela docência como base de formação do pedagogo seria um tanto quanto limitante. Assim, Pinto (2011) dirige o olhar para as Diretrizes Curriculares do curso de Pedagogia (2006) e debate as minúcias da questão da docência como base da formação acadêmica do pedagogo como algo que pode incorrer entre outros problemas na desvalorização do Pedagogo Escolar e, por consequência, na fragmentação do campo.

Nesse sentido, o autor postula que há "[...] a distorção do princípio da docência ser a base de formação do pedagogo, [...] ideia que alimentou o discurso de que a experiência docente é suficiente para atuar como pedagogo" (Pinto, 2011, p. 18). Pinto aponta que a atuação do pedagogo escolar revela que o trabalho desse profissional envolve as dimensões coletivas, culturais e sociais, articulando sempre uma intensa reflexão crítica sobre a prática no intuito da superação de problemas e contradições, muito presentes no âmbito das práticas educativas e do cotidiano escolar, ou seja, o contexto real em que ocorrem as práticas educativas é um importante condicionante que exerce força extrema sobre o fenômeno educativo.

Avançando na discussão proposta na obra e retomando a defesa da Pedagogia como ciência, Pinto (2011) aponta que

Uma análise inicial sobre Pedagogia e as Ciências da Educação indica o papel fundamental que estas últimas vêm assumindo na constituição de um conhecimento pedagógico brasileiro, nas últimas décadas, em decorrência da expansão e do incremento das pesquisas nos cursos de Pós-Graduação em Educação no Brasil (Pinto, 2011, p. 24).

Está explícita a necessidade de defender o caráter científico da Pedagogia, pois isso é uma demanda factual do tempo presente, principalmente se for levado em consideração, no quesito quantitativo, o crescimento das produções e estudos desenvolvidos no âmbito das faculdades de educação do Brasil. Esse é mais um argumento para atestar e defender a cientificidade da área que mobiliza inúmeros setores do meio acadêmico. Apesar de ainda não imperar um consenso, não se pode simplesmente ignorar todo um sólido arcabouço que se constitui e culmina na produção frutífera de conhecimentos científicos que ajudam a responder aos desafios da realidade educativa.

Retomando a afirmação do *status* científico da Pedagogia como Ciência da Educação, Pinto (2011) afirma que

A Pedagogia não pode ser vista como uma das ciências da educação já que ela é a Ciência da Educação. E somente a Pedagogia pode ser a Ciência da Educação, pois seu objeto exclusivo de investigação é a educação. Afirmar que a Pedagogia compõe o conjunto das Ciências da Educação, ou seja, que é uma outra ciência (ou campo de estudo) das Ciências da Educação, é igualar o que é desigual. Assim como subtrair da Pedagogia a produção científica da história, da psicologia, da sociologia etc., é fragilizá-la como Ciência da Educação (Pinto, 2011, p. 37).

Se em outros momentos do desenvolvimento da Pedagogia o instrumental investigativo amparou-se em outras ciências, tem-se uma virada epistemológica que impele a busca pelo fenômeno educativo como ponto fundamental da análise pretendida. Nesse sentido, Pinto, citando Dias de Carvalho (1996), indica que as ciências da educação podem ser entendidas como "ciências auxiliares" que serão reagrupadas e sistematizadas a partir da abordagem pedagógica. O autor reforça, mais uma vez, a importância de assumir uma postura epistemológica que tenha centralidade na cientificidade da pedagogia. Essa opção incorre em uma defesa da profissionalização do campo e da formação integral para o pedagogo, compreendendo as dimensões da formação acadêmica, prática profissional e identidade profissional.

Pinto (2011) apresenta outro ponto de convergência explícito em Saviani (2008), Franco (2008), Pimenta (1996) e Schmied-Kowarzik (1983), que é a compreensão da Pedagogia como ciência dialética:

> O vínculo com a dialética como ciência crítica da educação é fundamental para que a realidade educacional e os problemas aí a serem enfrentados não sejam compreendidos nem a partir de um idealismo ingênuo nem de um imobilismo pessimista (Pinto, 2011, p. 57).

Discorrendo sobre o caráter peculiar da ciência crítica e dialética que caracteriza a pedagogia, Pinto (2011) continua:

> [...] a Pedagogia como diretriz orientadora da prática do educador não pode justamente ser prescritiva, pois subtrairia dele sua autonomia (relativa), de ação. As teorias que determinam a prática por meio de regras conformam o educador na situação educacional e dificultam que ele apreenda os elementos presentes na situação específica em que está envolvido. Ao agilizar o "como fazer", essas teorias secundarizam a análise das condições efetivas da situação educativa e analisar essas condições é imprescindível para que o educador identifique os limites de sua ação. Apreender e compreender as determinações do contexto educativo é condição necessária para que o educador possa exercer sua autonomia, ainda que relativa, e assim identificar e interferir na transformação do real (Pinto, 2011, p. 58).

Assim, o pedagogo não deve ser entendido como um mero profissional tarefeiro, com a compreensão da Pedagogia como ciência, deve-se superar o paradigma da Pedagogia como tecnologia, de forma que se defenda uma formação que crie as condições objetivas para a formação de um profissional capaz de analisar, interpretar, intervir e transformar quando inserido na dinâmica do fazer educativo. A atuação do pedagogo, portanto, extrapola o exercício da docência e exige ações pautadas em uma robusta e sólida formação pedagógica. Não se trata de rivalizar a dimensão da docência com a do trabalho pedagógico no sentido amplo, mas de apontar que, ao priorizar a docência na formação inicial, outros aspectos fundamentais da atuação profissional ficam negligenciados.

Por fim, amarrando esta reflexão temos as valorosas contribuições de José Carlos Libâneo apresentadas ao longo de toda sua produção bibliográfica sobre a Pedagogia, mas de um modo especial reunidas na importante obra *Pedagogia e Pedagogos, para quê?*, constituída por uma série de textos produzidos ao longo dos anos de 1990 no intuito de responder à provocação que encabeça o livro e acaba se apresentando como um manifesto em defesa da profissão de pedagogo e, por consequência, a favor da Pedagogia brasileira.

Anos mais tarde Libâneo retomou e atualizou suas reflexões sobre a Pedagogia, considerando a evolução no curso de formação. O autor compreende a Pedagogia como ciência da educação, e defende que a formação inicial seja reconfigurada para poder contemplar essa discussão de maneira mais profunda, além disso, critica uma postura recorrente entre os profissionais:

> Há uma ideia de senso comum, inclusive de muitos pedagogos, de que Pedagogia é o modo como se ensina, o modo de ensinar a matéria, o uso de técnicas de ensino. O pedagógico aí diz respeito ao metodológico, aos procedimentos. Trata-se de uma ideia simplista e reducionista (Libâneo, 2010, p. 29).

O autor busca as razões para justificar a existência da Pedagogia como "ciência da educação", em Suchodolski (1977), que considera a "Pedagogia uma ciência sobre a atividade transformadora da realidade educativa" (Libâneo, 2010, p. 30) e, assim como os outros autores brasileiros, ampara-se também em Schmied-Kowarzik (1983). Libâneo, assim, aponta que: "O didata alemão Schmied-Kowarzik chama a pedagogia de ciência *da* e *para* a educação, teoria e prática da educação. Tem, portanto, um caráter explicativo, praxiológico e normativo da realidade educacional" (Libâneo, 2010, p. 30). Nesse sentido, para o autor, a Pedagogia ocupa-se do estudo sistemático das práticas educativas que ocorrem na sociedade, processos que são fundamentais e indissociáveis da condição humana.

Para Libâneo (2010), a Pedagogia investiga a natureza e as finalidades dos processos necessários às práticas educativas na intenção de propor e aperfeiçoar a realização desses processos nos diferentes contextos em que essas práticas ocorrem, mas além disso atesta que

> Numa sociedade em que as relações sociais baseiam-se em relações de antagonismo, em relações de exploração de uns sobre os outros, a educação só pode ter cunho emancipatório, pois a humanização plena implica a transformação dessas relações (Libâneo, 2010, p. 30).

Ou seja, como prática essencialmente humana, a Pedagogia não ocorre no vazio, ela tem uma intencionalidade pautada pela afirmação do desenvolvimento da autonomia a emancipação do ser humano, dessa forma, constitui-se como um campo de conhecimento que possui objeto, problemáticas e métodos próprios de investigação, consolidando-se como a "ciência da educação".

Passando para a discussão sobre a inter-relação da Pedagogia com as demais Ciência da Educação, Libâneo tece uma importante observação

> É a Pedagogia que pode postular ao educativo propriamente dito e ser ciência integradora dos aportes das demais áreas. Isso significa que, embora não ocupe lugar hierarquicamente superior às outras ciências da educação, tem um lugar diferenciado (Libâneo, 2010, p. 37).

Essa posição de não sobrepor a Pedagogia sobre as demais Ciências da Educação não é um consenso com outros autores aqui anteriormente citados, que defendem a Pedagogia como ciência que disciplinará a abordagem do fenômeno educativo, podendo ocupar um lugar não necessariamente hierárquico, mas sim um lugar disciplinador da abordagem. Libâneo complementa que

> A Pedagogia integra os enfoques parciais dessas diversas ciências em razão de uma aproximação global e intencional dirigida aos problemas educativos e, nesse caso, os saberes dessas ciências convertem-se em saberes pedagógicos (Libâneo, 2010, p. 38).

Outra posição epistemológica pública muito conhecida de Libâneo é a de oposição à concepção curricular da docência como base da formação do pedagogo, que é defendida por alguns setores organizados do debate educativo nacional, como a Anfope. O autor distingue as especificidades da atividade profissional dos que atuam no trabalho pedagógico docente, o *"pedagogo lato sensu"* (Libâneo, 2010, p. 38) expresso na figura do professor, e caracteriza, também, o profissional que atua em um rol mais amplo de situações educativas, como o *"pedagogo stricto sensu"*.

> O curso de Pedagogia deve formar o pedagogo stricto sensu, isto é, um profissional qualificado para atuar em diversos campos educativos para atender a demanda sócio-educativa de tipo formal, e não-formal e informal, decorrentes de novas realidades – novas tecnologias, novos atores sociais (Libâneo, 2010, p. 38).

Libâneo questiona o fato de a formação do professor e do pedagogo ocorrer no mesmo curso, por isso, está subjacente a esse debate uma posição epistemológica em torno da especificidade da Pedagogia que, ao ser reduzida à licenciatura, é esvaziada de uma abordagem fenomenológica mais ampla da educação, dos estudos pedagógicos e, em termos práticos, do exercício profissional do pedagogo, para além da docência escolar.

Ampliando o debate – A Pedagogia Social em questão

Ainda nos desdobramentos epistemológicos sobre Pedagogia como ciência, depara-se com uma recente, mas oportuna discussão, que é sobre a área da Pedagogia Social. Esse debate é fundamental nesta pesquisa, pois a presente investigação está dirigida aos pedagogos atuantes em instituições de privação de liberdade, campo esse que é compreendido como uma área de concentração de estudos da Pedagogia Social, na perspectiva do trabalho não escolar.

Dessa forma, cabe pontuar que, entre os autores brasileiros contemporâneos da Pedagogia Social, está presente um debate em torno de uma certa autonomia da Pedagogia Social em relação à Pedagogia. Veja o que afirmam Souza Neto, Silva e Moura (2009):

> Assim, adotamos a Pedagogia Social como uma Teoria Geral da Educação Social e, com isso, a concebemos com mesmo científico [sic] da Pedagogia Escolar que fundamenta a Educação Escolar, ambas derivadas das Ciências da Educação, e admitimos as "aspirações políticas e ideológicas" que nos animam nesta empreitada (Souza Neto; Silva; Moura, 2009, p. 09-10).

Diante dessa tensão, é interessante observar as posições epistemológicos que, apesar de diferentes, promovem um debate que reforça mais ainda a necessidade de afirmação de um estatuto científico para a Pedagogia. Severo, Machado e Rodrigues (2014) apontam:

> Em primeiro lugar, considera-se que as relações entre os conceitos de Pedagogia e Pedagogia Social revitalizam a necessidade de exame das bases epistemológicas do conhecimento educacional e como, a partir das mesmas, pode ser estabelecida uma matriz identitária para a Ciência da Educação e suas áreas constitutivas, as quais buscam contemplar diferentes dimensões, objetos, setores e formas de intervenção pedagógica no universo da educação como prática social complexa (Severo; Machado; Rodrigues, 2014, p. 13).

Os autores acrescentam mais elementos, no sentido de compreender que, em outros contextos nacionais, a Pedagogia Social possui um desenvolvimento teórico-metodológico mais consolidado e está subsidiada por um acervo maior de pesquisas e produções acadêmicas. Segundo Severo, Machado e Rodrigues (2014), no caso espanhol, a Pedagogia Social encontra-se afirmada academicamente e possui certa maturidade e autonomia científica mais explícita, que reclama, para si, a construção de um enfoque e objeto epistêmico autônomo. "Contudo, essa realidade é fruto de um processo histórico peculiar daquele país, resultante, sobretudo, da maneira na qual a Pedagogia Social se estabeleceu como campo científico e repertoriou saberes e práticas profissionais" (Severo; Machado; Rodrigues, 2014, p. 14).

Assim, ao contrapor essa posição com uma postura mais conciliatória na defesa da Pedagogia como grande área da ciência e área de concentração do fenômeno educativo, Pinto (2020) afirma:

> Como a própria expressão sugere – Pedagogia Social – é uma subárea da pedagogia que, enquanto ciência da educação, ao ser adjetivada de social está voltada para os processos educativos que ocorrem na sociedade como um todo, uma vez que a complexidade do desenvolvimento social contemporâneo tem demandado por aprendizagens intencionais que se processam para além da escola (Pinto, 2021, p. 104).

A Pedagogia Social seria, então, um desdobramento da Pedagogia, pois compartilha de um objeto de estudo comum que é a educação, esse objeto é inconcluso, complexo e multideterminado. A potência desse debate aponta a necessidade de um novo escopo teórico e prático que reconfigure as relações, hierarquizações e processos de constituição dos saberes do campo da educação.

Aprofundando as raízes e fundamentos da Pedagogia Social

Após uma discussão mais profunda em torno da cientificidade e autonomia da pedagogia serão estabelecidas as linhas gerais dos fundamentos teóricos em que se assenta o subcampo da Pedagogia: Pedagogia Social, para tanto, a pesquisa partirá da construção conceitual desse campo nas formulações do século XX dialogando com as perspectivas mais recentes.

O intuito desta pesquisa não é assumir a Pedagogia Social como um postulado teórico central, pois a concepção da Pedagogia como Ciência é o que norteia esta investigação, o que se pretende, nesta seção, é apresentar um panorama do desenvolvimento da Pedagogia Social e chegar aos dias atuais e no contexto da produção brasileira sobre o tema. Assim, destaca-se a tríplice perspectiva para a compreensão da Pedagogia Social dentro desta pesquisa: *dimensão profissional, dimensão acadêmica e dimensão epistemológica*. A primeira diz respeito à formalização e à normatização em torno da atividade profissional e sobre o fazer profissional do pedagogo não escolar/social; a segunda trata da questão acadêmica e discute como a atuação não escolar é inserida na formação inicial; e a terceira encampa o debate teórico epistemológico entre Pedagogia e Pedagogia Social como áreas do conhecimento.

Este tópico buscará estabelecer uma filogênese da Pedagogia Social, passando a história a limpo de forma a ressignificar a história da Pedagogia a partir dessa abordagem conceitual. Serão aqui articulados argumentos para um debate que está em aberto e que contribui para a investigação da profissão de pedagogo em contextos não escolares.

Otto (2009), ao observar as raízes da Pedagogia Social do ponto de vista do "trabalho social", afirma que a formulação teórica do conceito de pedagogia social é atribuída, no século XX, ao educador e filósofo alemão Paul Natorp, filiado ao neokantismo e leitor de Platão e Pestalozzi.

Conforme Quintana (1977), Natorp, na obra *Pedagogía Social: teoria de la educación de la voluntad*, aponta para ideia de que a educação do indivíduo está condicionada às conformações da cultura e da vida social, dessa maneira, a Pedagogia Social não se ampara em uma concepção de educação voltada ao indivíduo solitário, isolado e distante da coletividade, é, na verdade, uma pedagogia com caráter coletivo e comunitário.

Luzuriaga (1960) opõe-se ao idealismo de Paul Natorp (1913), ao estabelecer novos elementos para a compreensão sobre a Pedagogia Social. Luzuriaga entende que a Pedagogia Social é uma concepção teórica educativa multideterminada, que tem por objeto estudar os processos educativos que se dão nas relações sociais, ou seja, leva em conta a dimensão da coletividade como elemento que constitui o homem e denota a influência que os processos educativos incidem na sociedade humana por meio da cultura. No entanto, o autor lembra que é preciso superar certo romantismo acerca da educação, pois ela não é um elemento passivo moldado pelos homens, ela incide força igual na dinâmica da sociedade humana, podendo emancipá-la, modificá-la ou apenas conformá-la e redistribuí-la.

Sobre a vinculação teórica Neokantiana de Natorp, é importante destacar que as formulações acerca da ética do neokantismo se vincularam a uma perspectiva crítica e reformista tanto do capitalismo como do socialismo. Além disso, os neokantianos influenciaram as formulações do marxismo austríaco de Max Adler e sobre a social-democracia alemã, com a abordagem revisionista de Eduard Bernstein.

Vieira (2013) aponta a matriz das formulações teóricas vinculadas ao neokantismo para a compreensão sobre o colapso econômico ocorrido na virada do século XIX para o XX, que teve seu ápice na crise de 1929:

> Assim, sem ocorrer colapso da acumulação do capital, essa nova fase da produção capitalista manifestava-se em uma crise originária da formação de monopólios de empresas, expressos em cartéis ou trustes, objetivando restringir a concorrência entre elas e aumentar lucros. Não apenas Eduard Bernstein, mas outros pensadores ligados às ciências sociais, políticas e econômicas, em especial na Alemanha, já vinham formulando explicações da nova sociedade capitalista em formação. Essas explicações se sustentavam, de modo geral, na filosofia de Emmanuel Kant e, mais exatamente, do Neokantismo (Vieira, 2013, p. 184).

Reforça-se a importância de lembrar que, às vésperas da crise 1929, a ideologia política hegemônica no ocidente era o Liberalismo, fundamentado na ausência de intervenção do Estado na economia e nas relações capital-trabalho. Toda situação de crise põe à prova as verdades de fé do liberalismo, pois a "mão invisível" do Estado é a razão equalizadora que intervém seja para os detentores de capital como para a classe trabalhadora. Esses elementos caracterizam aspectos do estado de bem-estar da socialdemocracia. A formulação tem suas raízes no marxismo, em algumas literaturas é apresentada como socialismo democrático (Lefranc, 1974). Célia Kerstenetzky, em obra que assume postura de defesa do estado do bem-estar, pelo seu valor histórico político, afirma:

> O estado do bem-estar é uma invenção política: não é filho nem da democracia, nem da social-democracia, mas é certamente a melhor obra desta última. A advocacia de sua atualidade se confunde com a advocacia da social-democracia em seu melhor: a resistência sistemática à dissolução dos laços sociais pelos nexos mercantis, em termos que reconheçam o status igualitário da cidadania. Insisto no "em seu melhor" para que não se confunda esta com versões abastardadas da social-democracia (Kerstenetzky, 2012, p. 05).

A social-democracia no *corpus* do seu ideário político defende as liberdades civis e o direito de propriedade, bem como a democracia representativa indireta, com base na pluralidade partidária. Além disso, a social-democracia aceita o capitalismo, porém estabelece mecanismos estatais e políticos de mitigação de seus efeitos sobre a classe trabalhadora, como mecanismos de proteção social, sistema previdenciário e promoção de políticas públicas de acesso a emprego e renda, contando também com as intervenções econômicas e sociais do estado.

Os referidos elementos evidenciam uma raiz comum entre duas formulações que buscaram uma tratativa para o descompasso advindo da exploração sistêmica do capitalismo sobre a classe trabalhadora e permitem, ainda que de forma rústica, associar as aspirações da matriz teórica subjacente à Pedagogia Social ao ideário do *Welfare State*, de tal maneira que podemos afirmar que a Pedagogia Social sintetiza o esforço pedagógico de se obter saídas pedagógicas para os conflitos da vida social. Assim, era de extrema relevância para os teóricos pioneiros da Pedagogia Social o resgate do caráter social/comunitário da pedagogia, ou seja, se educar pela e para a sociedade levando em conta as dimensões sociais da vida humana. Nesse viés, a Pedagogia Social pode ser entendida como a Pedagogia do Bem-Estar Social.

Observa-se que, se a educação é um fenômeno humano e social, pode-se dizer, então, que toda a pedagogia é uma Pedagogia Social, mas não é disso que se trata. É importante entender a Pedagogia Social como o arcabouço teórico que embasa epistemologicamente as práticas da Educação Social, além de ser importante estabelecer a diferenciação entre esses dois conceitos, visto que o primeiro trata de uma dimensão de teoria educativa e o segundo consiste em uma práxis.

Desse modo, a educação social é um campo dinâmico de atuação pedagógica em constante transformação, em especial por tratar da possibilidade de intervenção educativa em contextos não escolares com um objetivo socioeducativo em favor de sujeitos e/ou grupos sociais que vivem situações de vulnerabilidades.

Tem-se, então, na Europa do século XX, a fragmentação da sociedade agrária tradicional, em razão do advento da industrialização e urbanização. Estas, por sua vez, reconfiguraram a dinâmica das relações humanas, assim como o contexto do pós-guerra trouxe à tona mais ainda os problemas sociais desse modelo de organização social.

Desponta assim que, do outro lado em África e América Latina, os processos de ocupação do território foram marcados pela violência colonial pautada na escravidão, no extermínio de populações originárias, no grande choque cultural, na abolição tardia do escravagismo, imposição de religião e linguagem e uma prolongada relação de submissão da colônia à metrópole.

A partir desses elementos, no século XX, reforçou-se a constatação de que os impactos do pós-guerra, o tardio processo de emancipação colonial e os impactos avassaladores do neoliberalismo foram elementos que potencializarem a desigualdade social e do outro lado exigiram uma articulação com viés pedagógico para o enfrentamento desses problemas, ensejando assim o desenvolvimento de práticas de Educação Social.

A atualidade da Pedagogia Social Brasileira

Caliman (2009), ao distinguir Pedagogia Escolar e Pedagogia Social, relaciona a primeira ao campo teórico da educação formal, ao currículo e à forma escolar; e a segunda, respectivamente, relaciona ao âmbito da educação não formal, aos processos educativos que ocorrem em movimentos sociais, instituições e cooperativas que atuam em contextos de marginalização social, caracterizando uma diversidade de contextos educativos. Essa relação revela que os processos educativos ocorridos dentro e fora da escola se transformam em objeto de reflexão e cabe à pedagogia, enquanto ciência da educação, a reflexão, sistematização e teorização dos fenômenos educativos.

Assim, a LDB de 1996 contempla uma perspectiva de educação que não está restrita ao espaço escolar:

> Art. 1º A educação abrange os processos formativos que se desenvolvem na vida familiar, na convivência humana, no trabalho, nas instituições de ensino e pesquisa, nos movimentos sociais e organizações da sociedade civil e nas manifestações culturais (Brasil, 1996).

É oportuno demarcar que as práticas educativas atribuídas ao escopo da Pedagogia Social convergem para três áreas de concentração, sendo respectivamente: Educação Social, Educação Comunitária e Educação Popular. Portanto, a perspectiva da Pedagogia Social não quer se propor a uma "pedagogização" indiscriminada das ações humanas, mas aponta para a capacidade humana da "educabilidade" (Souza Neto; Graciani; Silva, 2017), e busca estabelecer os seus alicerces, propósitos, finalidades e limites, além de revelar a intencionalidade que direciona as ações pedagógicas praticadas nesses diferentes espaços. Na mesma perspectiva, pontua Gadotti (2012):

> O que tem em comum a prática dos educadores populares, sociais e comunitários que lutam hoje contra a precarização do seu trabalho e a favor do reconhecimento de sua função na sociedade? Tem em comum uma longa história e muitos aprendizados de experiência feitos na luta pelo direito à educação, por moradia, por trabalho decente, por saúde pública, por segurança alimentar etc. Eles são arte-educadores, oficineiros, artistas populares, artesãos, mas são também professores, advogados, sociólogos, cientistas sociais, psicólogos, pedagogos, trabalhadores sociais, historiadores, geógrafos, físicos matemáticos, químicos, inclusive delegados de polícia, promotores, juízes, administradores públicos, militares, engenheiros e arquitetos, trabalhando no campo, nas periferias urbanas, nos centros degradados das metrópoles, nas ruas e praças, com crianças, jovens, adultos e idosos, pessoas portadoras de deficiências, quilombolas, indígenas, catadores de produtos recicláveis. Eles são voluntários ou contratados por organizações não-governamentais, por empresas privadas ou pelo poder público, trabalhando por um meio ambiente sustentável, pelos direitos humanos, pela cidadania, no trânsito, na formação profissional, no empreendedorismo, no protagonismo infantojuvenil, no esporte, cultura, lazer, em atividades subsidiárias do ensino formal desde a educação infantil até o ensino superior, tratando da problemática das migrações, da marginalização, dos habitantes da rua, dos dependentes químicos, de apenados, do analfabetismo, chegando muitas vezes até onde o poder público não consegue chegar (Gadotti, 2012, p. 12).

O excerto supra permite vislumbrar o imenso rol de práticas, atores sociais e contextos educativos em que ocorrem as práticas de Educação Social, Educação Comunitária e Educação Popular que são sistematizados pela Pedagogia Social; e revela a *Dimensão Profissional* desse debate que pode, inclusive, suscitar um questionamento conceitual. Isso é devido ao fato de soar um tanto equivocado e reducionista relegar essa pluralidade de processos ao balaio da *educação não formal*, nesse sentido, o conceito de *Educação Não Escolar (ENE)* mostra-se como mais apropriado para abarcar essa gama de práticas e experiências.

É preciso perceber que essas práticas de educação ditas não formais ocorrem em instituições, comunidades, organizações, agrupamentos humanos e contextos que possuem uma forma própria, que não é a *Forma Escolar,* o que, no entanto, não as descredibiliza ou inferioriza frente à Educação Escolar. Assim como diz Silva (2018):

> É a suposta cientificidade da Educação Escolar, entretanto, que levou a ser adotada por quase todos as nações, brindada com financiamento público e elevada à categoria de direito fundamental da pessoa humana, portanto, de oferta obrigatória por parte dos pais e dos governos. Neste sentido Educação Escolar se confunde com educação formal, com educação oficial e com educação estatal (Silva, 2018, p. 311).

É preciso desvincular essa definição de educação não formal estabelecida por certo tom hierárquico que termina por invisibilizar uma outra forma de organizar, difundir o saber e promover aprendizagens das mais variadas formas. A Pedagogia Social propõe uma ressignificação do currículo escolar formal, conforme Silva (2018):

> Adotar os fundamentos da Pedagogia Social em nossas práxis é inevitavelmente questionar a epistemologia, as ciências e o currículo eurocêntrico que durante séculos têm sido legitimado por uma cultura pretensamente hegemônica. Comprometer-se com as bases da Pedagogia Social é romper com as omissões sobre a verdadeira história da civilização humana e com o silêncio sobre a história dos povos indígenas, africanos e asiáticos e sua relação com os países colonizadores; é mudar significativamente a educação escolar, promovendo a valorização do patrimônio cultural e científico nativo por via da inclusão nos currículos e nas práticas da escola vozes desses povos que durante anos estiveram excluídos; é possibilitar, por meio dessas práticas, que os educandos e suas famílias tenham um novo olhar sobre a sua história e sobre a constituição de suas identidades (Silva, 2018, p. 315).

As experiências educativas ocorridas nos contextos não escolares são anteriores às discussões epistemológicas e sistemáticas que buscam situá-las em um determinado ideário ou referencial teórico. No Brasil, por exemplo, práticas de educação popular possuem um legado histórico frutífero no século XX, no entanto a discussão dessas práticas sob a ótica da Pedagogia Social é extremamente contemporânea, nesse ponto, afirma Severo (2017):

> A Pedagogia Social é, em nossa literatura nacional, um termo de inserção recente. Nos deparamos com seu uso mais recorrente notadamente a partir da primeira década dos anos 2000, quando, no Brasil, começa a deflagrar-se, em diferentes focos institucionais e sob a articulação de movimentos populares sociais e grupos acadêmicos, eventos e publicações que tematizam isso que parece soar como uma nova Pedagogia, quando, na verdade, esse termo remete a uma longa tradição teórico-metodológica de mais de dois séculos e cujo desenvolvimento histórico atravessa diferentes estágios, manifestando uma expressiva densidade e riqueza conceitual que, sem dissociar-se da própria Pedagogia, dinamiza, redimensiona e amplia o raio de reflexão e proposição pedagógica em torno dos processos de socialização humana em diferentes contextos socioeducativos (Severo, 2017, p. 2123).

Corroborando o que enunciou Severo sobre a atualidade das discussões sobre Pedagogia Social no Brasil, depara-se com a obra considerada referência para compreensão da sistematização teórica da área, a publicação de Souza Neto, Silva e Moura, *Pedagogia Social* (2009), subsidiada pela Fundação de Apoio à Pesquisa do Estado de São Paulo (Fapesp), reunindo textos de 18 autores de diferentes nacionalidades para tratar as diversas experiências em torno das concepções de Pedagogia Social, que além de situar o campo no âmbito nacional, apresentam um panorama mundial, revelando o percurso histórico e evolutivo dessa perspectiva teórica e situa a Pedagogia Social como parte integrante da Teoria Geral da Educação.

Souza Neto, Silva e Moura (2009) defendem a necessidade de um esforço para a aproximação da perspectiva teórica Pedagogia Social na formação inicial dos pedagogos brasileiros. Os autores são pioneiros em articular com profundidade esse debate acadêmico. Eles analisam a América Latina das últimas décadas, que, em decorrência da implementação de uma ampla agenda econômica neoliberal, é marcada pela prevalência da concentração de riquezas e intensificação da desigualdade social, e, na contramão, a obra aponta a crescente preocupação da sociedade civil em preencher as lacunas deixadas pela ausência de uma ação efetiva do Estado na área social, com iniciativas que podem surgir situando-se a partir do Estado, ou entre o setor público e o setor privado, marcadas pelo binômio assistencialismo-educação. Há, por parte dos autores, a defesa de novos modelos de cursos de formação de pedagogos, e ênfase específica na necessidade de um curso de graduação em Pedagogia Social, que trate os processos educativos não formais ocorridos em contextos como o das instituições de privação de liberdade, com pessoas em situação de rua, em movimentos sociais e com a infância e juventude nas ONGs.

Em termos globais, Neto, Silva e Moura (2009) apontam o pioneirismo alemão no desenvolvimento do campo e produção teórica sobre Pedagogia Social. Destacam, também, a posição do Uruguai como maior referência na América Latina em políticas públicas e pesquisa em pedagogia social. No país a *Ley General de Educación n. 18.437* – Lei Geral de Educação, algo equivalente à nossa LDB de 1996 – equipara a educação formal à educação não formal, reconhece a especificidade da educação social, e vê ambas as abordagens – formal e não formal – como complementares no processo educativo, além de estabelecer em nível federal um Conselho Nacional de educação não formal

Além disso, a obra de Neto, Silva e Moura (2009) apresenta um olhar panorâmico sobre características da Pedagogia Social em diferentes contextos geográficos, como será apresentado a seguir.

Na Alemanha, a relação entre Trabalho Social e Pedagogia Social, por vezes, é estreita, porém, enquanto é ressaltada a dimensão do cuidado e da ajuda como característica do Trabalho Social na Pedagogia Social prevalece a dimensão da ação educativa.

Caracterizando as especificidades da Pedagogia Social na Alemanha, Fichtner (2009) delimita as frentes de atuação:

> Existe uma ampla Gama de conceitos diferentes com os quais se caracteriza o campo da Pedagogia Social e trabalho social na Alemanha no passado, se falava de assistência social (Fursorge) e Cuidados Sociais (Wohlfahrtspflege). No presente, fala-se sobre pedagogia social, trabalho social, ajuda familiar a crianças e adolescentes (Kinder, Jugend, Familienhilfe), Serviços sociais (Sozialwesen) que na Alemanha significa uma área complexa relacionada com a reprodução da sociedade como um todo (Fichtner, 2009, p. 43).

Caliman (2009) relata alguns aspectos da Pedagogia Social italiana, como o fato de haver um curso superior em nível universitário para a formação do pedagogo social dentro da Faculdade de Ciências da Educação ou, em outros casos, na Faculdade de Ciências da Formação. O autor categorizou o curso em sete grandes áreas: pedagógica, humanista, psicológica, sociológica, técnicas de animação, metodologias e jurídica, que acomodam um total de 48 disciplinas, destaca também uma característica da pedagogia social italiana que consiste em um foco especial na área de animação sociocultural e no desenvolvimento de atividades dirigidas às populações jovens de contextos periféricos promovendo inclusão cultural e social de sujeitos marginalizados.

Ryynänen (2009) apresenta características do campo da Pedagogia Social na Finlândia, como a formação profissional que se consolidou a partir dos anos 90, tanto nas universidades como nas escolas técnicas, citando como exemplo a Universidade de Kuopio, que possui programa de pós-graduação a nível de *Stricto Sensu* em Pedagogia Social, com vinculação institucional da área no âmbito das Faculdades de Serviço Social ou Política Social, diferentemente do que ocorre em países como Alemanha e Espanha, que situam o curso na Faculdade de Educação, relação essa que, no entanto, está se estabelecendo.

Casteleiro (2009), ao retratar o caso da Pedagogia Social em Portugal, evidencia a estreita relação entre Pedagogia Social e Pedagogia Escolar como instrumentos complementares de trabalho educativo. Numa perspectiva mais teórica Esteban (2004 *apud* Casteleiro, 2009) aponta para a existência de três grandes vertentes de abordagem em Pedagogia Social na Europa. A primeira delas é a corrente centro-europeia com influência ítalo-ibérica, em que prevalece uma reflexão organizadora harmônica dos diversos campos e problemas da educação social. A segunda é a corrente de matriz anglo-saxônica, que recorre à Sociologia da Educação, que compreende a exclusão como fator inevitável decorrente dos processos e dinâmicas da sociedade de livre mercado. A terceira, por fim, é a vertente francófona, que defende a democratização da educação, além de uma educação para o civismo.

López (2009) discorre sobre Pedagogia Social espanhola e destaca além dos aspectos teóricos e históricos a contribuição de várias mulheres no desenvolvimento da área, como as figuras de Concepción Arenal, que se dedicou à temática da ressocialização das pessoas privadas de liberdade com a *Pedagogía Penitenciária*, e Maria del Buen Suceso Luengo de la Figuera, que, em 1902, definiu a Pedagogia Social como "[...] la ciencia de la educación de todos por todos [...] una Pedagogia especial que englobaría dentro de só otras: pedagogía política, médica, higiénica, penitenciaria, materna, popular, escolar o professional, artística, etc." (López, 2009, p. 97). Na Espanha, no âmbito da formação acadêmica, a Pedagogia Social foi introduzida no currículo do curso de Pedagogia no ano de 1954. Em 1968, no entanto, foi substituída pela Sociologia da Educação, que ressurge apenas no final da década de 1970. O texto menciona o recrudescimento da área durante a Guerra Civil Espanhola e durante o Franquismo. Assim, ao apresentar os diferentes campos de atuação se destaca a perspectiva da *Pedagogía del ocio* apresentada como nova possibilidade de intervenção educativa, dada a configuração da sociedade pós-industrial, que impõe uma nova relação com o tempo e o consumo.

Otto (2009), sobre as origens da Pedagogia Social nos Estados Unidos, aponta o trabalho de Jane Adams na casa abrigo *Hull House* de Chicago, que apresenta inúmeros elementos que o caracterizam como trabalho de natureza sociopedagógica, sem, no entanto, dialogar com a concepção europeia de Pedagogia Social. O autor afirma que a obra de Paulo Freire, ao ser traduzida e circular nos países anglo-americanos, promoveu as concepções teóricas vinculadas à Pedagogia Social. Cabe ressaltar que Paulo Freire nunca se reivindicou como adepto dessa concepção teórica, seu pensamento é permeado por uma diversidade de influências teóricas que permitiu inclusive fundamentar uma concepção brasileira de Pedagogia Social como se verá mais adiante.

Camors (2009) apresenta o contexto latino-americano marcado por grande diversidade cultural, "[...] *donde chocan se syntetizan y permanecen, culturas autóctonas, europeas y africanas; el processo de conquista y colonización fue diferente y tuvo um impacto diferente en cada país*" (Camors, 2009, p. 111). Apesar das peculiaridades de cada uma das nações latino-americanas, os países comungam de um arcabouço comum de experiências históricas e são marcados pela prevalência de um capitalismo dependente imposto pela dinâmica colonial e pelo imperialismo sob o continente que é intensificado pelos governos neoliberais, tanto por vias supostamente democráticas como por golpes de estado.

Os bancos e agências financeiras são os sujeitos protagonistas da política econômica e social latino-americana, um dos desafios é estabelecer nessas nações uma democracia de fato democrática, por fim o autor ressalta a necessidade de o educador comprometido com a mudança da realidade buscar *"otras educaciones"* (Camors, 2009, p. 124), como elementos de luta e resistência frente aos desafios impostos pelas condições determinantes da existência humana expressos na história e na cultura.

Dessa forma, ao tratar da consolidação do campo da Pedagogia Social na América Latina e em específico no Brasil, certamente nos depararemos com a emblemática figura de Paulo Freire, que é um grande teórico dentro dessa perspectiva do pensamento educacional. Será dedicada uma seção deste capítulo à tentativa de elucidar a vinculação do pensador e sua obra ao campo da Pedagogia Social, fato posterior à sua morte.

Paulo Freire e a Pedagogia Social

Primeiramente, é preciso afirmar que, factualmente, a matriz que orienta a produção teórica e a dimensão da prática na Pedagogia Social brasileira é de base Freiriana, sendo recorrente nos autores e pesquisadores do campo o constante retorno a Paulo Freire, fato esse não restrito ao Brasil.

Corroboram essa afirmação Silva, Neto e Graciani (2017), em levantamento de pesquisas realizadas no período de 2006 a 2015 nos Congressos Internacionais de Pedagogia Social (CIPS), em que foram analisados 336 artigos que indicaram uma diversidade de autores citados nas referências bibliográficas, beirando a cifra de mais de mil indicações bibliográficas. O estudo constatou mais de 53 citações de Paulo Freire como referência teórica principal e que ocupa a primeira posição entre os referenciais teóricos e figura assim como o principal referencial bibliográfico dessas produções, de forma a permitir a constatação de que: "A pedagogia social em construção no Brasil [é] predominantemente freireana, com fortes vínculos na Cultura Popular, na Educação Popular e na Educação Comunitária" (Silva; Neto; Graciani, 2017, p. 27).

Outro ponto a ser observado e que merece um olhar mais atento é a forte influência exercida pelas ideias de Paulo Freire nas atividades desenvolvidas no âmbito do trabalho social. Poderia se especular que, exceto na educação de jovens e adultos, a obra de Paulo Freire tem maior circulação no âmbito da Educação Social, Popular e Comunitária do que na educação escolar.

Um importante aspecto a ser explorado na busca de se estabelecer uma vinculação teórica da vasta obra de Paulo Freire às aspirações humanistas da Pedagogia Social é o caráter abrangente se sua produção intelectual, que penetrou diferentes campos do saber, como observa Moacir Gadotti, que além de diretor do Instituto Paulo Freire foi aluno e amigo do patrono da Educação Brasileira e, na atualidade, é um grande divulgador de sua obra:

> Tal influência abrange as mais diversas áreas do saber: pedagogia, filosofia, teologia, antropologia, serviço social, ecologia, medicina, psicoterapia, psicologia, museologia, história, jornalismo, artes plásticas, teatro, música, educação física, sociologia, pesquisa participante, metodologia do ensino de ciências e letras, ciência política, currículo escolar e política de educação dos meninos e meninas de rua (Gadotti, 1996, p. 49).

Essa ampla circulação do pensamento de Paulo Freire remete à pluralidade de contextos nos quais as práticas de educação social, popular e comunitária ocorrem. Revela como é a busca de diferentes campos do conhecimento e do fazer profissional pelos saberes pedagógicos que lhes proporcionem soluções educativas criativas para o enfrentamento dos desafios cotidianos remetendo à dimensão relacional da Pedagogia Social.

É importante destacar o genuíno compromisso de Paulo Freire com a educação brasileira frente ao estado de exceção perpetrado pela ditadura militar que perseguiu-o e encarcerou-o, e, mesmo assim, a resposta de Freire foi permanecer firme em seu compromisso e engajamento para a mudança da realidade na qual estava inserido, mesmo após a repressão, como observa Silva (2016).

> O potencial revolucionário do pensamento pedagógico de Paulo Freire foi a causa de sua perseguição e extradição por parte do Regime Militar brasileiro na década de 1960. No Brasil, as resistências à teoria do conhecimento formulada por Paulo Freire não se devem à complexidade do seu pensamento, mas sim às estratégias de luta social nele enunciadas e às possibilidades –assustadoras– de que o ser humano –inclusive o opressor– compreendendo as causas de seus infortúnios, da violência e da miséria, se liberte das estruturas econômicas, políticas, sociais e culturais que o oprimem (Silva, 2016, p. 188).

Assim, mais do que uma Pedagogia Social, a obra de Paulo Freire comporta uma pedagogia de luta e resistência. Brandão (2002) esclarece que a Educação Popular, a partir da década de 1960, teve Paulo Freire como principal animador e articulador dos movimentos de alfabetização popular, de modo que a vida e a obra de Paulo Freire são expressões autênticas de uma *práxis* pedagógica genuinamente social, como também observa Gadotti (2012):

> Paulo Freire, ainda que ele nunca tenha usado exatamente este termo em seus escritos, é o grande inspirador da Pedagogia Social no Brasil. A *pedagogia social*, na visão de Paulo Freire, caracteriza-se como um projeto de transformação política e social visando ao fim da exclusão e da desigualdade, voltada, portanto, para as classes populares (como pedagogia libertadora). Implica na constante teorização da prática (Gadotti, 2012, p. 20).

Paulo Freire não abre mão de enunciar o caráter político da educação, afinal *educar é um ato político* e é necessário um posicionamento contra-hegemônico, sempre ao lado dos *oprimidos*, frente a uma educação alienante e massiva, por isso, é urgente consolidar entre as classes populares uma educação com uma prática pedagógica e um tom teórico crítico. Gadotti (2012, p. 29) afirma que:

> As pedagogias que se dizem puramente científicas, sob ua pseudoneutralidade, escondem a defesa de interesses hegemônicos da sociedade e concepções de educação, muitas vezes, autoritárias e domesticadoras. Ao contrário, as pedagogias críticas têm todo interesse em declarar seus princípios e valores, não escondendo a politicidade da educação. É o que acontece com a educação popular, a educação social e a educação comunitária. Elas se situam no mesmo campo de significação pedagógica, o campo democrático e popular (Gadotti, 2012, p. 29).

Paulo Freire manifesta uma crítica radical aos aspectos coloniais e neocoloniais, presentes na educação e no currículo escolar. Na obra *Pedagogia do Oprimido,* uma das ideias centrais é a defesa de que a superação da realidade decorrerá de um compromisso coletivo, pois "[...] ninguém se liberta sozinho: os homens se libertam em comunhão" (Freire, 1987, p. 33).

Os opressores tornam os oprimidos o seu objeto de dominação, esse processo se dá entre outras formas pela educação que nessa lógica de objetificação é classificada por Freire (1987) como uma educação bancária. A saída para superação desse modelo é uma educação problematizadora, que concentra uma práxis educativa libertadora orientada para a consolidação de um pensamento crítico que seja capaz de ler de forma consciente e concreta o mundo. Afinal, a leitura de mundo precede a leitura da palavra escrita, assim a palavra geradora é o núcleo de uma educação dialógica que desenvolve no ser humano a criticidade.

Note-se que Pedagogia freireana tem um caráter visivelmente político e sua circulação está endereçada ao processo de descolonização da cultura e da cognição, vide a ampla veiculação de seu legado em países africanos que, na segunda metade do século XX, viviam processos políticos de rupturas, emancipação colonial e revoluções. Bem como na América Latina, que na segunda metade do século XX tinha a democracia sufocada.

Assim, a Pedagogia Social deverá atuar na busca de respostas educativas para problemas sociais, na superação de situações de vulnerabilidade e buscar a perspectiva da educação libertadora de Paulo Freire. Contribui para essa reflexão Cecília Osousk (2019), que define o conceito freireano: *Situação Limite*:

> Muitas delas apresentam-se codificadas ou como formas culturais aceitas naturalmente e quem delas participa não percebe nenhuma possibilidade de alterá-las, pois sente-se sem condições para produzir mudanças. Entretanto, Paulo Freire propôs o desenvolvimento de um pensamento crítico presente numa pedagogia da denúncia dessas situações limites e numa pedagogia do anúncio de um inédito viável a ser buscado e experienciado (Osousk, 2019, p. 433).

Assim, a Pedagogia Social brasileira, frente às *situações limites* e na busca de superar contextos de vulnerabilidades, ao recorrer a Paulo Freire como seu referencial mais relevante, encontra um estatuto teórico muito original e fidedigno aos apelos da realidade concreta, marcada pelos diferentes condicionantes históricos que compõem a realidade do país, não soaria ousado dizer que a contribuição de Paulo Freire imprime caráter revolucionário nessa concepção teórica e prática.

Considerações sobre o debate epistemológico da Pedagogia

Como as outras ciências, as Ciências da Educação que subsidiam a Pedagogia são organizadas cientificamente a partir dos pressupostos positivistas. As ciências exatas, segundo o ponto de vista metodológico, gozam de grande *status* pela relação causal estabelecida com os fenômenos

PEDAGOGAS E PEDAGOGOS ATUANTES EM ESTABELECIMENTOS DE PRIVAÇÃO DE LIBERDADE: FORMAÇÃO INICIAL, LIMITES, DESAFIOS E POSSIBILIDADES

naturais que são os grandes modelos conceituais de fácil demonstração. Isso faz com que as ciências duras, a partir dos seus modelos teóricos, incidam grande influência sobre as ciências humanas.

Nesse sentido, a Pedagogia, incluída no campo das disciplinas sociais, apesar da vinculação com as Ciências da Educação, não desfrutou da mesma "eficiência teórica" que as ciências exatas, mas vem, ao longo de seu percurso histórico, desenvolvendo seu corpo teórico, metodológico, prático e conceitual em torno do fenômeno educativo.

A Pedagogia é a ciência dialética da prática educativa, e para compreender essa formulação é equivocado partir de um pressuposto científico positivista, funcionalista e mecanicista que incorre na negação do caráter científico da prática. A Pedagogia como ciência não cabe na lógica positivista, ao tentar se encaixar, ela é colonizada e perde sua identidade, de forma que a Pedagogia pode passar a ser entendida como uma tecnologia social de adaptação e controle para a produção e reprodução de sujeitos cativos, por meio do adestramento e condicionamento social.

A Pedagogia como ciência se debruça sobre o fenômeno educativo em sua historicidade e complexidade, portanto, em sua integralidade. A educação é um objeto/fenômeno dinâmico, complexo e em permanente construção, que carrega finalidade e perspectivas calcadas na temporalidade. Assim, a Pedagogia é uma ciência da práxis e seu método é o dialético.

Está claro que a Pedagogia é uma ciência aplicada da *prática* e para a *prática* educativa, seja nos contextos escolares ou não escolares. A Pedagogia possui um discurso próprio e pode, de maneira autônoma, estabelecer suas próprias categorias para a análise do fenômeno educativo recorrendo às outras ciências da educação. Como não há ciência solitária, em uma perspectiva de investigação ampla, uma determinada área do conhecimento sempre cederá suas contribuições às demais áreas, criando condições para um conhecimento interdisciplinar sem, no entanto, perder de vista uma identidade epistemológica própria. Por isso, é fundamental, enquanto pesquisador da educação, defender uma *abordagem pedagógica* do objeto investigado e, nesse sentido, a interdisciplinaridade pode ser compreendida como uma categoria de análise fundamental da pedagogia como ciência.

Essa discussão introduz o que será tratado no que diz respeito aos debates epistemológicos da Pedagogia Social. Serão dispostos alguns argumentos que revelam a defesa de uma certa autonomia da área em relação à Pedagogia e, também, uma outra postura que busca compreender a Pedagogia Social como parte integrante da Teoria Geral da Educação e como uma subárea da Pedagogia, ao invés de suscitar tensões em defesa desta ou daquela posição, esse é um debate rico e fecundo que só resgata a defesa da cientificidade da Pedagogia.

A Pedagogia incluída no campo das disciplinas sociais, apesar da vinculação com as Ciências da Educação não desfrutou da mesma "eficiência teórica" que as ciências exatas, mas vem, ao longo de seu percurso histórico, desenvolvendo seu corpo teórico, metodológico, prático e conceitual em torno do fenômeno educativo. Assim, inicia-se a discussão da *dimensão epistemológica* que subsidia o embate entre Pedagogia e Pedagogia Social.

Na defensa do caráter científico da Pedagogia, Franco (2008) aponta a Educação como objeto de estudo da Pedagogia e indica que a práxis educativa é manifesta nas ações de ensino intencionais e reflexivas, de maneira que a Pedagogia, na condição de ciência, está ligada ao processo de formação humana e social, e:

> [...] para poder dar conta de seu papel social, deverá definir-se e exercer-se como uma ciência própria, que liberta dos grilhões de uma ciência clássica e da submissão às diretrizes epistemológicas de suas ciências auxiliares, a fim de que possa se assumir como uma ciência que não apenas pensa e teoriza as questões educativas, mas que organiza ações estruturais, que produzam novas condições de exercício pedagógico, compatíveis com a expectativa da emancipação da sociedade (Franco, 2008, p. 73).

Nesses termos, percebe-se que vários autores concordam e contribuem para essa reflexão sobre a dimensão praxiológica da Educação, como é o caso de Mazzotti (1996) e Schmied-Kowarzik (1983), que defendem a Pedagogia como a "teoria prática da ação educativa", e demarcam a diferenciação entre Pedagogia e Ciências da Educação.

Mazzotti (1996) argumenta ser possível constituir uma ciência da prática educativa, pois a Pedagogia é uma ciência da prática fundamentada na reflexão sistemática sobre a técnica particular da educação. O autor compreende que ao desconsiderar o caráter científico da Pedagogia como *"ciência da prática educativa"*, por consequência seria desclassificado o status científico de outras práticas reflexivas, sistêmicas e intencionais do ser humano.

Retomando a afirmação do status científico da Pedagogia como Ciência da Educação, Pinto (2006) afirma que:

> A Pedagogia não pode ser vista como uma das ciências da educação já que ela é a Ciência da Educação. E somente a Pedagogia pode ser a Ciência da Educação, pois seu objeto exclusivo de investigação é a educação. Afirmar que a Pedagogia compõe o conjunto das Ciências da Educação, ou seja, que é uma outra ciência (ou campo de estudo) das Ciências da Educação, é igualar o que é desigual. Assim como subtrair da Pedagogia a produção científica da história, da psicologia, da sociologia etc., é fragilizá-la como Ciência da Educação (Pinto, 2006, p. 22).

Dessa forma, cabe pontuar que entre os autores brasileiros contemporâneos da Pedagogia Social está presente um debate em torno de uma certa autonomia da Pedagogia Social em relação à Pedagogia. Veja o que afirmam Souza Neto, Silva e Moura (2009):

> Assim, adotamos a Pedagogia Social como uma Teoria Geral da Educação Social e, com isso, a concebemos com mesmo científico [sic] da Pedagogia Escolar que fundamenta a Educação Escolar, ambas derivadas das Ciências da Educação, e admitimos as "aspirações políticas e ideológicas" que nos animam nesta empreitada (Souza Neto; Silva; Moura, 2009, p. 09-10).

Diante dessa tensão, é interessante observar as posições epistemológicos que, apesar de diferentes, promovem um debate que reforça mais ainda a necessidade de afirmação de um estatuto científico para a Pedagogia. Severo, Machado e Rodrigues (2014) apontam:

> Em primeiro lugar, considera-se que as relações entre os conceitos de Pedagogia e Pedagogia Social revitalizam a necessidade de exame das bases epistemológicas do conhecimento educacional e como, a partir das mesmas, pode ser estabelecida uma matriz identitária para a Ciência da Educação e suas áreas constitutivas, as quais buscam contemplar diferentes dimensões, objetos, setores e formas de intervenção pedagógica no universo da educação como prática social complexa (Severo; Machado; Rodrigues, 2014, p. 13).

Os autores acrescentam mais elementos, no sentido de compreender que em outros contextos nacionais a Pedagogia Social possui um desenvolvimento teórico-metodológico já mais consolidado e está subsidiada por um acervo maior de pesquisas e produções acadêmicas. Segundo Severo, Machado e Rodrigues (2014), no caso espanhol, a Pedagogia Social encontra-se afirmada academicamente e possui certa maturidade e autonomia científica mais explícita, que reclama, para si, a construção de um enfoque e objeto epistêmico autônomo. "Contudo, essa realidade é fruto de um processo histórico peculiar daquele país, resultante, sobretudo, da maneira na qual a Pedagogia Social se estabeleceu como campo científico e repertoriou saberes e práticas profissionais" (Severo; Machado; Rodrigues, 2014, p. 14).

Assim, ao contrapor essa posição e com uma postura mais conciliatória na defesa da Pedagogia como grande área da ciência e área de concentração do fenômeno educativo, apontam Carvalho, Baptista e Pinto:

> Como a própria expressão sugere – Pedagogia Social – é uma subárea da pedagogia que, enquanto ciência da educação, ao ser adjetivada de social está voltada para os processos educativos que ocorrem na sociedade como um todo, uma vez que a complexidade do desenvolvimento social contemporâneo tem demandado por aprendizagens intencionais que se processam para além da escola (Carvalho; Baptista; Pinto, 2021).

A Pedagogia Social seria, então, um desdobramento da Pedagogia, pois compartilha de um o objeto de estudo comum que é a educação, esse objeto é inconcluso, complexo e multideterminado. A potência desse debate aponta a necessidade de um novo escopo teórico e prático, que reconfigure as relações, hierarquizações e processos de constituição dos saberes do campo da educação.

CAPÍTULO 2

INSTITUIÇÕES DE PRIVAÇÃO DE LIBERDADE – ASPECTOS HISTÓRICOS DO CÁRCERE

Na pesquisa aqui apresentada as instituições de privação de liberdade ocupam um lugar muito peculiar. Entretanto, este estudo não se dirigirá exatamente sobre o cárcere, embora esse seja o lócus de ação do profissional que constitui o sujeito da pesquisa – o pedagogo que atua nesses contextos. O que se segue não é uma investigação histórica minuciosa de todos os aspectos sociais e políticos que, desde a modernidade, consagraram o cárcere como a tecnologia social de controle mais sofisticada para o uso político e contenção social, mas sim uma caracterização desse dispositivo como espaço para atuação pedagógica.

Neste capítulo será apresentado um panorama amplo desses estabelecimentos e a educação será situada na perspectiva de um ideal reabilitador, elemento que cria as condições objetivas para a inserção dos sujeitos desta pesquisa como agentes da ressocialização.

Note que as instituições de privação de liberdade destinadas aos adultos e aos adolescentes são controladas por diferentes dispositivos legais e possuem uma forma de funcionamento muito similar. Sendo assim, ao mesmo tempo que elas se assemelham, se diferenciam, por conta da faixa etária dos públicos atendidos.

Nesses termos, trabalhar com essas duas diferentes categorias pode ser desafiador, no entanto o foco desta abordagem não está dirigido às instituições propriamente ditas, mas sob a atuação dos pedagogos nesses contextos regida por condições, como controle arquitetônico e temporal, vigilância, violência e violação de direitos, distanciamento social, deterioração do vínculo familiar, judicialização das relações e a perspectiva de uma ação educativa reabilitadora.

A análise crítica da prisão como aparelho punitivo é composta por duas grandes vertentes: a disciplinar e a pós-disciplinar. Na primeira, situam-se os autores clássicos, destacadamente, Foucault (1986) e Goffman (2003); já na vertente compreendida como *pós-disciplinar*, tem-se

Garland (1999), Chantraine (2006) e Wacquant (2008). O que distingue ambas as vertentes é que a primeira propõe a formação de um modelo no qual prevalece o controle disciplinar do Estado, enquanto na segunda o controle se dissipa do monopólio estatal. Há, portanto, uma espoliação e disputa pelo controle.

No clássico *Vigiar e Punir*, Foucault (1986) narra o percurso histórico da sofisticação das técnicas bárbaras de punir e como a sociedade ocidental passou da punição do corpo à institucionalização do aparato punitivo, em que os mecanismos de operação do poder concorrem para o disciplinamento do indivíduo, assim como o castigo físico passa a ser *espiritual,* ou seja, uma punição que molda a subjetividade.

Nesse sentido, Foucault (1995) afirma que o poder exercido:

> [...] não é em si mesmo uma violência que às vezes se esconderia, ou consentimento que, implicitamente, se reconduziria. Ele é um conjunto de ações sobre ações possíveis; ele opera sobre o campo de possibilidades onde se inscreve o comportamento dos sujeitos ativos; ele incita, induz, desvia, facilita, ou torna mais difícil, amplia ou limita, torna mais ou menos provável; no limite, ele coage ou impede absolutamente, mas é sempre uma maneira de agir sobre um ou vários sujeitos ativos, e o quanto eles agem ou são suscetíveis de agir. Uma ação sobre ações (Foucault, 1995, p. 243).

A prisão moderna congrega e sintetiza, na sua razão de existir, tanto o castigo quanto a sofisticação dos mecanismos coercitivos de poder e contenção social, de forma que a violência e o controle do cárcere se tornam linguagens. Houve, ao longo do tempo, um afastamento do suplício total do corpo: o sujeito é mantido vivo e seu corpo é disciplinado e docilizado, conformado à ordem social.

Os crescentes índices das taxas de encarceramento massivo de pessoas pobres evidenciam dinâmicas como: a seletividade de ação do poder judiciário, a militarização da segurança pública e as políticas do que é considerado o "combate" às drogas. Como forma de caracterizar essa série de situações na sociedade norte-americana e apontar, nesse processo, um projeto político de criminalização da miséria, Loïc Wacquant (2001) postula que:

> Contrariamente ao discurso político e midiático dominante, as prisões americanas estão repletas não de criminosos perigosos e violentos, mas de vulgares condenados pelo

> direito comum por negócios com drogas, furto, roubo ou simples atentados à ordem pública, em geral oriundos das parcelas precarizadas da classe trabalhadora e, sobretudo, das famílias do subproletariado de cor das cidades atingidas diretamente pela transformação conjunta do trabalho assalariado e da proteção social. De fato, em 1998, a quantidade de condenados por contenciosos não-violentos reclusos nas casas de detenção e nos estabelecimentos penais dos Estados Unidos rompeu sozinha a cifra simbólica do milhão. Nas prisões dos condados, seis penitenciários em cada dez são negros ou latinos; menos da metade tinha emprego em tempo integral no momento de ser posta atrás das grades e dois terços provinham de famílias dispondo de uma renda inferior à metade do "limite de pobreza" (Wacquant, 2001, p. 83).

Essa perspectiva de Wacquant (2001) revela que o sistema prisional se tornou um mecanismo de gestão da massa pobre excedente, não absorta pelo capital produtivo. Assim, a análise sobre o controle disciplinar na prisão pode ser ampliada pelas perspectivas teóricas de Chantraine (2006), que aponta a deterioração do ideal reabilitador e apresenta as diferentes nuances do rearranjo do poder institucional disciplinar da prisão, que se descentraliza do controle estatal e, aos poucos, torna-se velado, adquirindo contornos mais sutis, bem como estabelecendo mecanismos de compensação, e instaura um sistema de privilégios.

Bauman (2000), Chantraine (2006), De Giorgi (2006), Deleuze (1992) e Wacquant (2001) são autores que apontam a derrocada de um modelo de controle social disciplinar em detrimento da expansão e crescimento de um aparato de controle e gestão das populações por meio da vigilância. Essas articulações, ainda que divergentes em vários aspectos, contemplam, em linhas gerais, o encarceramento massivo para além do viés reabilitador, tendência essa que, no campo dos estudos criminológicos, predominou no século XX e que sempre se choca com a premissa maior da prisão: a contenção do indivíduo.

Outro elemento que se pode acrescentar a essa análise é o crescente fortalecimento das redes de apoio – ou, no jargão policialesco, as facções criminosas, que ocupam essa lacuna do controle –, que estruturam-se e assumem uma função que deveria ser do Estado, fator que evidencia uma lógica do cárcere que mais condiciona os indivíduos a se submeterem às regras paralelas da prisão, não previstas na lei, mas sim estabelecidas pelos grupos, do que um movimento de reinserção à vida fora do cárcere.

Wacquant (2001), entre outras tendências, aponta os fatores sociais, econômicos e geográficos, que marcam o suposto criminoso/infrator, pois este é, frequentemente, originário das periferias. Há, também, o fator racial, pois as pessoas negras estatisticamente compõem de forma majoritária a população carcerária brasileira. Há, ainda, um recorte de gênero – a maioria é composta por homens – e um fator etário, pois entre os adultos a faixa de idade predominante é de 18 a 35.

Dessa maneira, repousam sobre esses corpos estigmas que são determinantes, por exemplo, já na abordagem policial. Quanto ao caráter político do perverso projeto de encarceramento como estratégia de contenção da pobreza, observa-se que este é sustentado por uma cultura na qual, cada vez mais, são reforçadas, no âmbito do sistema penal, a consolidação de leis mais duras, redução da maioridade penal, recusa a um debate sério sobre a questão da política de drogas, como analisa a pesquisadora Graciano (2010):

> As condições históricas e culturais do Brasil não permitem as noções de Estado penal (Wacquant, 2002), prisão pós-disciplinar (Chantraine, 2006) e fim do ideal de reabilitação (Garland, 2008) sejam integralmente adotadas como categorias de análise para o contexto prisional brasileiro. No entanto, é inegável que alguns traços desses conceitos podem ser verificados na realidade brasileira, conforme indicam as informações ao referente perfil da população carcerária e às suas condições de encarceramento, incluindo a superlotação das unidades, a garantia das assistências previstas na Lei de Execução Penal e o acesso ao trabalho (Graciano, 2010, p. 81-82).

Dessa forma, o sistema prisional brasileiro consiste em um complexo sistema de relações que algumas teorias, por si só, não dão conta de explicar, embora prevaleçam como elementos fundamentais para a compreensão os argumentos apontados pela perspectiva pós-disciplinar. Pois é nítida a disputa de controle de unidades prisionais entre grupos criminosos, como discutido por Adorno e Salla (2007), ao tratarem a criminalidade organizada nos presídios brasileiros. Assim, o campo sugere incansáveis análises e aponta, inclusive, uma realidade que clama por intervenções e mudanças que possam humanizar relações. Tem-se, então, um campo desafiador para atuação de educadores, que deve ser cada vez mais entendido como um espaço para a reflexão, pesquisa e intervenção dos pedagogos.

O Estado penal, por intermédio do poder judiciário e dos aparatos policiais, é responsável por moderar a aplicação e execução do juízo punitivo. Como evidenciou a análise de Wacquant (2001), há uma visível seletividade punitiva: o criminoso condenado é sempre aquele que preenche certos requisitos propostos pela política de encarceramento como estratégia de contenção da pobreza.

Desse modo, embora o Artigo 1.º, parágrafo único, da Constituição Federal de 1988 assinale que: "[...] todo poder emana do povo, que o exerce por meio de representantes eleitos ou diretamente, nos termos desta Constituição", é fato que nem sempre esses representantes ocupam-se das necessidades do povo, mas representam interesses econômicos de grupos sociais específicos e, muitas vezes, do capital estrangeiro.

Nesses termos, é possível concluir que a lei é sempre uma escolha política valorativa e, nesse sentido, o ordenamento jurídico criminal é nada mais do que um apanhado de escolhas políticas, demandadas pelo convívio social ao longo da história de nossa civilização fatalmente sujeito à submissão da classe que exerce o controle.

Note-se, então, que o crime é, antes de tudo, uma convenção, portanto, é historicamente datado. As condutas caracterizadas como delitivas, depois de instituídas, antes mesmo de serem consumadas por este ou aquele indivíduo, já estão previstas em um texto legal, seguidas de uma sentença punitiva: assim, o crime precede aquele que o comete, o crime existe no sistema legal e no imaginário ideológico e moral da sociedade antes mesmo de ser consumado.

É necessário considerar também que, conforme a sociedade amplia sua complexidade tecnológica, surgem novas demandas, como, por exemplo, a questão dos crimes cibernéticos, categoria que classifica os delitos que emergem da nossa relação com os meios tecnológicos no campo da comunicação digital.

O direito penal acompanha a complexidade da sociedade para contê-la, docilizá-la e redistribuí-la, não é essencialmente justo e pode estar submetido aos interesses hegemônicos.

Os aparelhos repressivos em números

De acordo com o Infopen de dezembro de 2019, em números absolutos, o Brasil alcançou a marca de 748.009 pessoas adultas privadas de liberdade, sendo o país com a terceira maior população carcerária do planeta.

Elaborado pelo Ministério da Justiça, o indicador alerta para o ritmo do aumento da população encarcerada no Brasil, uma vez que atesta o fato de que em todas as Unidades da Federação ocorreu um crescimento considerável da população prisional em relação a cada cem mil habitantes.

Assim, o Infopen 2019, ao apresentar dados gerais acerca da população carcerária brasileira, aponta que 66,69% dos presos são negros, totalizando 438.719 pessoas, número resultante da soma dos grupos preto 16,81% e pardo 49,88%, e que representam a questão racional nas prisões. Por sua vez, os brancos são 32,39%, enquanto os indígenas correspondem a 0,2 % e os amarelos a 0,8%.

Há, porém, imprecisão nesses dados, pois, como é evidenciado no próprio relatório do levantamento, para a obtenção desse índice foram estudadas apenas 657.844 pessoas, ou seja, aproximadamente 88% da população prisional – o que configura, portanto, uma lacuna significativa. Além disso, o próprio Infopen revela que essas variáveis são cadastradas pelos gestores prisionais responsáveis pelo preenchimento do formulário de coleta de informações, de modo que não há controle sobre a autodeclaração direta da pessoa privada de liberdade.

Infere-se que, provavelmente, em alguns casos, os indivíduos são enquadrados em determinada categoria por algum servidor público do sistema. Nesses termos, para fins de contraste, é importante ressaltar que os dados coletados pelo IBGE acerca da cor ou raça da população são autodeclarados, enquanto os dados apresentados pelo Infopen não obedecem necessariamente a essa metodologia de captação.

Quanto aos adolescentes, os dados do relatório do Levantamento Anual do Sistema Nacional de Atendimento Socioeducativo (Sinase) de 2017, divulgado pela Secretaria Nacional dos Direitos da Criança e do Adolescente do Ministério dos Direitos Humanos (SNDCA/MDH), indicam que havia 26.109 adolescentes e jovens com idade entre 12 e 21 anos atendidos nos 484 estabelecimentos para cumprimento de medida socioeducativa, divididos e administrados pelos estados brasileiros, sendo 17.811 em medida de internação (71,8%), 2.160 em regime de semiliberdade (8,7%) e 4.832 em internação provisória (19,5%), além de 1.295 em outras modalidades como atendimento inicial, sanção, medida protetiva. Esses números referem-se aos adolescentes e aos jovens em situação de restrição e privação de liberdade. Se for somado o número de 117.207 adolescentes e jovens que cumprem medida em meio aberto como prestação de serviço comunitário e liberdade assistida o resultado será o número alarmante de 143.316 atendidos pelo sistema socioeducativo brasileiro.

Ressalta-se que, embora a Lei Federal 12.594/2012 estabeleça a publicação anual regular das informações sobre o sistema socioeducativo, o relatório de 2017 foi o último a ser publicado e desde então ficou uma enorme lacuna nessas informações, fator que atrapalha o esforço de estabelecer um quadro fidedigno do sistema socioeducativo em nível nacional e prejudica a promoção de políticas públicas para essa população, além de não oferecer transparência para o acompanhamento e controle social desse sistema.

A internação de adolescentes, a proteção integral e a socioeducação

Os estabelecimentos destinados à internação de crianças e adolescentes, desde sua gênese histórica, estão atrelados ao abandono desses indivíduos e à pauperização enquanto problema social, a noção de "delinquência" sempre aparece ligada de forma estreita a esses fatores. Diante disso, cabe aqui uma breve retrospectiva de aspectos históricos que fundamentam esse dispositivo coercitivo.

Ariès (1981), na obra clássica *História social da criança e da família*, se debruça sobre a construção do sentimento de infância, tanto como tempo social quanto como representação subjetiva e cultural. Assim, o autor afirma que, no século XVII, as concepções de criança e adolescência eram perpassadas por um sentido de dependência e subalternidade.

Observa-se, então, que na iconografia de até a metade do século XII as crianças eram retratadas em pinturas e obras de artes como *homúnculos* – homens em miniatura – tendo seus corpos, membros e faces com traços pouco infantis, postura rígida e musculatura adulta. Assim, no período medieval, a criança tão logo dispensasse os cuidados essenciais de sua mãe ou da escravizada cuidadora era assimilada ao mundo adulto. Esses apontamentos revelam como ocorria a socialização em torno da infância.

Freyre (1993) sobre o Brasil colonial narra que as crianças integrantes das famílias nobres eram tratadas como adultos em miniatura, trajavam-se e portavam-se assim para não se assemelharem aos filhos dos escravizados, havendo, assim, uma desconstrução da naturalidade dessa transição e amadurecimento, forçando as crianças a se tornarem homenzinhos.

Mais tarde, no Brasil, o processo de urbanização alavancou uma série de transformações demográficas. Alguns momentos históricos são frequentemente relatados como episódios em que a pauperização da sociedade brasileira ficou ainda mais evidente, como a promulgação da Lei do Ventre Livre em 1871 e posteriormente a Abolição da Escravatura em 1888, sem uma política de amparo social as populações escravizadas ficaram ainda mais vulneráveis e à mercê da proteção do Estado Republicano que nascia.

No início no século XX, a influência do processo de industrialização provocou o chamado êxodo rural, que consistiu no deslocamento da população da área rural em direção à área urbana. Assim, no referido momento histórico, a judicialização da infância, constituiu-se no Brasil a expressão *menor*, Rizzini (2009) comenta:

> A infância foi nitidamente "judicializada" neste período. Decorre daí a popularização da categoria jurídica "menor", comumente empregada nos debates da época. O termo "menor", para designar a criança abandonada, desvalida, delinquente, viciosa, entre outras, foi naturalmente incorporado na linguagem, para além do círculo jurídico (Rizzini, 2009, p. 113).

Por conseguinte, estabelece-se a categoria menor como a que designa a infância e, de forma mais específica, a infância em situação de vulnerabilidade social.

Em 1922, uma reforma do Código Penal Brasileiro elevou a maioridade de 9 para 14 anos. Anos mais tarde, com o Código de Menores de 1927, a maioridade penal passou a ser atingida aos 18 anos e a prisão de crianças e adolescentes em cadeias comuns ficou proibida. Vale ressaltar que o Código de 1927 foi o primeiro estatuto-lei do Brasil dedicado à proteção da infância e da adolescência.

Acompanhando o desenrolar da história, a "delinquência juvenil" foi objeto de preocupação da ditadura cívico-militar engendrada no Brasil e muitas foram as mudanças impostas às instituições de internação de jovens adolescentes nesse período.

Em dezembro do ano de 1964 foi instituída a Fundação Nacional do Bem-Estar do Menor (Funabem), incumbida pelo Governo Federal de implantar a chamada Política Nacional do Bem-Estar do Menor, organizando e coordenando as instituições estaduais destinadas a proteção, acolhimento e internação de crianças e adolescentes. Porém, as críticas a esse modelo foram inúmeras.

Costa (1990) apontou que, ao serem instituídas as unidades da Funabem, herdaram do órgão antecessor prédios, equipamentos e, sobretudo, pessoal "[...] e, com este pessoal, a cultura organizacional do passado", referindo-se a uma atmosfera militaresca que imperou nessas instituições, nessa época se consolidaram os internatos-prisão e a predominância da cultura da vigilância e da disciplina nesses estabelecimentos.

Ainda nesse viés, observa-se o ato jurídico expresso na Emenda Constitucional n.º 1 de 1969, por meio do qual o governo rebaixou a idade para o ingresso no mercado de trabalho de 14 para 12 anos de idade e estabeleceu a obrigatoriedade do ensino primário público para as crianças na faixa de 7 a 14 anos de idade.

Sobre esses desdobramentos relacionados aos adolescentes e aos jovens em conflito com a lei no período ditatorial, existe a pesquisa desenvolvida por Adorno, Bordini e Lima (1999), do Núcleo de Estudos da Violência – NEV/USP –, que buscou verificar se, naquele período, o aparente crescimento do envolvimento de jovens com a violência era um dado realmente alarmante, ou era apenas uma consequência do crescimento populacional, e, por consequência, um desdobramento da dinâmica da violência na sociedade.

Os dados obtidos na pesquisa revelam que ocorreu, de fato, um aumento do envolvimento de adolescentes em crimes violentos comparado à participação da população em geral, como também um aumento da vitimização desses jovens. Adorno, Bordini e Lima (1999) argumentam que:

> No Brasil, desde o início da década de 70, ao menos nas grandes cidades brasileiras, a existência de crianças e de adolescentes vagando pelas ruas, mendigando, vigiando veículos estacionados nas ruas, vendendo balas e doces junto aos semáforos, via de regra em troca de pequenas somas de dinheiro, vem sendo percebida como problema social. Pouco a pouco, uma opinião pública inquieta, certamente influenciada pelo impacto que o rápido crescimento da criminalidade urbana violenta exerceu e vem exercendo sobre o comportamento coletivo, passa a suspeitar de um envolvimento crescente e inexorável desses jovens com o crime, principalmente daqueles procedentes dos setores mais pauperizados das classes trabalhadoras (Adorno; Bordini; Lima, 1999, p. 62).

Um desdobramento dessa constatação foi a promulgação da Lei 6.667, de 10 de outubro de 1979, que instituiu um novo Código de Menores, adotando uma perspectiva de proteção do menor em situação irregular.

Esse estatuto ressaltou a necessidade de intervenção jurídica do estado nos casos de abandono, cometimento de ato infracional, desvio de conduta, falta de amparo e assistência ou tutela, entre outros. Esse Código, porém, não buscou o trato dos problemas da infância e da adolescência em uma perspectiva de prevenção e planejamento, nota-se uma visão que busca agir sobre os conflitos já estabelecidos.

Veja que o Código de 1979 perdurou como lei maior para a infância até a instauração da Constituição de 1988 e foi suprimido no ano de 1990 com o Estatuto da Criança e do Adolescente (ECA), que se constitui como marco principal na afirmação do compromisso jurídico do Estado Brasileiro na atenção à infância e à adolescência. Anteriormente ao estatuto havia, tanto no âmbito jurídico como na perspectiva das políticas públicas, a "Doutrina da Situação Irregular", em que crianças e adolescentes não tinham, até então, a proteção integral e seus direitos reconhecidos e assegurados, muito menos encaminhamento para um atendimento interdisciplinar, o que estava consolidado como política para esse público em situação de vulnerabilidade social era o confinamento nos abrigos e internatos, não considerando as especificidades e desenvolvimento desses jovens.

No entanto, a Constituição Cidadã de 1988 esboça uma perspectiva de garantia e defesa dos direitos da infância e da adolescência em seu artigo 227:

> É dever da família, da sociedade e do Estado assegurar à criança e ao adolescente, com absoluta prioridade, o direito à vida, à saúde, à alimentação, à educação, ao lazer, à profissionalização, à cultura, à dignidade, ao respeito, à liberdade e à convivência familiar e comunitária, além de colocá-los a salvo de toda forma de negligência, discriminação, exploração, violência, crueldade e opressão (Brasil, 1988).

Esse conjunto de princípios no âmbito jurídico e no das políticas públicas é entendido como "Doutrina da Proteção Integral".

Assim, para tratar da reabilitação do adolescente infrator, o ECA prevê no Capítulo IV Art. 112 item VI – "Internação em estabelecimento educacional" (Brasil, 1990), entre outras medidas mais brandas e não restritivas de liberdade. As medidas socioeducativas são aplicáveis aos adolescentes que cometem ato infracional, o ECA estabelece como faixa etária para a adolescência dos 12 até os 18 anos incompletos, no entanto, segundo o estatuto, a medida socioeducativa pode ter seu cumprimento estendido até os 21 anos, conforme o entendimento da autoridade judiciária.

O diploma legal estabelece que a internação deve ser cumprida em entidade exclusiva para adolescentes, em local distinto daquele destinado ao abrigo, obedecida rigorosa separação por critérios de idade, compleição física e gravidade da infração, estabelece, ainda, no parágrafo único do Art. 123, que: "Durante o período de internação, inclusive provisória, serão obrigatórias atividades pedagógicas." (Brasil, 1990).

Cabe ressaltar que o código de menores de 1927 e o de 1979, ao tratarem dos estabelecimentos de internação, não distinguiam as crianças e os adolescentes carentes abandonados dos que incorriam no cometimento de ato infracional, assim, ambas as condições recebiam a mesma tratativa; o ECA, por outro lado, estabeleceu um tratamento diferenciado para cada condição.

Além das diretrizes estabelecidas pelo ECA, a lei n.º 12.594/2012 estabelece a criação do Sistema Nacional de Atendimento Socioeducativo (Sinase), que unifica todo o atendimento aos adolescentes em situação de conflito com a lei, além de estabelecer os princípios, regras e critérios de caráter jurídico, político, pedagógico, financeiro e administrativo, que envolvem o processo de apuração do ato infracional, a execução da medida socioeducativa, a gestão dos estabelecimentos, a avaliação das práticas e o controle social, por meio do acompanhamento da sociedade civil.

O ECA é um divisor de águas na política de garantia, atendimento e defesa dos direitos das crianças e adolescentes, pois é pautado por uma perspectiva essencialmente garantista e pedagógica. Um importante conceito cristalizado pelo ECA é o da socioeducação, que, em sua formulação, tem essencialmente uma raiz na Educação Social, conforme o que Cunha e Dazzani (2018) defendem:

> Com a educação social, a socioeducação compartilha o objetivo de educar para o desenvolvimento da sociabilidade e para a harmonização social, mas se atém à esfera da delinquência juvenil, enquanto a primeira se insere em diversos contextos, abarcando várias outras demandas. Nesse sentido, a socioeducação pode ser concebida como uma das formas possíveis de educação social (Cunha; Dazzani, 2018, p. 78).

No entanto, há certa imprecisão em torno do termo socioeducação, pois o ECA não define categoricamente do que se trata a expressão e, em seu texto, apresenta apenas a forma adjetiva do termo, como bem observam Bisinoto *et al.* (2015):

> A noção de socioeducação surgiu com a implementação das medidas socioeducativas normatizadas pelo ECA, o qual contempla a organização estrutural e o funcionamento das instituições de atendimento, mas deixou uma lacuna quanto à compreensão da socioeducação que pudesse se materializar em intervenções consistentes e promotoras do desenvolvimento dos adolescentes. No ECA a forma substantiva – socioeducação – não aparece no texto, apenas sua forma adjetiva. De maneira geral, os marcos legais e políticos utilizam termos como "atendimento socioeducativo", "ação socioeducativa", "práticas de socioeducação", "política socioeducativa", entre outros (Bisinoto *et al.*, 2015, p. 576).

A socioeducação, por estar ligada ao aparato judicial, por vezes adquire conotação estritamente punitiva, pois designa os estabelecimentos e a medida destinada aos adolescentes em conflito com a lei. É preciso ter clareza de discernir que a socioeducação constitui-se não só como um princípio pedagógico organizativo do cumprimento das medidas legais, mas também expressa uma formulação adjetiva que remete às práticas educativas fundamentadas na Educação Social. Nesse sentido, é possível vinculá-la como uma concepção educativa teórico-prática situada no campo da Pedagogia Social, ao compreendê-la como a matriz que sistematiza a teoria geral da Educação Social.

Ao fim deste tópico sobre a discussão em torno do sistema socioeducativo, a doutrina da proteção integral e a socioeducação, já se antevê o próximo tópico, que concentra a discussão da educação como um elemento ressocializador.

Educação como elemento de ressocialização

A suposta função ressocializadora da prisão está expressa no artigo 1.º da Lei de Execução Penal Brasileira n.º 7.219/1984 (LEP), segundo a qual constata-se que: "A execução penal tem por objetivo efetivar as disposições de sentença ou decisão criminal e proporcionar condições para a harmônica integração social do condenado e do internado". Ainda nesse viés, o Artigo 25 institui mecanismos de auxílio às pessoas egressas do sistema prisional, no sentido de "reintegrá-las à vida em liberdade". O ECA, que é o dispositivo jurídico que rege o cumprimento da medida correcional, também enseja essa mesma dinâmica por meio da socioeducação.

Diversas são as expressões para caracterizar essa função pretendida pelo encarceramento. Foucault (1986), Thompson (1976) e Adorno (1991), bem como textos legais federais e, ainda, regimentos internos das secretarias estaduais responsáveis pelos estabelecimentos de privação de liberdade, utilizam diferentes termos, como: reintegração, reinserção, ressocialização, reabilitação, recuperação e reeducação. Interessante notar que os termos são sempre compostos pelo prefixo latino "re", que, em seu sentido semântico, indica um movimento de reforço ou repetição de algo no sentido de restabelecer um equilíbrio.

Para Machado (2008) o termo "ressocialização" consiste em um extenso trabalho que promove a reestruturação psicossocial da pessoa em situação de privação de liberdade, de forma que não haja, nesse indivíduo, reincidência. Assim, é creditada ao indivíduo uma certa esperança de superação de seu deslize infracional de maneira que ele esteja apto para o retorno ao convívio social. Ressocializar significa: "[...] reformar, reeducar, dar autoconfiança, preparar para o trabalho estimulando a iniciativa e a consciência social do apenado" (Machado, 2008, p. 50).

Dessa forma, observa-se em Capeller (1985) a constatação de que o conceito "ressocialização" no âmbito prisional surgiu a partir de ciências comportamentais, durante o século XIX, indo ao encontro de uma abordagem positivista do Direito, culminando no embate ideologia *versus* repressão.

Gueiros (2005) defende a ideia de que a família e a cultura constituem elementos fundamentais para a compreensão do sujeito acerca de sua individualidade. Assim, é possível perceber como ocorre uma despersonalização do indivíduo em função da forte reclusão imposta pelo cárcere. A ressocialização da pessoa privada de liberdade perpassaria, portanto, o reforço e a manutenção de sua referência com o exterior da prisão, ou seja, a família, o meio de trabalho, a territorialidade, a cultura e, quanto mais distantes desses elementos esteja a prisão, maior a dificuldade em se atingir esse suposto ideal ressocializador.

A LEP, em sua Seção IV, Capítulo II, artigo 17, estabelece que: "A assistência educacional compreenderá a instrução escolar e a formação profissional do preso e do interno"; e seu artigo 18 assinala que: "O ensino de 1º grau será obrigatório, integrando-se no sistema escolar da unidade".

Assim, a educação é direito da pessoa privada de liberdade e uma das atividades entendidas como ressocializadoras. No entanto, a garantia e a plena efetivação de qualquer que seja o direito não ocorre pela simples prescrição da lei. A disputa política em torno da consolidação da oferta de educação nas prisões tornou-se objeto de maior demanda por parte da sociedade civil organizada, conforme assinala Graciano (2005):

> Apenas muito recentemente, em março de 2005, pela primeira vez na história do País, o Ministério da Educação, por meio da Diretoria de Educação de Jovens e Adultos, da Secretaria de Educação Continuada, Alfabetização, Diversidade e Inclusão (Secadi/MEC), envolveu-se em ação integrada com o Ministério da Justiça e a Secretaria de Direitos Humanos da Presidência da República, com o objetivo de desenvolver projeto educativo voltado para a comunidade de presidiários e presidiárias (Graciano, 2005, p. 11).

Note-se que a Secadi foi o principal organismo do MEC a fomentar nos estados a implementação das políticas para oferta de educação nas prisões, tendo no seu decreto de regulamentação a missão de "Contribuir para o desenvolvimento dos sistemas de ensino, voltado à valorização das diferenças e da diversidade sociocultural, à promoção da educação inclusiva, dos direitos humanos e da sustentabilidade socioambiental", no entanto, a secretaria criada em 2004 teve uma vida útil curta, sendo extinta pelo Decreto n.º 9.465, de 2 de janeiro de 2019.

Ao retomar as significações objetivas da noção de ressocialização e reabilitação, constata-se que os governos no âmbito da gestão prisional apostam na oferta de atividades educativas revestidas de um discurso jurídico garantista, que se contrapõe às perspectivas do que enuncia Foucault (1986), ao apontar o sistema prisional como um grande reprodutor de ilegalidades, tendo em vista a consideração do autor de que no efetivo funcionamento do cárcere não há a oferta de condições necessárias para garantir a reinserção da pessoa na vida social além muros.

Nesses termos, para além da finalidade jurídico-penal punitiva, há na legislação uma preocupação com o retorno do indivíduo para o convívio coletivo, fator muito controverso se feita análise de como se dá o cumprimento da pena nos estabelecimentos de privação de liberdade brasileiros, considerando as condições de extrema precariedade, negligência, insalubridade e violações de direitos.

O inverso da ressocialização: a prisionização

Até aqui foi possível refletir que, no âmbito das instituições de privação de liberdade, a educação está submetida a uma expectativa reabilitadora e até curativa. Essa breve análise mostra como é perceptível que as instituições de privação de liberdade caminham do lado oposto de uma ideia de formação, emancipação e autonomia, visto que a ruptura do convívio social por si só expressa o caráter punitivo e regressivo da prisão, o que revela que o cárcere mais desumaniza do que humaniza.

Nesse sentido, a expectativa de ressocializar o indivíduo encontra uma forte resistência institucional, e, por sua vez, o conceito "prisionização" expressa bem essa oposição ao que sugere a noção de ressocialização.

O referido termo surge na obra *Prision Community*, de Donald Clemmer, que, entre as décadas de 1930 e 1940, desenvolveu estudos em estabelecimentos prisionais norte-americanos, em uma tentativa de delinear aspectos do processo de socialização que se dava nas relações entre os encarcerados, considerando o controle, arquitetura, intensa vigilância e demais fatores peculiares a essa instituição fechada. Assim, a prisionização é caracterizada como o fenômeno que fornece os meios e estratégias de acomodação para a subsistência da pessoa no espaço prisional.

Nessa mesma perspectiva, Thompson (2002) assinala que:

> [...] o indivíduo privado de liberdade sofre no cárcere influências, que ele classifica como os "fatores universais de prisionização", expressos pela: "aceitação de um papel inferior; acumulação de fatos concernentes à organização da prisão; o desenvolvimento de novos hábitos, no comer, vestir, trabalhar, dormir; adoção do linguajar local; o reconhecimento de que nada é devido ao meio ambiente, quanto à satisfação de necessidades; eventual desejo de arrumar uma 'boa ocupação' (Thompson, 2002, p. 24).

É importante ressaltar que essas são as adaptações naturais e normais feitas pelos indivíduos em forma de resposta às condições não naturais e anormais da vida no cárcere. Assim, ocorre com êxito na prisão o inverso do que se pretende pela perspectiva ressocializadora, o sujeito em nome da sobrevivência nesse ambiente com um código interno bem peculiar assimila e reproduz os modelos ali praticados.

O autor do campo da Pedagogia Social brasileira Roberto da Silva (2015) classifica essa dinâmica de acomodação, adaptação e sobrevivência na prisão nas expressões como "cultura prisional" e "pedagogia do crime", e elenca processos como a organização da vida cotidiana entre a população carcerária pelos grupos de criminosos organizados e o tipo peculiar de socialização que ali ocorre, afetando, inclusive, os familiares desses indivíduos.

Em outro texto, Silva (2020) também tece uma contribuição desse teor para tratar dos limites dos processos educativos nas prisões:

> A privação da liberdade, do ponto de vista da Pedagogia, não é apenas a restrição ao direito de ir e vir, mas também a privação dos sentidos, isto é, a negação da estimulação sensorial que dá gosto e sentido à liberdade. Processos semelhantes acontecem nos casos de autismo, de retardo mental, de altas habilidades e de Alzheimer (Silva, 2020, p. 66).

Bitencourt (2004) aponta que entre as tantas privações impostas pelo cárcere, para além da privação do direito de ir e vir, há uma forte repressão da afetividade e da vivência da sexualidade em toda sua potencialidade, podendo até influenciar na deterioração do vínculo familiar/conjugal.

Goffman (1987) estruturou uma série de categorias conceituais acerca de instituições com tendência ao fechamento e à reclusão a partir de um hospital psiquiátrico, mas que se encaixam na análise de instituições de natureza fechada como a prisão, conventos, internatos e outros. O autor classifica como "táticas de adaptação" o conjunto de assimilação do interno às regras da casa, que se desenvolvem a partir de ajustamentos primários e secundários.

O ajustamento primário consiste na contribuição do indivíduo de forma cooperativa para com as exigências da instituição promovendo a estabilidade do ambiente, já os ajustamentos secundários são explícitos pela inclinação do indivíduo em burlar as regras, ou seja, a lançar mão de atingir seus objetivos ainda que por meios que o desviem do regulamento institucional. Utilizando o ajustamento secundário, o indivíduo alcança satisfações que não conseguiria obter de outra maneira.

De acordo com Goffman (1987), as instituições totais como manicômios, asilos e prisões são caracterizadas principalmente por consistirem em um estabelecimento fechado, de confinamento e privação da liberdade, onde vivem grupos de indivíduos em tempo integral funcionando como regime de internação.

No interior dessas instituições, sobretudo na instituição de privação de liberdade à qual se direcionam alguns tópicos da análise pretendida nesta pesquisa, há uma atmosfera coercitiva determinante e todas as relações são marcadas por conflitos de poder e por uma violência que extravasa os limites da repressão e se consolida como uma linguagem e *modus operandi*.

Nesse sentido, é possível estabelecer uma relação com o que observa Zaffaroni (2001):

> O efeito da prisão, que se denomina prisionização, sem dúvida é deteriorante e submerge a pessoa numa "cultura de cadeia", distinta da vida do adulto em liberdade. Esta "imersão cultural" não pode ser interpretada como uma tentativa de reeducação ou algo parecido ou sequer aproxima-se do postulado da "ideologia de tratamento"; suas formas de realização são totalmente opostas a este discurso, cujo caráter escamoteador é percebido até pelo menos avisados (Zaffaroni, 2001, p. 49).

Como observa Thompson (2002, p. 15): "[...] os mais otimistas partidários do tratamento penitenciário reconhecem que até a presente data, a cadeia não logrou atingir o objetivo de transformar criminosos em não criminosos". A pessoa privada de liberdade tem negados os seus direitos básicos de privacidade e perde, na prisão, o controle sobre aspectos elementares de sua existência. Ela vive em minúsculas e apertadas celas, em extremo estado de deterioração; possui pouco ou nenhum conhecimento sobre as demais pessoas com quem deve compartilhar os espaços para atividades efêmeras do cotidiano, como dormir, tomar banho e ir ao banheiro; não tem escolha sobre quando devem levantar-se ou ir para a cama, quando ou o que comer; ou seja, a perda da privacidade é um fator muito preponderante.

O cárcere é um processo doloroso e as pessoas encarceradas, muitas vezes, sofrem consequências a longo prazo por terem sido submetidas a dor, privação e padrões extremamente atípicos de vida e interação com os outros. Badaró Bandeira (2005) afirma que poucas pessoas passam completamente inalteradas ou ilesas a essa experiência.

Essa articulação revela um dos grandes limites institucionais para atuação dos pedagogos nas instituições de privação de liberdade, o desafio de conjugar uma prática educativa em meio a uma cultura institucional que não oportuniza o pleno desenvolvimento humano, relação que se coloca diante do problema desta pesquisa: em que medida a formação inicial de pedagogos, no bojo das DCN de 2006, contempla a atuação dos profissionais nos contextos não escolares.

Destacam-se as produções de Silva (2015, 2020), anteriormente citadas neste capítulo, que contribuem para esta análise e revelam o interesse pelas investigações no campo da Pedagogia Social, dialogando intimamente com os autores da Criminologia e da Sociologia sobre os processos educativos que ocorrem no contexto do cárcere e tensionam a necessidade de a Pedagogia enquanto ciência se empoderar dessa área, levando para o interior do curso superior as problematizações em torno desses processos educativos.

Os pedagogos nas instituições de privação de liberdade

Diante do exposto, dentro da perspectiva da dimensão profissional do trabalho pedagógico não escolar, busca-se estabelecer a diferença entre a atuação docente e a não docente dos pedagogos nas instituições de privação de liberdade, tendo em vista que na constituição de sua identidade profissional, o pedagogo está intimamente atrelado à escola, de forma que essa instituição é o campo privilegiado para o exercício desse ofício.

A Pedagogia Social é um elemento importante para esta análise, pois reconhece o potencial pedagógico do trabalho nas instituições de privação de liberdade.

No entanto, há de se ressaltar que o trabalho do pedagogo nas instituições de privação de liberdade pode convergir para a atuação docente no ensino regular, ou, ainda, para uma atuação similar ao trabalho de "educador social" na execução de oficinas, rodas de conversa, cursos extracurriculares e atividades de natureza alheia ao currículo escolar convencional. Há, também, uma outra possibilidade de atuação que será classificada, nesta pesquisa, como "atuação técnica" ligada à gestão e à coordenação das diferentes atividades educativas nesses estabelecimentos. Essa atuação não deve ser confundida com a gestão escolar convencional, pois essa função não compete às instituições de privação de liberdade, fica sob responsabilidade da Secretaria Estadual de Educação, pois, no estado de São Paulo, a oferta da educação regular tanto na Fundação Casa – Resolução SE n.º 15, de 03/02/2010 – como na Secretaria de Administração Penitenciária (SAP) – Resolução Conjunta SE-SAP-2, de 30/12/2016 – é realizada por meio de convênios com a Secretaria Estadual de Educação.

A seguir, serão elencados o que os textos legais apresentam o rol de atribuições para o pedagogo nas instituições de privação de liberdade.

Os dispositivos legais que amparam o funcionamento dos estabelecimentos para adultos infratores assinalam a possibilidade de o pedagogo exercer funções que fogem do campo de atuação da área de formação pedagógica, é o caso da função de diretor geral desses estabelecimentos, preconizada no artigo 75 da LEP/1974:

> O ocupante do cargo de diretor de estabelecimento deverá satisfazer os seguintes requisitos:
> I – ser portador de diploma de nível superior de Direito, ou Psicologia, ou Ciências Sociais, ou Pedagogia, ou Serviços Sociais;
> II – possuir experiência administrativa na área;
> III – ter idoneidade moral e reconhecida aptidão para o desempenho da função.
> Parágrafo único. O diretor deverá residir no estabelecimento, ou nas proximidades, e dedicará tempo integral à sua função (Brasil, 1974).

Além disso, o Decreto n.º 50.412, de 27 de dezembro de 2005, que reestruturou e padronizou as equipes técnicas dos estabelecimentos penitenciários do estado de São Paulo, reitera o exposto na LEP, assim como estabelece a função de pedagogo para atuar no âmbito das atividades de Reintegração e Atendimento à Saúde:

> Artigo 49 – Os Centros de Reintegração e Atendimento à Saúde serão compostos de:
> I – Pessoal com formação universitária, em especial de médico psiquiatra, assistente social, terapeuta ocupacional, psicólogo e pedagogo, de preferência com especialização ou experiência nas áreas penitenciária e criminológica;
> [...] (Brasil, 1974).

Nota-se que esse mesmo decreto ainda circunscreve uma outra frente de atuação: as diretorias de Centro de Trabalho e Educação, encarregadas da manutenção das atividades educativas e laborais nos estabelecimentos.

Na Secretaria da Administração Penitenciária do Estado de São Paulo existe, ainda, a função de analista sociocultural criada pela Lei Complementar n.º 1.080, de 17 de dezembro de 2008, alterada pela Lei Complementar n.º 1.123, de 1.º de julho de 2010, que tem como requisito a formação em nível superior de pedagogo.

Da mesma forma, encontra-se a previsão legal da atuação do pedagogo no sistema socioeducativo, como é o caso da Portaria Interministerial n.º 340, de 14/07/2004, que estabelece as diretrizes de implementação da execução da medida do adolescente em conflito com a lei em regime de internação e internação provisória, e recomenda o acompanhamento pedagógico por pessoal da área. O documento de apresentação do Sinase (2006) prevê a presença do pedagogo no quadro técnico dos estabelecimentos e ressalta que:

> As diferentes áreas do conhecimento são importantes e complementares no atendimento integral dos adolescentes. A psicologia, a terapia ocupacional, o serviço social, a pedagogia, a antropologia, a sociologia, a filosofia e outras áreas afins que possam agregar conhecimento no campo do atendimento das medidas socioeducativas (Brasil, 2006, p. 53).

O documento recomenda que os estabelecimentos para cumprimento de medida socioeducativa de semiliberdade tenham, na equipe técnica, um pedagogo para cada 20 adolescentes e, nos estabelecimentos de internação em regime fechado, um pedagogo para cada 40 adolescentes. O texto legal não caracteriza esse profissional como um docente, no entanto ressalta o caráter técnico do acompanhamento pedagógico que deve ser realizado pelo pedagogo que integra equipe multidisciplinar, o qual produz relatórios de plano individual de atendimento (PIA), um instrumento pedagógico fundamental para garantir a equidade no processo socioeducativo, além de propor atividades interventivas de diversas naturezas.

Pedagogo e a Educação Social

Souza Neto, Silva e Moura (2009) elegem o sistema socioeducativo e o sistema prisional como *"áreas prioritárias para atuação da Pedagogia Social no Brasil"*. As produções acadêmicas a esse respeito, frequentemente, se baseiam em referenciais teóricos que se vinculam a esses autores.

É preciso novamente destacar a dimensão ambígua da discussão sobre a inserção do pedagogo nesses contextos, pois a atividade profissional pode englobar o trabalho na dimensão da educação escolar regular e, por outro lado, também uma dimensão de trabalho com caráter mais técnico no qual o pedagogo atua junto de equipes multidisciplinares compostas por outros profissionais como psicólogos e assistentes sociais.

Sobre a dimensão educativa com o viés mais voltado ao ensino, Julião (2013) afirma:

> A educação em espaços de privação de liberdade pode ter principalmente três objetivos imediatos que refletem as distintas opiniões sobre a finalidade do sistema de justiça penal: (1) manter os reclusos ocupados de forma proveitosa; (2) melhorar a qualidade de vida na prisão; e (3) conseguir um resultado útil, tais como ofícios, conhecimentos, compreensão, atitudes sociais e comportamento, que perdurem além da prisão e permitam ao apenado o acesso ao emprego ou a uma capacitação superior, que, sobretudo, propicie mudanças de valores, pautando-se em princípios éticos e morais. Essa educação pode ou não se reduzir ao nível da reincidência. Já os demais objetivos formam parte de um objetivo mais amplo do que a reintegração social e o desenvolvimento do potencial humano (Julião, 2013, p. 04).

Assim, sobre aspectos da atuação do pedagogo nos cargos técnicos, especificamente no atendimento aos jovens em cumprimentos de medida socioeducativa, Costa (2009) tece a seguinte observação:

> A medida socioeducativa é uma medida imposta, uma medida coercitiva que decorre de uma decisão judicial. Portanto, é fundamental que o educador, além do conhecimento específico relativo à sua área de atuação, tenha também uma consistência sólida formação legalista básica. [...] estamos falando de algo que vai além do conhecimento dos dispositivos legais e da sua aplicação [...] O técnico deve conhecer o conceito de controle social do delito e sua evolução. Deve deter também o domínio claro da noção de sistema de administração da Justiça juvenil compreendendo ainda os distintos modos de reação não formal da sociedade ao delito [...] O trabalho desenvolvido junto ao adolescente autor de ato infracional deve ser parte de uma pedagogia voltada para a formação da pessoa e do Cidadão, portanto, para formação e desenvolvimento do sentido de responsabilidade do educando para consigo mesmo e com os outros (Costa, 2009, p. 202).

Nesses termos, configura-se, assim, o campo de atuação profissional que vai além da dimensão docente, em que os saberes de outras áreas são importantes para a composição do conjunto de conhecimentos exigidos desse profissional para a execução de seu trabalho.

Percebe-se, então, que pode surgir nessa tentativa de delinear o campo de atuação do "pedagogo técnico" um cruzamento com o campo de atuação do Educador Social. É importante também estabelecer algumas características acerca dessa profissão, como será discorrido ao longo desta seção.

Infere-se que a profissão de educador social está consolidada enquanto área de trabalho, mas carece de regulamentação legal mais específica. Entre as tentativas de estabelecer um regulamento legal amplo e detalhado para a profissão nos deparamos com o Projeto de Lei (PL) n.º 5.346/2009, que foi a primeira proposta formal apresentada ao Poder Legislativo no intuito de normatizar a profissão de educador social no Brasil.

O texto do Projeto de Lei é bastante interessante, pois delineia diferentes áreas em que o profissional pode atuar, como desponta o teor do artigo 2.º do PL n.º 5.346/2009:

> Art. 2.º – Ficam estabelecidos como campo de atuação dos educadores e educadoras
> sociais, os contextos educativos situados fora dos âmbitos escolares e que envolvem:
> I – as pessoas e comunidades em situação de risco e/ou vulnerabilidade social, violência e exploração física e psicológica;
> II – a preservação cultural e promoção de povos e comunidades remanescentes e tradicionais;
> III – os segmentos sociais prejudicados pela exclusão social: mulheres, crianças, adolescentes, negros, indígenas e homossexuais;
> IV – a realização de atividades socioeducativas, em regime fechado, semi-liberdade e meio aberto, para adolescentes e jovens envolvidos em atos infracionais;
> V – a realização de programas e projetos educativos destinados a população carcerária;
> VI – as pessoas portadoras de necessidades especiais;
> VII – o enfrentamento à dependência de drogas;
> VIII – as atividades sócio educativas para terceira idade;
> IX – a promoção da educação ambiental;
> X – a promoção da cidadania;
> XI – a promoção da arte-educação;
> XII – a difusão das manifestações folclóricas e populares da cultura brasileira;
> XIII – os centros e/ou conselhos tutelares, pastorais, comunitários e de direitos;
> XIV – as entidades recreativas, de esporte e lazer (Brasil, 2009).

Grifa-se que o PL teve seu teor alterado substancialmente quando tramitou no Senado Federal e foi convertido no Projeto de Lei do Senado n.º 328 de 2015, por exemplo, a exigência de nível superior para quem

PEDAGOGAS E PEDAGOGOS ATUANTES EM ESTABELECIMENTOS DE PRIVAÇÃO DE LIBERDADE:
FORMAÇÃO INICIAL, LIMITES, DESAFIOS E POSSIBILIDADES

ingressar na carreira, após a aprovação definitiva da lei. Assim, com a alteração do texto o nível médio foi estabelecido como escolaridade mínima para os educadores que estivessem em exercício no momento da publicação da lei. É importante destacar que o documento assume a atuação no sistema socioeducativo como uma das frentes de trabalho do educador social.

Vale ressaltar uma outra alteração feita no projeto que se mostra muito interessante para a presente pesquisa, em especial para o debate dessa linha tênue entre o pedagogo técnico/pedagogo social e o educador social. Note-se que, na primeira apresentação do texto na Câmara Federal, o projeto de regulamentação da profissão de educador social apresentava também a figura do pedagogo social, o artigo 1.º dizia que: "[...] a Educação Social é a profissão do educador social, pedagogo social e de profissionais com formação específica em Pedagogia Social, nos termos desta Lei". Esse trecho, na época em que foi publicado, gerou um intenso debate entre associações de profissionais da Educação Social, conforme o que diz Pereira (2016):

> O Art. 1.º diz que "a Educação Social é a profissão do educador social, pedagogo social e de profissionais com formação específica em Pedagogia Social, nos termos desta Lei". Vejamos que prevalece a legalização do campo e não dos atributos psicofísicos da atividade de trabalho do(a) educador(a) social, incluiu o(a) pedagogo(a) social e outros, desde que possua a formação na área, isso implica em ampliar esse PL para atender a pedagogia social e, ao mesmo tempo, inclui a formação superior como possibilidade de atuação, A inclusão de pedagogos (as) sociais indica já uma hierarquização das funções no interior da educação social, que se torna, nesse PL, um campo de conhecimento e de profissionalidade, isso é evidente quando no Art. 3.º se estabelece como escolarização mínima para atuar no campo o ensino médio, não especificando se tratar de educação profissional. Isso implica dizer que haverá uma divisão das atividades no mercado de trabalho do (a) educador (a) e do pedagogo(a) social. A questão é saber quais as atividades de um e de outro e os atributos psicofísicos exigidos, já que esse Projeto só delimita, no Art. 4.º, as funções e atribuições do (a) educador (a) social, especificando as áreas de atuação fora do âmbito escolar (BRASIL, 2013b).[...] Há que se falar que a pedagogia social entra nesse PL apenas como profissão e não como ciência, teoria da educação social, pois o

> domínio epistemológico foi excluído dessas reformulações, indicando um sentido funcional a essa pedagogia (Pereira, 2016, p. 1311-1312).

É oportuno refletir sobre o debate suscitado entre as associações dos profissionais, pois a inclusão da figura do pedagogo social no projeto de lei acaba por gerar um certo incômodo para as associações. De acordo com o enunciado supra, as exigências da formação em nível superior poderiam gerar certa hierarquização dentro da área, em especial ao se considerar o fato de que muitos educadores sociais possuem formação em nível médio ou curso profissionalizante, não necessariamente certificado pela escola.

Ademais, ao adentrar a *dimensão acadêmica* dessa discussão, outro ponto importante é o fato de que a Pedagogia Social não se constitui como titulação universitária no Brasil e fica o questionamento sobre como isso incidiria na formulação do Curso de Pedagogia, atualmente existem cursos de especialização *lato sensu* que conferem a titulação de pedagogo social. Aqui, seria possível especular que, se o PL tivesse sido aprovado com a menção do pedagogo social, essa medida ensejaria a criação do curso universitário de Pedagogia Social, ou se essa habilitação profissional se daria no curso de licenciatura em Pedagogia. Não se sabe o que ocorreria, mas certamente geraria alguma repercussão nesse sentido.

Independentemente das suposições sobre a regulamentação da profissão de educador social o que interessa é perceber a necessidade de se discutir o campo de atuação na perspectiva da Educação Social, assim como pensar na profissionalidade dos trabalhadores que pelo país desempenham essa importante tarefa. É preciso compreender a mobilização desses trabalhadores em torno da real necessidade de normatização da profissão que pode resultar em valorização da área e do profissional da Educação Social, e obviamente em mudanças nas condições concretas nas quais se encontram esses sujeitos, como plano de carreira e remuneração.

Para melhor compreensão dessa questão serão explanadas, no capítulo a seguir, as tensões históricas que permeiam o curso de Pedagogia e reforçam a identidade escolar do curso em detrimento das discussões no âmbito da educação não escolar referenciada pela Educação Social, que tem sua matriz na Pedagogia Social.

CAPÍTULO 3

A EDUCAÇÃO EM ESPAÇOS NÃO ESCOLARES NOS CURSOS DE PEDAGOGIA

Identidade e disputas em torno do curso de Pedagogia e a educação popular

A história do curso de Pedagogia revela certa negligência na abordagem da temática da Educação Não Escolar. As aproximações a formulações teóricas originárias do campo da Pedagogia Social e as discussões sobre as práticas de Educação Social nos dias atuais também não estão cristalizadas dentro da academia no caso do Brasil.

Em termos prescritivos, as DCN de 2006 constituem o primeiro documento que faz menção a essas "outras áreas" (Brasil, 2006). A expressão empregada é bastante genérica e não exemplifica ou conceitua o que seriam essas outras áreas. Para chegar até as Diretrizes de 2006 é preciso resgatar a dimensão histórica do desenvolvimento do Curso de Pedagogia no Brasil como curso de nível superior e compreender os acontecimentos no cenário educativo do Brasil.

O processo de urbanização e modernização do país, no início do século XX, é um dos elementos que fomentam o processo de oficialização e formalização do sistema escolar brasileiro. Uma das leituras mais importantes para estabelecer a cronologia em torno da história do curso de Pedagogia é a obra *Curso de Pedagogia no Brasil: História e Identidade*, de Carmem Silvia Bissolli da Silva (2006), que apresenta uma investigação bastante detalhada e resgata a dimensão cronológica das reformas e regulamentações em torno do curso.

Para esboçar essa dimensão histórica do Curso de Pedagogia, além de Silva (2006), serão utilizados os textos de Iria Brzezinski (1996) e dos autores José Carlos Libâneo e Selma Garrido Pimenta (2006). Tendo em vista a predominância da Pedagogia Escolar nessa discussão será articulada, também, a perspectiva freireana da Educação Popular demonstrando como essas práticas educativas que convergem para a Educação Social se desenvolveram paralelamente ao Curso de Pedagogia. Além disso, serão explorados os referidos documentos legais que, nas suas respectivas épocas, delinearam os rumos da educação no Brasil.

Silva (2006) apresenta uma divisão histórica da evolução do Curso de Pedagogia em torno de quatro períodos: o primeiro período é classificado como o das regulamentações; o segundo é o das indicações; o terceiro contempla as propostas e, por fim, o quarto momento intitulado como o dos decretos.

Na obra, a autora evidencia as mobilizações e disputas em torno do curso, que ocorreram com envolvimento dos diferentes atores sociais, entre os quais os governos, as associações de professores, as agremiações de estudantes universitários, as instituições de ensino superior, os intelectuais, entre outros. Assim, a mobilização ocorrida ao longo do tempo resultou em um vasto número de resoluções legais, além, é claro, de uma vasta produção escrita acerca da formação inicial do pedagogo, que a autora classifica como fundamentos paralegais que foram recorrentes sobretudo no terceiro período.

Conforme a linha do tempo de Silva (2006), o primeiro período compreende pouco mais de três décadas, pois engloba o recorte temporal de 1939 até 1972, período iniciado com a promulgação do decreto de lei 1.190/39, que criou o curso superior de Pedagogia ao organizar a Faculdade de Filosofia, Ciências e Letras. Esse longo período é classificado como o das regulamentações, após 1964 com o golpe militar a figura do Conselheiro Valnir Chagas adquiriu certa notoriedade quando na tentativa de uniformizar e estabelecer a identidade do curso de Pedagogia emplacou inúmeros decretos na intenção de dar uma definição para o curso e estabelecer o campo de atuação dos profissionais. É o período marcado pelo questionamento amplo da identidade no Curso de Pedagogia.

Nesse ínterim, na década de 1930, ressoavam, no âmbito intelectual, os ecos do modernismo que incidia influência visível no campo educacional. Destaca-se o movimento dos Pioneiros da Educação Nova, com o "Manifesto de 1932", tendo como base as experiências escolanovistas, entre as referências o Manifesto recorreu a John Dewey a Émile Durkheim.

O texto propôs discutir os diferentes aspectos da questão educacional brasileira tratando desde uma discussão filosófica sobre a epistemologia de uma concepção pedagógica nacional até questões pedagógico-didáticas, formação de professores em nível superior, políticas educacionais e a estruturação de um sistema educacional nacional formal. Elementos que anunciavam, em certa medida, parte dos desdobramentos que se deram com a criação do Curso de Pedagogia.

Observa-se que entre os 26 signatários do referido Manifesto havia intelectuais dos mais variados matizes ideológicos, liberais, anarquistas, socialistas e comunistas, bem como figuras próximas ao catolicismo, aos militares e ao setor educacional privado. Porém, em termos gerais prevaleceu no documento uma concepção carregada de elementos clássicos de um liberalismo humanista para a educação. Cabe destacar os nomes de Anísio Teixeira, Fernando de Azevedo e Lourenço Filho como figuras que, nos anos seguintes, contribuíram intensamente para o debate público da educação no Brasil.

Nesse ínterim, no cenário político, se estabelecia a Era Vargas, que, pela controversa Constituição de 1937, instaurou o Estado Novo e implementou as Leis Orgânicas do Ensino, de caráter bastante centralizador, populista e, em certa medida, conservador. Houve, nesse período, a estruturação do Sistema S com o surgimento do Serviço Nacional de Aprendizagem Industrial (Senai), o Serviço Nacional de Aprendizagem Comercial (Senac) e Serviço Social da Indústria (Sesi), além da criação em 1937 do Instituto Nacional de Pedagogia (Inep), que mais tarde, em 1972, manteve a sigla, mas passou a ser o Instituto Nacional de Estudos e Pesquisas Educacionais.

Assim, ao retomar Silva (2006), há de se notar os institutos de educação que formavam professores e a demonstração de que a Pedagogia estava de certa forma inserida no contexto universitário apesar de não estar constituída como curso superior.

Nota-se, então, que, com a formalização, o curso passou a formar bacharéis em Pedagogia aptos à atuação em cargos técnicos da educação, evidenciando um certo equívoco da concepção originária e distanciando a pedagogia da pesquisa e da consolidação de uma campo científico-epistemológico.

Nesses termos, para Silva (2006), o caráter bacharelesco do curso era equivocado: "[...] de um lado, pela expectativa do exercício de funções de natureza técnica a serem realizadas por esse bacharel e, de outro, pelo caráter exclusivamente generalista das disciplinas fixadas para sua formação" (Silva, 2006, p. 13). Essa dinâmica já expunha a dicotomia sempre recorrente entre teoria e prática educativa no âmbito da formação docente.

Nesse sentido, Brzezinski (1996) argumenta que quando o curso de Pedagogia foi assumido pelas universidades houve grande precarização, a formação de professores era entendida como uma ação fácil e meramente operacional, "[...] como se esta tarefa fosse simples" (Brzezinski, 1996 p. 42). A dimensão da investigação científica foi praticamente perdida, afinal a centralidade da formação convergia para métodos e técnicas de ensino, reforçando a cisão entre teoria e prática educativa.

A indefinição do ofício de pedagogo já estava posta. A docência configurava um componente secundário e complementar à formação. Por conta dessa imprecisão, o curso de Pedagogia contava com matérias derivadas das Ciências da Educação: Psicologia, Filosofia, História e Sociologia, além de abranger generalidades.

Conforme Brzezinski (1996, p. 44), até a homologação da lei n.º 4.024/1961 o curso de Pedagogia era estruturado em torno do "*esquema 3+1*" como no modelo dos bacharelados: três anos de formação abrangendo conteúdos específicos da área e um ano voltado para estudos de Didática, que conferia o grau de licenciado ao egresso que poderia lecionar nas escolas normais responsáveis pela formação de professores primários, o que demarca mais uma disputa em torno da formação do professor primário, assim como suscita uma crítica em torno da função e da natureza do fazer profissional do pedagogo.

Assim, a primeira Lei Geral da Educação, a Lei n.º 4.024/1961, estabeleceu um currículo mínimo para os cursos de nível superior. No entanto, o texto da lei era de certa forma vago, por não apresentar as exigências formais para o exercício do magistério, fator que dava guarida para a permanência de profissionais leigos no exercício da docência evidenciando, nas palavras de Brzezinski (1996, p. 53), a "permanência de leigos na escola...".

Observa-se, então, que o Conselho Federal de Educação (CFE) publicou em seguida uma resolução específica para o curso de Pedagogia por meio do Parecer n.º 251/1962, e, mesmo com a reformulação, o curso ainda preservou a dicotomia bacharelado *versus* licenciatura.

Desse modo, cabe ressaltar que a década de 1960 foi marcada pela ditadura cívico-militar, com o Golpe de 1964, que depôs o presidente João Goulart, subverteu a ordem política institucional e instaurou um regime ditatorial até o ano de 1985. Nesse período ocorreram barbáries como a censura, sequestros e execuções cometidas por agentes do governo brasileiro, além disso, em 1967, os militares editaram uma nova Constituição Federal para aparentar ao exterior certo ar de normalidade no país que vivia sob a cortina de ferro.

No âmbito educacional, as transformações ocorridas nesse período foram amparadas por uma perspectiva pedagógica tecnicista, fundamentada em elementos da psicologia comportamental com forte viés instrucional, ênfase na técnica, disciplina e no mecanicismo das ações, foi essa "[...] a etapa do capitalismo brasileiro dedicada aos investimentos em educação alicerçados no ideário tecnicista" (Brzezinski, 1996, p. 58).

A perspectiva tecnocrática pautava as políticas educacionais, assim como buscava instrumentalizar um pseudoprojeto nacional desenvolvimentista encabeçado pelos militares. Percepção essa corroborada por Veiga (1994, p. 17) ao afirmar que esse contexto era "[...] marcado pela crise da Pedagogia Nova e pela articulação da tendência tecnicista, assumida pelo grupo militar e tecnocrata".

Prevalecia no curso de pedagogia uma configuração que tentou estabelecer de forma secundária a formação do professor dos anos iniciais no ensino superior e a dos "bacharéis" técnicos das diferentes áreas além da docência foi delegada aos estudos de pós-graduação. Assim, a docência passa a ser assumida como componente fixo do curso e a Didática, que antes era uma espécie de disciplina facultativa para os aspirantes à docência, tornou-se disciplina obrigatória, permaneceu como requisito importante para exercer o magistério.

Nesse sentido, houve uma reforma universitária em 1968, implementada pela Lei n.º 5.540/1968, que demarcou a "tecnocratização da universidade" e, entre outras coisas, promoveu a fragmentação da Faculdade de Filosofia em departamentos, medida que, por um lado, organizou no âmbito acadêmico a Faculdade de Educação dando certa autonomia para a área; por outro lado, passou a burocratizar e gerar um certo ambiente corporativo dentro dos departamentos.

É importante recordar que o ano de 1968 marcou um dos momentos mais críticos da ditadura militar brasileira, pois houve o decreto do Ato Institucional número 5 (AI-5). O referido ato culminou no fechamento do Congresso Nacional, intensificou a censura prévia aos meios de comunicação, expandiu a intervenção militar nos estados e municípios e suspendeu os direitos civis e políticos de cidadãos acusados de crimes contra a Segurança Nacional. As universidades foram alvo do regime por serem um grande espaço de articulação de intelectuais e militantes políticos contrários ao autoritarismo do regime.

Ao seguir a cronologia, no ano seguinte, com a publicação do Parecer do CFE n.º 252/1969, estabeleceu-se, no curso de Pedagogia, o modelo de formação para as habilitações, que, entre outras coisas, traçou certo delineamento do campo profissional para os egressos do curso, além de estabelecer carga horária mínima de 2.200 horas para o curso de Pedagogia. Essas adaptações foram acompanhadas da Resolução CFE n.º 2/1969, com um novo currículo mínimo para o curso que foi planejado em torno das habilitações técnicas para a formação especialistas nas áreas educacionais como: supervisão, administração, planejamento e orientação educacional.

Assim, Pinto (2002) aponta a criação dos Cursos de Complementação Pedagógica por meio do Parecer n.º 252/69. Esses cursos ofereciam para professores de outras licenciaturas a certificação de Pedagogo, por meio de uma carga horária reduzida, de forma aligeirada e bastante precária.

Outro fato que o autor aponta é a docência nas séries iniciais, que não era de competência do egresso do curso superior e passou a ser, sob o entendimento de que, se o profissional é apto para lecionar no curso de magistério do 2.º grau, também estará capacitado para lecionar nas séries iniciais. Dessa forma, os egressos do curso superior de Pedagogia passaram a concorrer com os professores formados no magistério em segundo grau e ampliaram, portanto, o campo de atuação do pedagogo.

Nota-se que, ao elencar os diferentes aspectos problemáticos do Parecer n.º 252/69, Libâneo e Pimenta (2002) apontam:

> [...] (a) o caráter "tecnicista" do curso e o conseqüente esvaziamento teórico da formação, excluindo o caráter da Pedagogia como investigação do fenômeno educativo; (b) o agigantamento da estrutura curricular que leva ao mesmo tempo a um currículo fragmentado e aligeirado; (c) a fragmentação excessiva de tarefas no âmbito das escolas; (d) a separação no currículo entre os dois blocos, a formação pedagógica de base e os estudos correspondentes às habilitações (Libâneo; Pimenta, 2002, p. 23-24).

Essa mesma perspectiva permaneceu no ano de 1971, quando o governo militar editou a Lei n.º 5.692 e implementou a Reforma do Ensino de 1.º e 2.º graus e, por conseguinte, modificou a organização do ensino no Brasil ao transformar o 2.º grau de forma compulsória em ensino profissionalizante. Novamente observa-se o reforço do caráter tecnocrático da gestão educacional no período ditatorial.

Percebe-se que não há, em meio a essas discussões curriculares, nenhuma menção que aponte para o campo da Educação Não Escolar, ou uma formação que assuma a Educação Social como um campo de atuação, o modelo das habilitações reforça a identidade escolar do curso e da profissão até então. Porém, é importante demarcar que paralelamente à estruturação formal do curso de Pedagogia se insurgia, marginalmente, a Educação Popular que tinha na alfabetização de adultos sua maior frente de ação. No contexto da ditadura isso veio à tona com mais força.

Friedrich *et al.* (2010) apontam que, na década de 1930, a educação de jovens e adultos passou a ser discutida no cenário educacional brasileiro e, no ano de 1934, o governo criou um Plano Nacional de Educação que oferecia a etapa do ensino primário de forma gratuita, o Plano reconhecia o direito educativo das pessoas adultas analfabetas.

Segundo Colavitto e Arruda (2014), em 1947 intensifica-se a discussão sobre o analfabetismo e a educação de adultos no Brasil, em consonância a essas discussões foi criado o Serviço Nacional da Educação de Adultos (SNEA) que oferecia o ensino na modalidade de supletivo. Além disso, no mesmo ano de 1947 foi realizada a 1.ª Campanha Nacional de Educação de Adolescentes e Adultos (Ceaa) e o 1.º Congresso Nacional de Educação de Adultos.

Beisiegel (1974), por outro lado, aponta a ineficiência de programas governamentais para alfabetização de adultos durante as décadas de 1940 e 1950. O autor aponta que as iniciativas conseguiam, até certa medida, ensinar a decodificação da leitura e escrita, mas não tinham potencial educativo para promover mudança estrutural e significativa para os indivíduos contemplados.

Se no campo acadêmico e da política educacional o Curso de Pedagogia travava exaustivos embates visando resistir às influências políticas, em outra trincheira a Educação Popular também se desenvolvia de forma criativa e marcada por intensa participação popular, articulando-se de forma significativa na alfabetização e educação de adultos.

Na década de 1960 destacaram-se as iniciativas do Movimento de Educação de Base (MEB), Movimento de Cultura Popular (MCP), além de iniciativas de grupos católicos progressistas. Paiva (1973) destaca algumas ações de Educação Popular empreendidas por esses grupos:

> [...] o MCP de Pernambuco desenvolveu suas atividades a partir de 1960. Entre setembro de 1961 e fevereiro de 1963 realizou uma experiência de educação pelo rádio com recepção organizada em escolas experimentais, e para a qual foi preparado o Livro de Leitura do MCP, transmitindo programas de alfabetização (50 a 60 minutos de aulas noturnas durante os dias úteis) e de educação de base (10 a 20 minutos). Aos sábados e domingos eram feitas transmissões musicais e teatrais por intermédio da Divisão do Teatro do MCP ou levados ao ar as novelas gravadas pela SIRENA (Paiva, 1973, p. 238).

Um fato notável da década de 1960 foi a célebre experiência de Paulo Freire na exitosa alfabetização dos 300 adultos de Angicos, no Rio Grande do Norte, episódio que ocorreu na virada do ano de 1962 para 1963. Entre os educandos, a maioria eram trabalhadores rurais, e bastou cerca de 40 horas espaçadas ao longo de 45 dias para que o processo se concretizasse. Esse acontecimento, no entanto, não ocorreu de forma súbita, vinha germinando ao longo dos anos, como relata Freire (1982):

> Há mais de 15 anos vínhamos acumulando experiências no campo da educação de adultos, em áreas proletárias e subproletárias, urbanas e rurais. [...] Sempre confiávamos no povo. Sempre rejeitávamos fórmulas doadas. Sempre acreditávamos que tínhamos algo a permutar com ele, nunca exclusivamente a oferecer-lhe. Experimentamos métodos, técnicas, processos de comunicação. Superamos procedimentos. Nunca, porém, abandonamos a convicção que sempre tivemos de que só nas bases populares, e com elas, poderemos realizar algo sério e autêntico para elas (Freire, 1982, p. 102).

O então presidente João Goulart convidou Paulo Freire para assumir a coordenação do Programa Nacional de Alfabetização com a meta de alfabetizar cinco milhões de adultos. No entanto, o Programa que havia sido criado em janeiro de 1964 foi logo extinto pela ditadura militar. Paulo Freire foi preso por duas vezes e, em seguida, buscou a embaixada da Bolívia para pedir refúgio. Em setembro do mesmo ano Freire viajou do país para o exílio.

A censura e a repressão política foram intensas sobre os movimentos populares que poderiam exercer qualquer ação conscientizadora subversiva contra o regime. A Ditadura reconhecia nesses grupos um poder enorme de mobilização das massas e temia uma articulação desses grupos com vistas a alterar o cenário político vigente de forma a modificar, orientar e fomentar uma insurreição popular colocando em risco o propósito do regime militar.

Com a Lei n.º 5.379 de 15 de dezembro de 1967, promulgada pelo então presidente Arthur da Costa e Silva, o governo militar lançou o famigerado Movimento Brasileiro de Alfabetização (Mobral) em substituição às iniciativas anteriores pautadas na Educação Popular, com o intuito de alfabetizar funcionalmente a população adulta (Strelhow, 2010). O programa, porém, só passou a funcionar, de fato, em 1970.

Cabe ressaltar que a educação popular de base Freireana está vinculada ao campo da educação social e, portanto, à Pedagogia Social, conforme observa Gadotti (2012):

> [...] a relação entre pedagogia social e educação social é dialética: a pedagogia social, oferecendo bases teórico-metodológicas para a prática da educação social, favorece o desenvolvimento da educação social e, ao mesmo tempo, a prática da educação social sistematizada pela pedagogia social, favorece o desenvolvimento dessa pedagogia. Uma está intimamente imbricada na outra (Gadotti, 2012, p. 21).

Gadotti (2012) ainda corrobora essa perspectiva ao afirmar que a educação social se entrelaça com a educação popular e defende que: "O campo da educação social é muito amplo e compreende o escolar e o não-escolar" (Gadotti, 2012, p. 10). O autor, além de equivaler o educador social ao educador popular, situa categoricamente a Educação Popular dentro da Educação Social: "A educação social compreende a educação de adultos, popular, comunitária, cidadã, ambiental, rural, educação em saúde" (Gadotti, 2012, p. 10).

Retomando a análise da história do Curso de Pedagogia, considerando a delimitação dos tempos propostos por Silva (2002), tem-se o segundo momento classificado como o *período das indicações,* que corresponde ao curto espaço de tempo entre os anos de 1973 e 1978, no qual se observa a identidade projetada para o curso de Pedagogia. Nessa época vigoraram muitas das medidas implementadas pelo Conselheiro Valnir Chagas e, por outro lado, muitas medidas foram abandonadas.

A extinção do Curso de Pedagogia voltou a ser difundida por Chagas, influenciado pela Reforma Universitária de 1968. Houve um esforço para viabilizar a formação do pedagogo especialista no professor e prevaleceu a defesa da docência como base formativa do curso, paralelamente às habilitações.

Naquela altura os educadores encontravam-se saturados pelas medidas de caráter autoritário perpetradas na educação brasileira, dando margem para a articulação de um movimento de educadores que, nos anos de 1980, se organizou por meio do Comitê Nacional Pró-Formação do Educador e, mais tarde, por volta dos anos de 1990, na Associação Nacional pela Formação dos Profissionais da Educação (Anfope).

Assim, o terceiro período sistematizado por Silva (2002) é classificado como o *período das propostas* e abarcou os anos de 1978 até 1999. A identidade do Curso de Pedagogia foi posta em discussão e o período foi marcado por inúmeros acontecimentos na vida política do país, foi nesse contexto que se deu o fim da Ditadura Militar, a promulgação da Constituição Cidadã de 1988, a Campanha pelas eleições Diretas e o enviesamento político-econômico neoliberal do Brasil nos anos de 1990.

Conforme o exposto, pode se destacar que o espírito democrático é marca desse período e nele é evidente a participação da sociedade civil organizada no debate das questões educacionais. Na época a Anfope teve grande protagonismo no sentido de articular os trabalhadores e os intelectuais do campo da Educação, bem como defender a criação de uma base comum nacional para formação do profissional da Educação em reação ao caráter fragmentado que o modelo das habilitações impôs ao Curso de Pedagogia.

Ressalta-se que um marco importante desse período foi a criação da Lei de Diretrizes e Bases da Educação Nacional n.º 9.394 de 1996. Essa legislação passou a regulamentar e reorganizar todo o sistema educacional público e privado do Brasil, assim como reestruturou as etapas e tempos escolares, delimitando a competência dos diferentes entes federativos União, estados, Distrito Federal e os municípios na oferta e financiamento do ensino público, reafirmou o direito à educação, garantido pela Constituição Federal. Resgatou, portanto, o histórico de resistência e embate político que precederam a LDB de 1996, e, como bem sintetiza Frigoto (2001):

> [...] é no contexto das lutas travadas pelas forças comprometidas com uma democracia e cidadania efetivas, nos debates da constituinte e na formulação do novo projeto da Lei de diretrizes e Bases da Educação (LDB), que o campo educativo capitaliza as propostas alternativas, gestadas na

> sociedade ao longo dos anos 70 e 80, em torno do ideário de uma escola pública, gratuita, unitária, laica e universal e da institucionalização da gestão democrática (Frigoto, 2001, p. 59).

No âmbito da formação de professores além das universidades, a Lei de Diretrizes e Bases da Educação (LDB) de 1996 configurou a retomada da defesa da formação de professores dos anos iniciais do ensino fundamental nos Institutos Superiores de Educação por meio do Curso Normal Superior. Logo de início essa medida foi recebida como um retrocesso que poderia concorrer para a desprofissionalização, rebaixamento, desprestígio e desvalorização acarretados por uma formação longe da Universidade, dissociada da pesquisa e da extensão. Eis os artigos da LDB que tratam a questão:

> Art. 62. A formação de docentes para atuar na educação básica far-se-á em nível superior, em curso de licenciatura, de graduação plena, em universidades e institutos superiores de educação, admitida, como formação mínima para o exercício do magistério na educação infantil e nas quatro primeiras séries do ensino fundamental, a oferecida em nível médio, na modalidade Normal.
>
> Art. 63. Os Institutos Superiores de Educação manterão: 1. cursos formadores de profissionais para a educação básica, inclusive o Curso Normal Superior, destinado à formação de docentes para a educação infantil e para as primeiras séries do ensino fundamental; 2. programas de formação pedagógica para portadores de diplomas de educação superior que queiram se dedicar à educação básica; 3. programas de educação continuada para os profissionais de educação dos diversos níveis (Brasil, 1996).

Essa perspectiva foi reiterada, posteriormente, pelo Parecer CNE/CP 09/2001, no qual foram discutidas as Diretrizes Curriculares Nacionais para a Formação de Professores da Educação Básica nas licenciaturas de graduação plena, embasadas na meta decenal explícita no Artigo 87 das Disposições Transitórias da LDB de 1996:

> Art. 87. É instituída a Década da Educação, a iniciar-se um ano após a publicação desta Lei. Parágrafo 4.º – Até o fim da Década da Educação somente serão admitidos professores habilitados em nível superior ou formados por treinamento em serviço (Brasil, 1996).

Cabe ressaltar que os artigos 62 e 63 também sofreram alteração com a Lei n.º 12.796, de 2013, e pela Lei n.º 13.415, de 2017, porém mantiveram o teor de defesa da formação do pedagogo em nível superior.

Ainda nessa perspectiva, em 1999, o Conselho Nacional de Educação – CNE/Câmara de Educação Básica – emitiu o Parecer 970 e buscou retirar do Curso Superior de Pedagogia a formação dos docentes de educação infantil e ensino fundamental, e a tornou exclusiva do Curso Normal, medida essa corroborada pelo Decreto Presidencial n.º 3276 do mesmo ano.

Novamente retomando a classificação dos períodos propostas por Silva (2002), a partir de 1999, tem início o quarto período, denominado *período dos decretos*, no qual a identidade do Curso de Pedagogia foi, em certa medida, outorgada pelo aparato legal burocrático do Ministério da Educação em uma nova concepção aparentemente progressista. Isso aconteceu em decorrência do desdobramento dos processos e embates políticos da jovem democracia brasileira, mas com imensas questões abertas para o debate que no campo da formação em Pedagogia se intensificaram com o Decreto Presidencial n.º 3.276, de 1999, e que fez a comunidade acadêmica se articular para contrapor a medida e para dirimir esse conflito.

Assim, no ano 2000, foi publicado o Decreto Lei n.º 3.554 que, na sua redação, tenta resolver o imbróglio causado pelo Parecer 970/1999 e pelo Decreto Presidencial 3276/1999, que restringiram a formação de professores dos anos iniciais ao Curso Normal. A solução foi substituir no documento o termo "exclusivamente" pelo termo "preferencialmente". Devolvendo o magistério da educação básica para o Curso Superior de Pedagogia.

Não obstante, permaneceu a tensão em torno da identidade e campo de atuação do pedagogo e novamente se instaurou o binômio bacharelado *versus* licenciatura. Aqui se destacarão as duas posições antagônicas que evidenciam a defesa de diferentes perspectivas em torno dos rumos do curso de Pedagogia, que são respectivamente a postura de José Carlos Libâneo e Selma Garrido Pimenta, na defesa de uma formação não centrada na docência e em oposição à postura defendida pela Anfope no Encontro Nacional da Entidade no ano de 2002 na cidade Florianópolis.

Libâneo e Pimenta (2002) fazem uma ampla discussão acerca do estatuto epistemológico da Pedagogia, compreendendo-a como:

> [...] uma reflexão teórica a partir e sobre as práticas educativas. Ela investiga os objetivos sociopolíticos e organizativos e metodológicos de viabilizar os processos formativos em

> contextos socioculturais específicos [...] não é possível mais afirmar que o trabalho pedagógico se reduz ao trabalho docente nas escolas. A ação pedagógica não se resume a ações docentes, de modo que, se todo trabalho docente é trabalho pedagógico, nem todo trabalho pedagógico é trabalho docente (Libâneo; Pimenta, 2002, p. 33).

Os autores, contrapõem a noção de "docência ampliada" defendida pela Anfope no encontro de 2002 e que foi usada na tentativa de estabelecer um argumento para fundamentar a defesa da formação docente como base da formação do pedagogo. Libâneo e Pimenta (2002) apontam que a postulação da Associação tem caráter reducionista, pois a Pedagogia não é a circunscrição de um domínio ou conjunto de técnicas e metodologias. A Pedagogia é, na verdade, um campo teórico-investigativo que se desdobra das formulações das Ciências da Educação, além de ser também um campo técnico-profissional. Os autores defendem a figura do pedagogo "*stricto-sensu*".

Por outro lado, há preocupações legítimas com os rumos do Curso de Pedagogia para ambas as posições. A Anfope (2002) preocupa-se com o fator qualidade, precarização e aligeiramento dos cursos de formação de professores oferecidos fora das universidades, bem como a projeção dessa defasagem na qualidade do ensino básico, além da exploração do setor pelos *lobbys* privados de educação, fator esse que está presente até os dias atuais no campo da formação docente.

Assim, Silva (2002) prepara o caminho da compreensão de tudo que antecedeu as mudanças suscitadas pela promulgação da Resolução do Conselho Nacional de Educação (CNE)/Conselho Pleno (CP) n.º 1, de 15 de maio de 2006, que instituiu Diretrizes Curriculares Nacionais (DCN) e iniciou um novo momento para o curso de Pedagogia.

O pedagogo passa a ser um profissional capacitado para atuar no ensino, na organização e na gestão do trabalho pedagógico em diferentes contextos educacionais, sendo que prevalece a licenciatura como titulação oficial, consolidando a figura do pedagogo professor.

É fundamental destacar que as Diretrizes Curriculares Nacionais do Curso de Pedagogia de 2006 constituem o primeiro documento que assume explicitamente a educação não escolar, fazendo ao longo do texto diversas menções sobre essa frente de atuação para o pedagogo, veremos algumas a seguir.

No documento está consagrada a designação dos *"ambientes educativos não escolares"*, e o artigo 4.º, que apresenta os objetivos gerais do curso de Pedagogia, prevê, itens II e III, que o curso contemple:

> II – planejamento, execução, coordenação, acompanhamento e avaliação de projetos e experiências educativas não-escolares; III – produção e difusão do conhecimento científico--tecnológico do campo educacional, em contextos escolares e não-escolares (Brasil, 2006).

Além disso, no artigo 5.º item IV, há indicação de que o egresso do curso de pedagogia deverá estar apto a: "trabalhar, em espaços escolares e *não-escolares,* na promoção da aprendizagem de sujeitos em diferentes fases do desenvolvimento humano, em diversos níveis e modalidade do processo educativo" (Brasil, 2006).

Quanto à inserção dessa discussão dentro da matriz curricular há no artigo 6.º (Brasil, 2006) a descrição do núcleo básico do curso com a previsão de que seja articulada a concepção de gestão democrática em contextos não escolares, bem como a avaliação dos processos educativos e a ludicidade nesses contextos. Ainda nesse viés, de acordo com o artigo 8.º, a educação não escolar deve ser tratada nas atividades complementares e também nos estágios obrigatórios do Curso de Pedagogia.

É oportuno frisar que, apesar dessa grande conquista sobre a elevação do status da educação não escolar enquanto área reconhecida de atuação do pedagogo, o documento não apresenta concepções teóricas ou epistemológicas para definir ou referenciar melhor esse campo de atuação, não há diálogo explícito com uma concepção que inclua a Educação Social como matriz teórica nessa discussão. As previsões das Diretrizes, mesmo que explícitas, ainda são um tanto genéricas.

Após esse percurso constata-se alguns avanços em torno da educação não escolar, mas também percebemos o quão distante está a plena inserção das discussões sobre Educação Social e Pedagogia Social dentro do curso de Pedagogia. A área, porém, vai se constituindo por outros caminhos além da academia, e traçando uma rota alternativa para os problemas educacionais.

Neoliberalismo, atualidade brasileira e educação

Nesta pesquisa buscamos questionar o caráter científico da Pedagogia postulando assim a incorporação dessa discussão no interior dos cursos de graduação em Pedagogia, no entanto não é uma discussão tão simples e não podemos fechar os olhos para a macroestrutura econômica mundial e para a interferência do capitalismo internacional em um país como o Brasil, que apesar de possuir grande potencial econômico, está situado na periferia do sistema financeiro, e é sufocado pela lógica do neoliberalismo que vem exercendo uma trágica influência sobre o sistema educacional brasileiro. Nos deparamos então com um dilema muito perverso, que é o da proposta neoliberal de formação de professores expressa nas políticas curriculares do país, e que desde que foram implantadas vêm enfraquecendo ainda mais o debate epistemológico no interior dos cursos de formação de pedagogos e professores.

Para além do histórico do Curso de Pedagogia, que permite recontar parte da história recente do país, é necessário ter clara a relação da educação com a manutenção da ordem democrática no país. Sobretudo nas últimas quatro décadas da história brasileira, pós-redemocratização.

O neoliberalismo enseja, no campo educacional, certos radicalismos – se de um lado a lógica da empresa e a racionalidade administrativa da nova gestão pública penetram a escola; do outro, as vulnerabilidades e desigualdades se intensificam e se tornam ainda mais evidentes.

Mészáros (2008) apresenta dois motivos que evidenciam no que se assenta a preocupação do capital com a educação:

> A educação institucionalizada, especialmente nos últimos 150 anos, serviu – no seu todo – ao propósito de não só fornecer os conhecimentos e o pessoal necessário à máquina produtiva em expansão do sistema do capital, como também gerar e transmitir um quadro de valores que legitima os interesses dominantes (Mészáros, 2008, p. 35).

Essa dupla dimensão, dimensão e dominação, remete à noção de ideologia e, no caso da racionalidade neoliberal, a narrativa ideológica é movida pela globalização do capitalismo. Nessa dinâmica, o neoliberalismo engendra suas marcas em toda a vida social.

Sobre essa dimensão ideológica do neoliberalismo, Gentili (1999) destaca:

> Com efeito, o neoliberalismo expressa a dupla dinâmica que caracteriza todo processo de construção de hegemonia. Por um lado, trata-se de uma alternativa de poder extremamente vigorosa constituída por uma série de estratégias políticas, econômicas e jurídicas orientadas para encontrar

> uma saída dominante para a crise capitalista que se inicia ao final dos anos 60 e que se manifesta claramente já nos anos 70. Por outro lado, ela expressa e sintetiza um ambicioso projeto de reforma ideológica de nossas sociedades a construção e a difusão de um novo senso comum que fornece coerência, sentido e uma pretensa legitimidade às propostas de reforma impulsionadas pelo bloco dominante (Gentili, 1999, p. 09).

Na política, é incorporado o jargão da gestão empresarial privada; aos sujeitos é imposta uma subjetividade pautada pelos valores da razão neoliberal que possui, além da carga ideológica, uma disciplina que penetra as relações em todas as suas esferas; o estado, por sua vez, assume a função de fomentar situações de mercado e formar sujeitos adaptados às lógicas desse mercado. Nesse ponto a educação escolar, em todos os seus níveis, é afetada.

Segundo Mészáros (2009), a década de 1970 é um momento histórico em que foi instalada uma crise estrutural do capital. A dominação dos blocos econômicos e imperialistas vigentes foi profundamente impactada, houve ainda enormes greves de operários e manifestações de estudantes na França no ano de 1968, e na Itália em 1969, e também a derrota dos Estados Unidos no Vietnã em 1973. Assim, a crise do *welfare state* testemunhada nos anos de 1970 no contexto global, especialmente europeu e norte-americano, potencializou o neoliberalismo como nova via hegemônica na economia mundial. A economia entrou num processo de repentina desaceleração e as taxas de lucratividade foram seriamente impactadas.

Esse processo forçou o esfacelamento das políticas de proteção social e a própria noção de direito social, pois, em uma sociedade regida pelo imperativo neoliberal, esses direitos se liquidificam, tornam-se serviços e são submetidos à lógica do mercado e da concorrência.

O caso brasileiro, caracterizado por uma jovem e frágil democracia, aponta para um enviesamento neoliberal latente, porém um pouco tardio, que se deu em doses mais lentas, mas não menos danosas. É fato, porém, que não foi experimentada plena e efetivamente pela democracia brasileira experiência análoga ao estado de bem-estar.

Alves (2009) classifica a década de 1990 como a "década do neoliberalismo", e evidencia que:

> Na virada para a década de 1990, as reformas neoliberais implementadas a partir do governo Collor e o cenário macroeconômico (recessão ou baixo crescimento da economia num contexto de intensa reestruturação industrial, juros elevados e abertura comercial com a intensificação da concorrência intercapitalista), contribuíram para a constituição de um cenário de degradação do mercado de trabalho com alto índice de desemprego total nas regiões metropolitanas e deterioração dos contratos salariais devido à expansão da informalização e da terceirização nas grandes empresas, visando reduzir custos (Alves, 2009, p. 190).

Ainda em seus primeiros anos, na década de 1990, a jovem democracia brasileira testemunhou um *impeachment*, e, nos anos que se sucederam, caminhou no sentido de um alinhamento com o contexto global na ideia de globalização, modernização e racionalização da gestão pública como pautado pelo capitalismo.

O país adotou um perfil mais liberal na economia e, por consequência, também no âmbito das políticas públicas, esse movimento impactou também as políticas educacionais. Outro impacto na educação foi percebido pelo crescimento do setor privado, pois: "O desmonte do Estado e dos serviços públicos tendeu a abrir espaço de exploração para o capital nas áreas de prestação de serviço, principalmente educação com a proliferação do ensino privado, que articula um contingente maciço de proletários da educação" (Alves, 2009, p. 87). A expansão do ensino superior privado além de impactar a qualidade do ensino acabou também sendo marcada pela condição de precarização das condições de trabalho. Ainda nos anos de 1990 o Brasil adere também às avaliações educacionais de larga e escala como o Sistema de Avaliação da Educação Básica (Saeb).

Prevaleceu na década de 1990 resquício do "fôlego democrático" que esteve presente na Constituição de 1988, essa condição sustentou uma perspectiva pró-direitos humanos que permeou o Estatuto da Criança e do Adolescente. Ainda nos anos de 1990 ocorreu a implementação do Plano Real e o caráter reformista da gestão do governo de Fernando Henrique Cardoso revelou o imperativo neoliberal que orquestrou um movimento de retomada do desenvolvimento econômico. Conforme Alves (2009):

> A política neoliberal de abertura comercial do governo Collor, que prossegue no decorrer da década sob os governos Itamar Franco e Fernando Henrique Cardoso, significou a destruição de cadeias produtivas na indústria brasileira, com

empresas sendo fechadas por não conseguirem concorrer com produtos estrangeiros, e, portanto, o crescimento do desemprego de massa (Alves, 2009, p. 193).

Nesse cenário coexistiu uma agenda tacanha para as políticas públicas e um movimento privatista entrou em curso e, na contramão, os movimentos sociais e populares, antes fortes, aos poucos foram estagnando. No âmbito dos governos dos estados e municípios despontaram gestões marcadas por certa participação popular.

Em 2002, com a eleição do presidente Luís Inácio Lula da Silva, houve uma guinada pró-políticas sociais. Cabe ressaltar, porém, que a chegada de Lula à presidência da república foi marcada por um largo pacto conciliatório. Marques e Mendes (2007) observam que:

> [...] se de um lado sua política econômica favoreceu largamente os interesses do capital financeiro nacional e internacional (garantindo elevada rentabilidade mediante a manutenção de elevadas taxas de juros e viabilizando um lucro bancário recorde) e do agrobusiness, por outro, implementou uma série de programas e iniciativas, direcionada aos segmentos mais pobres da população brasileira e àqueles até então excluídos de algumas políticas (Marques; Mendes, 2007, p. 16).

Por parte dos partidos políticos, houve um certo movimento "garantista" frente à Constituição de 1988, sem haver, no entanto, ruptura com a agenda da globalização e políticas econômicas neoliberais marcadas pela financeirização dos capitais. Muitas das características da gestão Lula permaneceram na gestão da presidenta Dilma Rousseff, porém houve certo recrudescimento no âmbito das políticas econômicas.

Posta essa importante contradição, detecta-se inúmeros avanços nas políticas educacionais, e para o objetivo desta pesquisa destacamos a implantação do Fundo de Manutenção e Desenvolvimento da Educação Básica e de Valorização dos Profissionais da Educação (Fundeb) – que no atual momento tem sua continuidade em xeque e ocupa grande espaço na discussão pública. Ao tratar da carreira docente, nesse período houve o estabelecimento do piso salarial profissional nacional para os profissionais do magistério público da educação básica com a Lei n.º 11.738/2008; além da Emenda Constitucional n.º 59/2009, que estabelece a ampliação da oferta educação básica obrigatória, antes restrita ao ensino fundamental, para a faixa dos 4 aos 17 anos. Assim, se pode também destacar a tentativa da construção de uma política educativa de estado com a fixação decenal do Plano Nacional de Educação (PNE), e também destaca-se nesse período a promulgação das DCN do Curso de Pedagogia em 2006, documento esse que contribui significativamente para a presente pesquisa e que já dedicamos algumas considerações.

No ensino superior houve um movimento de expansão da educação federal com o também polêmico Programa de Apoio a Planos de Reestruturação e Expansão das Universidades Federais (Reuni), que foi instituído pelo Decreto n.º 6.096, de 24 de abril de 2007. Nesse mesmo viés, ocorreram, no ensino superior privado, ações de expansão pautadas pelo financiamento público de vagas, políticas análogas ao famigerado *"voucher school"* com a reformulação do Fundo de Financiamento ao Estudante do Ensino Superior (Fies) e o Programa Universidade para Todos (ProUni).

Sobre essas medidas no ensino superior, Aguiar (2016) observa que:

> A análise das políticas adotadas pelo governo Lula indica que este privilegiou algumas questões da agenda da educação superior, como a ampliação e democratização de acesso, inclusive procurando o viés da equidade, ao contemplar populações historicamente não atendidas, quer por razões econômicas, quer, aliada a estas, raciais[...] considerando as questões relativas à mercantilização/privatização, os resultados foram mais controversos. Se, de um lado, a privatização sofreu um pequeno reflexo, principalmente por conta da ampliação das vagas em instituições federais, por outro, a mercantilização se aprofundou (Aguiar, 2016, p. 124).

Em uma janela inferior a três décadas, ainda antes de atingir plenamente a idade adulta, a jovem democracia brasileira sofre novo golpe, formalizado por processo de *impeachment* da presidenta Dilma Rousseff, marcado por um desgaste de apoio popular e uma intensa convergência de forças antidemocráticas, com grande exploração midiática, que objetivavam a apropriação do fundo público pelo capital internacional, que levou Michel Temer à presidência da república em 2016. Na época, Melo e Sousa (2017) apontaram que:

> As reformas educacionais que estão sendo impostas à sociedade brasileira, pelo governo atual interino de M. Temer, aprofundam tendências privatistas presentes historicamente na educação pública brasileira e apresentam novos rumos

com a ampliação das ações de empresas privadas cada vez mais associadas aos interesses do capital financeiro internacional (Melo; Souza, 2017, p. 25).

No campo da educação, medidas como a aprovação da PEC 55/2016 no Congresso Nacional, que posteriormente se tornou a Emenda Constitucional 95, consistiram em um enorme retrocesso para a educação, pois congelaram os investimentos públicos e inviabilizaram assim as articulações para a concretização das metas e estratégias do PNE. A emenda interrompeu a destinação de verbas para a educação proveniente dos *royalties* do petróleo; o Conselho Nacional de Educação (CNE) nomeou uma significativa quantidade de representantes da educação privada; houve enfraquecimento dos programas de expansão do ensino profissionalizante e superior como o Programa Nacional de Acesso ao Ensino Técnico e Emprego (Pronatec) e o Ciência sem Fronteiras. Destaca-se, ainda, a medida provisória MP n.º 746/2016, que iniciou uma série de modificações no ensino médio, posteriormente em fevereiro de 2017 o Congresso Nacional aprovou a Lei n.º 13.415/2017, que instituiu a Reforma do Ensino Médio, se desdobrando na Resolução CNE n.º 3, de 21 de novembro de 2018, que estabeleceu a Base Nacional Comum Curricular (BNCC) e as Diretrizes Curriculares para o Ensino Médio. É possível também demarcar aqui o ambiente fértil para o alicerce das bases do projeto educacional neoliberal que já vinha discretamente se estabelecendo.

No atual cenário político brasileiro, com a tensa eleição do presidente Jair Bolsonaro, a agenda ultraliberal encontrou terreno fecundo e todas as pautas políticas estão sendo perpassadas pelas pautas econômicas que são apresentadas como saída salvífica para o desenvolvimento, amparadas por um populismo caricato, belicoso e com roupagem autoritária. A ponto de as políticas do MEC serem pautadas sempre pelo Ministério da Economia. Conforme Taffarel e Neves (2019):

> O cenário que se desenha para a educação pública brasileira é coerente com entendimento de que a educação pública é serviço e não direito. Em sendo serviço, a lógica do governo Bolsonaro é que os serviços devem ser prestados pelo setor privado, o que implica a diminuição ou retirada da participação do estado como prestador de serviço (Taffarel; Neves, 2019. p. 310).

Nesse contexto, o Brasil encontra-se no auge do reformismo neoliberal. Obviamente a educação foi impactada severamente, visto que passou a ser ainda mais instrumentalizada e mercantilizada, afastada de sua função que a caracteriza como instrumento/meio de democratização, de difusão da cultura e a configura como um bem coletivo. A educação está sendo cada vez mais transformada em um negócio privado, no qual especuladores financeiros buscam maximizar interesses. Inserida no contexto macro da educação, a formação de professores é permeada por todos esses condicionantes.

Dessa forma, desde o início da gestão do governo Bolsonaro o MEC tornou-se o palco de uma verdadeira guerra ideológica, percebida pelas ações do ex-ministro Ricardo Vélez que, em sua curta passagem pelo ministério, promoveu um verdadeiro desmonte e, por outro lado, um aparelhamento institucional. Destaca-se, entre as inúmeras ações desastrosas orquestradas por sua gestão, a extinção da Secretaria de Educação Continuada, Alfabetização, Diversidade e Inclusão (Secadi), principal secretaria do MEC a fomentar nos estados a implementação das políticas para oferta de educação numa perspectiva que convergia para a Educação Social. A Secadi desenvolvia ações no âmbito da educação de jovens e adultos, educação nas prisões, educação especial na perspectiva inclusiva, educação ambiental, educação em direitos humanos, educação para as relações étnico-raciais, educação no campo, educação indígena e educação quilombola, em seu decreto de regulamentação era expressa a missão de "Contribuir para o desenvolvimento dos sistemas de ensino, voltado à valorização das diferenças e da diversidade sociocultural, à promoção da educação inclusiva, dos direitos humanos e da sustentabilidade socioambiental", no entanto a secretaria criada em 2004 teve uma vida útil curta, sendo extinta pelo Decreto n.º 9.465, de 2 de janeiro de 2019.

Além do referido episódio, a carga ideológica presente na campanha política do presidente Bolsonaro ganhou projeção no interior do MEC por força do Decreto n.º 9.465 de 2 de janeiro de 2019, posto que foi criada na Secretaria de Educação Básica (SEB) a subsecretaria de Fomento às Escolas Cívico-Militares, com a função de viabilizar a expansão dos colégios militares pelo país. Nesse mesmo ínterim, circulou nos veículos de imprensa no início do ano de 2019 trecho de mensagem oficial do MEC com o pedido de que escolas filmassem alunos cantando Hino Nacional diante da bandeira nacional[1].

---

[1] Disponível em: https://www.folha.uol.com.br/educacao/2019/02/mec-pede-a-escolas-para-que-cantem-o-hino-nacional-e-filmem-as-criancas.shtml. Acesso em: 1 jun. 2023.

Ainda na seara ideológica, outro fato que gerou repercussão foi o episódio da alteração no edital do Programa Nacional do Livro e do Material Didático (PNLD) para 2020, publicado no Diário Oficial da União de 2 de janeiro de 2019 e posteriormente removido, que causou reações e manifestações contrárias às ações do ministério, pois o edital desobrigava as publicações da abordagem de certos conteúdos como: violência contra a mulher, povos quilombolas, diversidade étnico-racial, publicidade nos livros e apresentação de referencial bibliográfico. Em reação ao ocorrido houve, inclusive, manifestações contrárias ao Ministério por parte de editoras.

Seguindo adiante, um ano depois o MEC/FNDE novamente protagoniza um episódio de teor semelhante ao publicar no Diário Oficial da União a Portaria n.º 27, de 13 de janeiro de 2020, que expressa certo teor de censura sobre a seleção de livros didáticos já em posse da pasta. Obviamente a permanência de Vélez não se sustentou.

O segundo ocupante do cargo de ministro da educação, Abraham Weintraub, foi um aguerrido militante ideológico das pautas extremistas do governo, e, em sua gestão, ao anunciar o contingenciamento orçamentário de 30% para as universidades federais, desencadeou forte mobilização de estudantes, professores, sindicatos e grupos organizados que protestaram nas redes sociais e nas ruas.

O grande plano de intervenção no ensino superior público, porém, está expresso no Projeto de Lei 3076/2020, que institui o Programa Universidades e Institutos Empreendedores e Inovadores (Future-se), a proposta estabelece que as universidades captem recursos próprios, no caso, se submetam à iniciativa privada para obter dinheiro. Para participar, cada universidade precisa aderir formalmente ao programa e assinar um "contrato de produtividade" com o ministério. É evidente o caráter privatista dessa medida que, se implementada, expressaria um total enviesamento mercadológico da pesquisa científica nessas instituições.

De igual forma, a autonomia universitária foi fortemente atacada pelo ministro Weintraub, visto que houve a tentativa de interferência nos processos eleitorais de escolha dos reitores com MP 79, de 9 de junho de 2020, que foi recusada pelo Senado Federal. A rejeição da medida foi uma importante medida, pois o texto feria o fundamento na autonomia didático-científica, administrativa e de gestão nas universidades, ainda o teor do artigo 206 da Constituição Federal, que reitera a liberdade de ensino e pesquisa, o pluralismo de ideias e concepções pedagógicas e a gestão democrática do ensino público.

Há de se destacar, ainda, o PL 2401/2019, que trata do ensino domiciliar. Essa proposta é defendida pela bancada evangélica e pela *Frente Parlamentar em Defesa do Homeschooling* – um dos argumentos públicos da Frente Parlamentar é o discurso do suposto combate à "doutrinação dos professores", cuja principal entusiasta é a ministra Damares Alves, ministra da Mulher, Família e Direitos Humanos. O projeto dispõe sobre o exercício da educação domiciliar, propondo alteração da Lei n.º 8.069, de 13 de julho de 1990 – Estatuto da Criança e do Adolescente –, e também da LDB.

Ao seguir o curso dos eventos, ocorre, em 2019, uma nova substituição no comando do MEC, Weintraub deixa o Brasil às pressas temendo responsabilização judicial do Supremo Tribunal Federal por falas e manifestações antidemocráticas proferidas por ele em reunião ministerial amplamente veiculada na imprensa brasileira, por consequência desse fato foi alçado ao cargo de ministro da Educação o advogado e pastor presbiteriano Milton Ribeiro, que possui atuação no setor privado da educação superior, na qual a gestão, até o presente momento, não conseguiu entregar nenhum feito significativo e se mostrou bastante ineficiente na gestão do ministério durante o contexto da pandemia do coronavírus no ano de 2020.

Todos os fatos elencados anteriormente retratam o atual momento da educação brasileira e configuram um cenário caótico, que ataca diretamente o ofício docente e a formação do pedagogo no curso superior, assim como impacta o parco incentivo ao campo da educação não escolar na perspectiva da Educação Social.

Apontar o atual estado de coisas pode parecer, de certa forma, panfletário ou dar a esta pesquisa um caráter de "manifesto", mas longe disso, o que se busca aqui é observar as nuances sutis dos processos políticos, históricos e sociais no país, para assim compreendermos o momento estabelecido no Brasil. A extrema direita acusa os governos anteriores de promoverem o *"marxismo cultural"*, perseguem de forma medíocre o legado de Paulo Freire, com inúmeros equívocos e desconhecimento total de sua obra. Essa dinâmica pode ser entendida a partir das palavras do patrono da educação brasileira:

> É na diretividade da educação, esta vocação que ela tem, como ação especificamente humana, de endereçar-se até sonhos, ideais, utopias e objetivo, que se acha o que venho chamando politicidade da educação. A qualidade de ser política, inerente à sua natureza. É impossível, na verdade, a neutralidade da educação. E é impossível, não porque professoras e professores baderneiros e subversivos o determinem. A educação não vira política por causa da decisão deste ou daquele educador. Ela é política. Quem pensa assim, quem afirma que é por obra deste ou daquele educador, é mais ativista que outra coisa, [...]. Pois é na medida mesmo em que a educação é deturpada e diminuída pela ação de baderneiros que ela, deixando de ser verdadeira educação, possa a ser política, algo sem valor (Freire, 1996, p. 110).

A postura dos extremistas que galgaram o poder apresenta-se como expressão de um certo *"paradoxo da neutralidade ideológica"*, ora, ao acusarem outros governos de instrumentalização ideológica da educação, produzem fortemente argumentos da sua própria ideologia.

Nesse sentido, a guerra ideológica alardeada é, na verdade, uma guerra contra os valores da modernidade. Ela é, por assim dizer, a negação da democracia liberal, que por si só já é questionável.

Assim como no passado, a Educação Social continua seu desenvolvimento de forma marginal à educação escolar formal. No caso brasileiro a educação social não possui *status* legal que lhe assegure como política de estado com plano estratégico e recursos próprios. Sendo assim, as práticas de educação social ocorrem, muitas vezes, dentro de uma articulação de órgãos e serviços vinculados à área da assistência social ou também na perspectiva da filantropia, sendo realizadas por organizações da sociedade civil. Dado esse contexto de intensificação das formas de reprodução das vulnerabilidades e desigualdades já é possível antever o aumento da demanda de iniciativas para o campo da educação social, fomentando também novas discussões sob a ótica da Pedagogia Social.

Os dias atuais: As "bases" neoliberais de uma política educacional de formação

Atualmente, com a implantação da Base Nacional Comum Curricular (BNCC) de 2018, a formação de educadores foi novamente objeto de discussão e de reformulações contrárias a uma abertura para um debate que abarque a educação social como linha suplementar para o tratamento dos desafios e problemas educacionais, tanto os que se relacionam com a educação escolar regular como os que se referem à educação não escolar.

Nesta seção será analisada a Resolução CNE/CP n.º 2, aprovada em dezembro de 2019, que instituiu as Diretrizes Curriculares Nacionais para Formação de Professores, compreendendo-a como uma política educacional de caráter neoliberal e submetida à proposta da Base Nacional Comum Curricular, a Resolução de 2019 institui a Base Nacional Comum para a Formação Inicial de Professores da Educação Básica (BNC-Formação).

A Resolução de 2019 é a terceira geração de diretrizes para a formação de professores. A primeira foi a Resolução CNE/CP n.º 2, de 19 de fevereiro de 2002, e a segunda foi a Resolução CNE/CP n.º 2/2015, que vigorou até recentemente.

Em termos oficiais, a legislação anterior à de 2019 – Resolução CNE/CP n.º 2/2015 – estabeleceu as diretrizes curriculares nacionais para a formação inicial em nível superior nos cursos de licenciatura, nos cursos de formação pedagógica para graduados e nos cursos de segunda licenciatura, além da formação continuada.

No corpo do documento a Resolução de 2015 reconhece, reiteradas vezes, a diferença e a multiplicidade social, econômica e cultural do alunado brasileiro, prioriza as "[...] questões socioambientais, éticas, estéticas e relativas à diversidade étnico-racial, de gênero, sexual, religiosa, de faixa geracional e sociocultural como princípios de equidade". Gatti (2017), sobre a Resolução de 2015, pontua:

> A Resolução veio com o propósito de garantir padrão de qualidade aos cursos formadores de professores nas instituições de ensino superior, estipulando a base comum nacional para a formação inicial para a docência na educação básica. Pretende propiciar a concretização de uma sólida formação teórica, de conteúdos e pedagógica, relacionando teoria a práticas, construindo perspectivas interdisciplinares, de modo a contribuir para o exercício profissional dos egressos (Gatti, 2017, p. 1157-1158).

A Resolução CNE/CP n.º 2/2015 foi amplamente defendida antes da homologação da Resolução CNE/CP n.º 2, de 20 de dezembro de 2019, pois já se antevia o caráter fragmentado da nova proposta, bem como um viés reducionista marcado pela falta de uma discussão séria e profunda de seu conteúdo, fator que revela o viés pragmático que a proposta apresenta para a formação de educadores e promove um enorme retrocesso em relação às conquistas das diretrizes anteriores.

Ao acompanhar a cronologia da construção do documento com os dados disponíveis em diário oficial e para consulta no portal do Ministério da Educação, constatou-se que o texto inicial teve sua redação em 2014, no ano seguinte o documento foi submetido a uma série de discussões e consulta pública em que grupos da sociedade civil apresentaram suas demandas, leia-se por sociedade civil também as editoras, instituições de ensino superior privadas, associações de classe, conglomerados financeiros, bancos, institutos, acadêmicos e pesquisadores. Aliás, a participação do setor privado foi preponderante na construção desse documento. No ano de 2016 o texto estava em sua segunda versão e a dinâmica foi semelhante à do ano anterior. Por fim, precedido por alguns debates, em dezembro de 2017 foi homologado o texto final pelo MEC da BNCC.

A BNCC tem, entre seus objetivos, redefinir as áreas do conhecimento integrantes dos currículos e propostas pedagógicas, de todo o sistema de ensino básico contemplando as instituições escolares de educação infantil, o ensino fundamental e médio das redes públicas e privadas.

Para além da dimensão didático-pedagógica, a BNCC caracteriza-se como política educacional e configura um referencial norteador do ensino que impôs a reformulação dos currículos escolares e dos processos de avaliação nacional a partir de um eixo que concentra dez competências. Assim, se almeja que todas as escolas tenham um padrão mínimo comum de instrução e que essa padronização potencialize os índices qualitativos do ensino no país, com foco especial na educação pública.

Em perfeita consonância com a BNCC no conteúdo curricular escolar, a BNC-Formação apresenta transformações e mudanças drásticas na formação inicial. Abala fundamentos, instrumentaliza objetivos, reduz conteúdo e inclusive modifica a estrutura da formação continuada de professores. É importante não perder a dimensão histórica e o momento diante do qual essas duas bases nacionais se consolidam, bem como a percepção de que são textos que se complementam sendo impossível dissociá-los dada a construção escancaradamente pragmática de ambos, o que evidencia uma teia complexa de narrativas, ideologias, ações, políticas e justificativas.

O Parecer CNE/CP n.º 22/2019, aprovado em 7 de novembro de 2019, documento anterior ao texto final aprovado da BNC-Formação, no relatório introdutório na sessão de justificativas apresenta uma série de argumentos que, para além do aspecto cronológico da evolução das políticas educacionais e necessidade de corresponder aos apelos da Constituição Federal de 1988 e da LDB 9.394/1996, evidenciam a suposta necessidade latente de se estabelecer uma política de formação docente que responda aos apelos do tempo presente, como: a problemática do baixo valor social da carreira do magistério no Brasil; o descompasso entre expectativas etárias de desempenho na aprendizagem, exigências normativas da BNCC; atualização sobre estratégias de trabalho e manejo de materiais e tecnologias educacionais; além de problemas relacionados à infraestrutura escolar.

Ainda entre as justificativas, há aquelas que enfatizam a formação, como a menção aos professores improvisados, que são os docentes que lecionam componentes curriculares divergentes da área de formação, é citado também o predomínio dos cursos de licenciatura na modalidade EaD, a abreviação de cursos de licenciatura, a precarização dos estágios curriculares, a presença de professores nas instituições de ensino que não possuem uma carreira sólida na educação básica.

No quesito avaliação externa há, no Parecer, uma menção a um estudo da OCDE que atrela a qualidade de um sistema educacional à qualidade de seus professores: "[...] porque ela é a alavanca mais importante para melhorar os resultados educacionais" (Brasil, 2018), sendo capaz, inclusive, de explicar o desempenho dos estudantes.

Nesses termos, cabe destacar também a discussão sobre qualidade a partir dos resultados obtidos pelos estudantes nas avaliações em larga escala como o Programa Internacional de Avaliação de Estudantes[2] (Pisa), o Sistema de Avaliação da Educação Básica (Saeb) e, ainda, o Exame Nacional do Ensino Médio (Enem).

Um apontamento polêmico que surge no relatório do parecer é a caracterização do perfil dos docentes em formação, de um modo bem explícito é trazido um argumento que dá margem para interpretações negativas. O texto, ao referir-se aos licenciandos de Química e Física, diz:

> Muitos alunos ingressantes nas licenciaturas associadas a estas disciplinas, incluindo também matemática e biologia, ingressam no ensino superior com muitos déficits de apren-

---

[2] Tradução de *Programe for International Student Assessment*.

dizagens trazidos do ensino médio, e consequentemente têm dificuldades de concluir os respectivos cursos, o que se reflete na alta evasão destas licenciaturas (Brasil, 2018).

Note-se que essa caracterização é superficial, desprovida de uma análise aprofundada, tendo em vista que o perfil dos candidatos à docência não é abordado de forma que evidencie condicionantes históricos que caracterizam o ofício docente no Brasil, bem como o perfil socioeconômico dos candidatos ao magistério, a citação parece um tanto preconceituosa e pejorativa. Destaca-se, sobre esse ponto, o posicionamento público da Associação Nacional de Pós-Graduação e Pesquisa em Educação (Anped), que em nota apontou o certo "teor higiênico" em relação à condição social do licenciando. Além disso, a nota elencou outros inúmeros elementos frágeis, polêmicos e equivocados do parecer e os contra-argumentos minuciosamente.

Há, ainda, um elemento muito importante que merece destaque na análise do documento, que é sobre a procedência dos autores do parecer, assim Farias (2019), ao se deparar com a questão, afirma:

> A composição da equipe de autores responsáveis pela elaboração da "Proposta para Base Nacional Comum da Formação de Professores da Educação Básica" não nos permite pensar de outra maneira. Os seis profissionais envolvidos nesta tarefa – Maria Alice Carraturi Pereira (Hélade Consultoria em Educação), Guiomar Namo de Mello (Fundação Victor Civita), Bruna Henrique Caruso (SEB/MEC), Fernando Luiz Abrucio (FGV), Catarina Ianni Segatto (Eaesp/CEAPG) e Lara Elena Ramos Simielli (Eaesp/FGV) (BRASIL, 2018) – registram trajetórias marcadas por atuação na área da administração, da educação à [sic] distância e no setor empresarial e educacional privado (Farias, 2019, p. 161).

Constatação de mesmo teor é feita por Selles (2018):

> A vinculação da BNCC a políticas de formação docente expõe relações de forças de frentes privatistas que intervêm sobre o estado brasileiro, em particular, no interior do Ministério de Educação. A primeira delas é pautada em consensos sobre a precariedade da educação pública, como de resto sobre o público de modo geral. Esta vertente mercadológica da educação recruta atores para realizar suas ações reformadoras, muitos deles vindos do quadro da intelectualidade. Não é necessário listar alguns destes para encontrá-los, pois

> as informações disponíveis na internet são propícias para localizá-los no Todos pela Educação, na Fundação Lemann e demais grupos já citados e fartamente examinados na literatura educacional (Selles, 2018, p. 340).

Ora, sendo um documento que tem o caráter de nortear as bases, apresenta-se um tanto quanto controverso ter, na sua construção, uma predominância de sujeitos oriundos e profundamente envolvidos com a educação privada. Veja-se que não é por acaso que essa dinâmica revela mais uma vez um enveredamento para uma perspectiva que defende a suposta eficiência privada, em detrimento da velha gestão pública.

Após essa sucinta exposição sobre aspectos estruturantes da BNC--Formação pode-se recorrer à obra *A Nova Razão do Mundo: ensaio sobre a sociedade neoliberal* de Dardot e Laval para compreender o caráter neoliberal dessa política educacional e curricular. Na referida obra, publicada na França em 2009, no contexto da crise financeira mundial, os autores tecem uma análise do neoliberalismo, apontando para como ele se estrutura e funciona enquanto uma nova racionalidade, são detalhados aspectos do *modus operandi* dessa doutrina econômica e ideologia política:

> A tese defendida por esta obra é precisamente que o neo-liberalismo, antes de ser uma ideologia ou uma política econômica, é em primeiro lugar e fundamentalmente uma racionalidade e, como tal, tende a estruturar e organizar não apenas a ação dos governantes, mas até a própria conduta dos governados. A racionalidade neoliberal tem como característica principal a generalização da concor-rência como norma de conduta e da empresa como modelo de subjetivação. O termo racionalidade não é empregado aqui como um eufemismo que nos permite evitar a palavra "capitalismo". O neoliberalismo é a razão do capitalismo contemporâneo, de um capitalismo desimpedido de suas referências arcaizantes e plenamente assumido como cons-trução histórica e norma geral de vida. O neoliberalismo pode ser definido como o conjunto de discursos, práticas e dispositivos que determinam um novo modo de governo dos homens segundo o princípio universal da concorrência (Dardot; Leval, 2016, p. 16).

Nesse sentido, o neoliberalismo não representa uma reforma ou atualização dos valores clássicos do liberalismo, mas também não nega os seus fundamentos e alicerces. Os autores não se debruçam sobre o sentido conceitual de ideologia, no entanto a expressão é recorrente, no texto, atrelada à alusão da perspectiva Foucaultiana de "racionalidade política". Pode-se lançar mão ao sentido marxista de ideologia para amparar esta análise, considerando ideologia o conjunto de proposições elaborado de forma sofisticada na e pela sociedade burguesa com a finalidade de fazer aparentar os interesses da classe dominante com os interesses coletivos e, assim, construir, reforçar e legitimar a hegemonia da classe dominante, como forma de produzir uma aparência socialmente necessária, mascarando a realidade.

É importante ressaltar que o neoliberalismo em si, não é uma ideologia, mas possui no seu funcionamento efetivo uma narrativa ideológica que sustenta essa "nova racionalidade" alavancada pela globalização do capitalismo.

Os autores evidenciam uma dinâmica na qual o neoliberalismo engendra suas marcas na cultura política, bem como incorpora o jargão da gestão empresarial privada em outros campos da vida social impondo aos sujeitos uma subjetividade pautada pelos valores da razão neoliberal, que possui, além do aspecto ideológico, um aspecto disciplinar que penetra as relações em todas as suas esferas, o Estado neoliberal deve assumir a função de fomentar situações de mercado e formar sujeitos adaptados às lógicas desse mercado, nesse ponto a educação escolar em todos os seus níveis é afetada:

> A estratégia neoliberal consistirá, então, em criar o maior número possível de situações de mercado, isto é, organizar por diversos meios (privatização, criação de concorrência dos serviços públicos, "mercadorização" de escola e hospital, solvência pela dívida privada) a "obrigação de escolher" para que os indivíduos aceitem a situação de mercado tal como lhes é imposta como "realidade", isto é, como única "regra do jogo", e assim incorporem a necessidade de realizar um cálculo de interesse individual se não quiserem perder "no jogo" e, mais ainda, se quiserem valorizar seu capital pessoal num universo em que a acumulação parece ser a lei geral da vida (Dardot; Laval, 2016, p. 216).

Nesses termos, a proposta da BNC-Formação, por sua fragilidade, viés *neotecnicista* e esvaziamento epistemológico revela a necessidade de estabelecer com urgência no âmbito dos cursos de licenciatura, sobretudo no curso de Pedagogia, a consolidação da Pedagogia Social como campo de estudo. Se essa abordagem não for possível ficará explícita a necessidade de estabelecer a Pedagogia Social dentro de um curso próprio de nível superior, pois pelo que a BNC-Formação apresenta como proposta o espaço para tratar a Educação Social dentro do curso de licenciatura em Pedagogia pode ser ainda mais reduzido, fator esse que evidencia os limites do currículo acadêmico e o engessamento das políticas educacionais brasileiras que elegem um único modelo de educação como objeto de fomento e institucionalização de políticas de Estado.

Diante dessa análise apresentada, retomam-se as considerações sobre a relevância da Pedagogia Social na promoção da equidade social e, em termos formativos, a sua importância como um instrumento complementar à educação escolar, que permite um rol de tantas outras educações e aprendizagens por oportunizar a abordagem de questões e processos vivenciais extramuros escolares.

CAPÍTULO 4

PESQUISA DE CAMPO

Procedimentos da Pesquisa

Bogdan e Biklen (1994) evidenciam que a investigação qualitativa surge, a princípio, se contrapondo às tendências e às estratégias metodológicas caracterizadas por práticas de mensuração, manipulação de variáveis, elaboração e aplicação de testes. A abordagem qualitativa estabeleceu-se e consolidou-se nas ciências humanas justamente por contemplar uma metodologia de investigação que enfatiza aspectos como a descrição e a indução, articulada à reflexão teórica permitindo a categorização e a generalização das percepções mais individuais dos sujeitos da pesquisa.

Na pesquisa em educação, a abordagem qualitativa adquiriu as mais variadas formas em atividades voltadas à investigação e à análise de fenômenos, objetos e problemas cujas características não permitiam uma abordagem estritamente quantitativa, que não contemplasse a imprevisibilidade e irreversibilidade de certas realidades e questões educacionais.

Pérez Gómez (1998), ao tratar da dimensão interpretativa da abordagem metodológica qualitativa em educação, ressalta o caráter contextual e provisório da compreensão dos fenômenos investigados, posto que o que se busca por meio dessa abordagem é a descrição minuciosa, a fim de desvelar os significados mais sutis construídos de forma espontânea e intencional em torno do objeto que se busca conhecer.

Dessa forma, a pesquisa qualitativa que se empreendeu neste estudo foi caracterizada por: 1) ampla interação entre pesquisador e objeto pesquisado; 2) ênfase no processo, bem como nos resultados finais; 3) espaço para o autorretrato, exploração da visão dos sujeitos pesquisados sobre suas práticas e vivências; e 4) apanhado de dados descritivos, transcritos de forma literal para a utilização no relatório (por meio de entrevistas e análise a partir dos núcleos de significação).

Portanto, de acordo com a natureza interpretativa deste estudo, esta pesquisa utilizou-se dos seguintes instrumentos de coleta de dados: a pesquisa bibliográfica, como a revisão de literatura realizada a partir de livros, teses, dissertações, artigos, periódicos; a pesquisa documental, com levantamento e análise de documentos legais e, por fim, a pesquisa empírica, com o uso de entrevistas semiestruturadas.

Para formalizar a realização das entrevistas com os pedagogos foi necessário contatar oficialmente a Fundação Casa e a Secretaria de Administração Penitenciária e submeter essa proposta de investigação para apreciação dos setores responsáveis. É importante a ressalva de que ambas as entidades possuem comissões próprias para análise de projetos de pesquisa: a Fundação Casa orienta-se pela Portaria Normativa 155/2008, enquanto a Secretaria de Administração Penitenciária norteia-se pela Resolução SAP 083/2010. Porém, ambas comissões fizeram suas análises embasadas no parecer final do CEP/Unifesp.

Na submissão à Secretaria de Administração Penitenciária não foi obtido êxito, de modo que é importante registrar o encerramento das atividades do Comitê no ano de 2020, segundo a Secretaria, em decorrência da pandemia, fato que também inviabilizou a pesquisa pelas vias institucionais. Outra via que se mostrou possível foi a Fundação de Amparo ao Preso "Prof. Dr. Manoel Pedro Pimentel" (Funap), essa Fundação é vinculada à Secretaria da Administração Penitenciária e desenvolve, há mais de 40 anos, ações amparadas por políticas públicas para a ressocialização de pessoas privadas de liberdade, por intermédio de seus programas e projetos sociais, bem como assistência jurídica, formação social e profissional, acesso a postos de trabalho e atividades culturais à população carcerária do estado. Porém, também foi negada a mediação do contato com os pedagogos; no entanto, foi estabelecido contato com os sujeitos da pesquisa por vias informais.

Na submissão da pesquisa ao Comitê de Ética da Fundação Casa houve êxito, de modo que a instituição ofereceu total apoio na realização das entrevistas, além de viabilizar o contato com os profissionais. A Fundação, inclusive, cedeu para os participantes a possibilidade de participar da entrevista durante o horário laboral e liberou o uso do computador da unidade para esse fim. Foram entrevistados sete pedagogos, sendo: cinco pedagogos atuantes em unidades de internação de adolescentes em conflito com a lei subordinadas à Fundação Casa; e dois pedagogos atuantes em unidades prisionais para adultos da Secretaria da Administração Penitenciária.

PEDAGOGAS E PEDAGOGOS ATUANTES EM ESTABELECIMENTOS DE PRIVAÇÃO DE LIBERDADE:
FORMAÇÃO INICIAL, LIMITES, DESAFIOS E POSSIBILIDADES

Tendo em vista as orientações sanitárias da Organização Mundial da Saúde (OMS) e a recomendação de distanciamento social decorrente da Pandemia do Covid-19, vigentes durante a realização desta pesquisa, houve a necessidade de adaptar a coleta de dados por intermédio de entrevistas realizadas de modo remoto com suporte da ferramenta *Google Meet*.

Assim, foi enviada, por correio eletrônico, uma carta convite aos profissionais e, em acordo entre ambas as partes, entrevistado/entrevistador, o Termo de Consentimento Livre e Esclarecido (TCLE) foi apresentado anteriormente ao participante e, após sua assinatura e consentimento, a entrevista foi realizada. De maneira que foi realizado gravação de áudio e vídeo na íntegra do conteúdo que foi transcrito *ipsis litteris*.

O roteiro das entrevistas não constituiu um protocolo engessado para a condução da coleta de informações, ele foi estruturado de forma a permitir a distinção de três dimensões da prática e atuação dos pedagogos nas instituições de privação de liberdade, sendo estas: dimensão acadêmica, dimensão profissional e dimensão epistemológica. Nesse sentido, Triviños (1987) evidencia que a entrevista semiestruturada pode propor questionamentos básicos sustentados por teorias e hipóteses que remetam ao tema da pesquisa. Sendo assim, considera-se que os questionamentos são capazes de sugerir novas hipóteses, desencadeadas a partir das respostas dos entrevistados favorecendo não só a descrição ampla dos fenômenos sociais, mas também a explicação e a compreensão de sua totalidade, possibilitando ao pesquisador uma atuação mediadora muito importante na coleta das informações.

Ainda em relação aos procedimentos metodológicos, tem-se a análise documental que buscará subsidiar esta investigação. Gil (2002) compreende que a pesquisa documental é similar à pesquisa bibliográfica, a diferenciação é constatada quando se confronta a natureza das fontes, pois a pesquisa bibliográfica concentra-se nas obras e registros de diferentes autores a respeito de determinado assunto, a pesquisa documental recorre a materiais que são fontes brutas. Ainda para Gil (2002, p. 46), a pesquisa documental propicia uma "[...] fonte rica e estável de dados" e que exige do pesquisador um tratamento analítico mais refinado. Assim, nas palavras de Oliveira (2007, p. 70), "[...] na pesquisa documental, o trabalho do pesquisador(a) requer uma análise mais cuidadosa, visto que os documentos não passaram antes por nenhum tratamento científico".

Deve-se esclarecer que, na pesquisa documental, a análise de conteúdo configura-se em um procedimento técnico e sistemático de investigação e, dessa maneira, possui etapas específicas.

Bardin (2006) aponta três fases da análise de conteúdo: primeiramente, a pré-análise; posteriormente, a exploração do material; e, por fim, o tratamento dos resultados, inferência e interpretação. Assim, uma análise de conteúdo fidedigna e relevante demanda a leitura exaustiva e precisa delimitação das unidades de análise e as categorias, pois esses fatores são fundamentais na conclusão da análise, possibilitando, por parte do pesquisador, a inferência.

Apesar do rigor procedimental, Bardin (2006) evidencia que seu modelo de análise tem certa flexibilidade e acaba por estabelecer uma zona fronteiriça entre o rigor formal da investigação científica, marcada por objetividade, sem abandonar o dado subjetivo e toda sua riqueza quando submetido ao olhar analítico. Serão consideradas as contribuições de Bardin (2006), no entanto a análise será orientada a partir dos Núcleos de Significação de Aguiar e Ozella (2006).

Ademais, após a obtenção da amostra documental, há o trabalho de estabelecer as categorias e formular o quadro de informações. Gomes (2007, p. 91) pontua que "[...] chegamos a uma interpretação quando conseguimos realizar uma síntese entre: as questões da pesquisa, os resultados obtidos a partir da análise do material coletado, as inferências realizadas e a perspectiva teórica adotada".

Todos esses esforços metodológicos foram orquestrados de forma crítica e dialética, no intuito de responder ao problema da pesquisa e contribuir para a discussão em torno da formação inicial de pedagogos para atuação em contextos de privação de liberdade, buscando estabelecer relações com elementos da Pedagogia como Ciência e das discussões sobre educação não escolar.

Após essa exposição acerca da construção da abordagem metodológica será apresentado, a seguir, o que orientou a análise do material levantado na pesquisa de campo.

Análise dos dados a partir dos núcleos de significação

Uma pesquisa desta natureza, estruturada na perspectiva crítica, que defende o *status* científico da pedagogia como a Ciência Educação, deve buscar uma metodologia que seja condizente com essa proposta, por isso, será adotada, aqui, a análise por meio dos Núcleos de Significação, que tem sua fundamentação a partir dos pressupostos teórico-metodológicos do Materialismo Histórico e Dialético e da Psicologia Sócio-Histórica, em especial, a compreensão sobre sentido e significado, enunciada por Vygotsky.

Na pesquisa em ciências humanas a opção por determinada metodologia, em certa medida, demarca aspectos da visão particular do pesquisador, pois carrega elementos de como esse sujeito compreende o ser humano e o meio social. Para além dos particularismos do investigador, todo método se estrutura a partir de uma lógica, seja ela mecanicista, formal ou dialética.

Um dos limites da lógica formal está no tratamento dos elementos da análise de forma isolada, as variáveis são separadas perdendo-se de vista a perspectiva da totalidade, o que é essencial para compreender os fenômenos humanos. Por essa razão, aqui recorre-se à lógica dialética, dinâmica epistemológica, que é essencial na compreensão da Pedagogia como ciência. A análise da realidade a partir da lógica dialética permite o exame das relações sem isolar e esvaziar os conteúdos dos objetos, pois o que se busca é "[...] o conhecimento real por meio da análise crítica do material concreto-real, um método de análise concreta do objeto concreto, dos fatores reais" (Kopnin, 1972, p. 78). Esse método é o materialismo histórico-dialético. *Materialidade* e *historicidade* são categorias essenciais no método dialético, essa articulação nos permite compreender minuciosamente a organização da vida social e as formas de produção e reprodução da vida, dessa relação emerge a categoria *totalidade*, que contempla a síntese da perspectiva dialética.

A partir dos pressupostos enunciados no materialismo histórico dialético, manifesta-se a necessidade de ruptura com o senso comum, ou seja, um distanciamento do abstracionismo rumo ao concreto, levando em conta como fator essencial a realidade social que está enraizada no modo de produção capitalista, análise que deve ser articulada a partir de um pensamento categorial, pois o olhar analítico da realidade que é anterior ao método deve estar subsidiado em pressupostos que deem conta de uma compreensão macroestrutural. Em linhas gerais, a tarefa do pesquisador ao averiguar e articular informações está contida no que expressou Marx: "[...] analisar suas diferentes formas de desenvolvimento e descobrir a conexão íntima que existe entre elas. Só depois de concluído esse trabalho é que o movimento real pode ser adequadamente exposto" (Marx, 1996, p. 15).

Os fundamentos de uma metodologia, por si só, não determinam a realidade, no entanto estruturam as condições objetivas para uma rigorosa interpretação. A realidade objetiva não se resume à sua aparência, por isso urge a necessidade de, na análise, se superar a aparência do fenômeno, alcançando a essência de seu conteúdo: "[...] se as coisas fossem diretamente o que parecem, não seria necessária nenhuma pesquisa científica" (Vygotsky, 2004, p. 150). Por essa razão, o tratamento de dados na pesquisa qualitativa é uma tarefa um tanto exigente e complexa e o pesquisador enquanto analista deve se encarregar de tratar as informações e extrair o maior número de elementos presentes nas falas, sem abrir mão do rigor investigativo e almejando o aprofundamento na compreensão dos significados e sentidos aparentes e ocultos das falas.

Marx, ao discorrer sobre a questão do método no materialismo histórico-dialético, enfatizou a necessidade de se diferenciar método de exposição e método de pesquisa:

> [...] a investigação tem de apoderar-se da matéria, em seus pormenores, de analisar suas diferentes formas de desenvolvimento e de perquirir a conexão íntima que há entre elas. Só depois de concluído o trabalho é que se pode descrever, adequadamente, o movimento real. Se isso se consegue, ficará espelhada, no plano ideal, a vida da realidade pesquisada, o que pode dar a impressão de uma construção a priori (Marx, 1996, p. 28).

Na construção da abordagem metodológica desta pesquisa recorremos também aos referencias da Psicologia Sócio-Histórica de Vygotsky (2001), essa perspectiva apresenta uma concepção de ciência psicológica amparada nos pressupostos do Materialismo Histórico e Dialético.

Vygotsky compreende o ser humano como ser social que se constitui por meio da história, o autor situa o psiquismo do ser humano no tempo e na materialidade. Essa compreensão acerca do ser humano engloba uma análise dos processos históricos de constituição e desenvolvimento do sujeito por meio da sua relação dialética com o mundo simbólico e com os demais seres humanos. Vygotsky entende o desenvolvimento humano como uma dinâmica essencialmente progressiva, e salienta diferenças no desenvolvimento social dos seres humanos primitivos em relação aos seres humanos modernos, essa distinção é orientada pela relação dos seres humanos com a sofisticação e desenvolvimento dos processos técnicos e tecnológicos que incidem grande influência nos aspectos psicológicos coletivos e individuais, nas palavras de Vygotsky essa diferença:

> [...] pode ser observada em uma sociedade altamente desenvolvida que adquiriu uma estrutura de classes complexa. Aqui a influência da base sobre a superestrutura psicológica do homem não se dá de forma direta, mas mediada por um grande número de fatores materiais e espirituais muito complexos. Mas, até mesmo aqui, a lei fundamental do desenvolvimento histórico humano, que proclama serem os seres humanos criados pela sociedade na qual vivem e que ela representa o fator determinante na formação de suas personalidades, permanece em vigor (Vygotsky, 1930, p. 02).

Além dos aspectos enunciados que denotam a relação dialética do ser humano com o meio social, Vygotsky compartilha da compreensão de sociedade de classes defendida por Marx, pois, frequentemente, ampara-se em conceitos como classe social, historicidade, totalidade, base e superestrutura, e também relaciona, frequentemente, os processos subjetivos individuais experimentados pelos seres humanos às suas contingências materiais. Vygotsky também compreende como relevante a tese marxista que aponta o trabalho como um fundamento da humanidade, tanto no sentido coletivo como no desenvolvimento histórico social de cada ser humano, pois o trabalho, enquanto atividade humana, denota um forma de relação entre o ser humano e a natureza, e nessa a relação tanto a natureza quanto o ser humano se transformam, essa perspectiva é fundamental para a compreensão da história humana, pois evidencia o processo de transformação do ser natural em ser um social.

Estabelecidos os pontos supra, parte-se para dois conceitos fundamentais contidos na obra de Vygotsky, que são: *sentido* e *significado*. Vygotsky entende que ambos os elementos são produzidos histórica e socialmente, possuem um grau, em certa medida, estável por serem compartilhados coletivamente, e também possibilitam a comunicação, compartilhamento e socialização das experiências humanas. Veja o que Vygotsky (2001) diz a respeito do *sentido:*

> [...] o sentido de uma palavra é a soma de todos os fatos psicológicos que ela desperta em nossa consciência. Assim, o sentido é sempre uma formação dinâmica, fluida, complexa, que tem várias zonas de estabilidade variada. O significado é apenas uma dessas zonas do sentido que a palavra adquire no contexto de algum discurso e, ademais, uma zona mais estável, uniforme e exata. Como se sabe, em contextos diferentes a palavra muda facilmente de sentido. O significado, ao contrário, é um ponto imóvel e imutável

> que permanece estável em todas as mudanças de sentido da palavra em diferentes contextos. Foi essa mudança de sentido que conseguimos estabelecer como fato fundamental na análise semântica da linguagem. O sentido real de uma palavra é inconstante. Em uma operação ela aparece com um sentido, em outra, adquire outro. Esse dinamismo do sentido é o que nos leva ao problema de Paulham, ao problema da correlação entre significado e sentido. Tomada isoladamente no léxico, a palavra tem apenas um significado. Mas este não é mais que uma potência que se realiza no discurso vivo, no qual o significado é apenas uma pedra no edifício do sentido (Vygotsky, 2001, p. 465).

Ainda aprofundando essa distinção conceitual fundamental, entende-se que os significados são os conteúdos instituídos mais fixos, compartilhados, que são assimilados pelos sujeitos de forma mais imediata. O sentido, por sua vez, é algo mais amplo, constituindo-se na síntese das mediações simbólicas sobre determinado objeto convergindo para a formação das zonas de sentido, a mais estável e fixa.

Com esse instrumental da abordagem Vygotskyana pretende-se explorar as mediações simbólicas que constituem a construção do relato dos participantes, problematizando as falas com elementos teóricos que nos permitam uma compreensão mais ampla dos indicadores levantados. Não se pretende fazer um exame psicológico de caráter clínico ou uma abordagem intimista e subjetivista do que se fala, por isso tomaremos os conteúdos que emergem das falas amparados na categoria totalidade, pois o pensamento categorial constitui o alicerce dos métodos de análise e da investigação científica, sobretudo, na abordagem do materialismo histórico e dialético.

A categoria totalidade como elemento equalizador do método

Neste tópico adentrar-se-á na esfera conceitual da categoria *totalidade,* elemento que possibilitará a análise crítica minuciosa das sete entrevistas considerando-as como um conjunto de dados, portanto o *corpus* empírico da pesquisa que contou com coleta de material por meio da pesquisa de campo.

O pensamento categorial carrega, por si só, aspectos relacionados ao arcabouço teórico que ampara a pesquisa, ele é carregado de referências diretas e indiretas. Quanto maior o aprofundamento categorial, maior será o rigor da investigação científica. As categorias de análise possibilitam a articulação do objeto e do problema estudado com o campo científico que ampara a investigação.

Kosik (2011), estudioso do pensamento marxiano, sintetiza a categoria totalidade como instrumento fundamental para análise, tem-se:

> A posição da totalidade, que compreende a realidade nas suas íntimas leis e revela, sob a superfície da causalidade dos fenômenos, as conexões internas, necessárias, coloca-se em antítese à posição do empirismo, que considera as manifestações fenomênicas e causais, não chegando a atingir a compreensão dos processos evolutivos da realidade. Do ponto de vista da totalidade, compreende-se a dialética da lei e causalidade dos fenômenos, da essência interna e dos aspectos fenomênicos da realidade, das partes e do todo, do produto e da produção e assim por diante (Kosik, 2011, p. 37).

Por isso, cabe ressaltar que assumir a totalidade como categoria estruturante da análise não implica na tentativa de estabelecer um conhecimento generalizante ou universalizante, que seja invariavelmente replicado sem considerar os condicionantes do contexto e dos sujeitos, pois a contradição dialética evidencia a necessidade da mediação:

> A dialética da totalidade concreta não é um método que pretende ingenuamente conhecer todos os aspectos da realidade, sem exceções, e oferecer um quadro 'total' da realidade, na infinidade dos seus aspectos e propriedades. A totalidade concreta não é um método para captar e exaurir todos os aspectos, caracteres, propriedades, relações e processos da realidade; é a teoria da realidade como totalidade concreta (Kosik, 2011, p. 238).

A totalidade é o elemento que evidencia a unidade concreta do objeto averiguado; e a interlocução do movimento do objeto referido com a macroestrutura social dentro da história, mas de forma transitiva, superando a descrição.

Dessa forma, assegurada a particularidade de cada entrevista pode-se compreendê-las como partes de um todo, e articulá-las criticamente por meio do referencial teórico, no sentido de responder à questão-problema desta pesquisa.

Núcleos de significação: uma proposta histórico-dialética de apreensão das significações

Estabelecidos os elementos da psicologia sócio-histórica e do Materialismo Histórico e Dialético, aprofunda-se, agora, no que constitui a aplicação da proposta de análise a partir dos núcleos de significação.

O exame do material produzido nas entrevistas se deu por meio da análise a partir dos Núcleos de Significação de Aguiar e Ozella (2006, 2013), em que são três as etapas dessa metodologia que, articuladas dialeticamente entre o empírico e o concreto, permitiu a produção de síntese de conhecimento.

O uso dessa abordagem ocorre pela necessidade de um procedimento metodológico que nos permitisse apreender no processo analítico além da aparência das palavras que remetem aos seus significados para a dimensão concreta que torna explícita a constituição dos sentidos daquilo que é dito. Conforme Aguiar e Ozella: "[...] uma das marcas desse tipo de análise é ter como meta desvelar fatos e fenômenos, explicitar contradições e assim, ousar apontar caminhos mais críticos, menos naturalizantes e ideológicos" (Aguiar; Ozella, 2006, p. 243).

Para além da aplicação técnica dos procedimentos do método organizado em etapas, é necessário ter a perspectiva categorial como referencial analítico, além da categoria totalidade, outrora apresentada, Aguiar e Ozella (2013) destacam as categorias mediação, historicidade, necessidade e motivos, como categorias que permitem articular os significados contidos nas palavras com objetivo de atingir as zonas de sentidos. Além disso, os autores que desenvolveram essa metodologia afirmam que:

> [...] nossa reflexão metodológica sobre a apreensão dos sentidos estará pautada numa visão que tem no empírico seu ponto de partida, mas a clareza de que é necessário irmos além das aparências, não nos contentarmos com a descrição dos fatos, mas buscarmos a explicação do processo de constituição do objeto estudado, ou seja, estudá-lo no seu processo histórico (Aguiar; Ozella, 2006, p. 224).

Sobre os significados constituídos a partir dessa análise metodológica, Aguiar e Ozella afirmam que: "[...] eles contêm mais do que aparentam e que, por meio de um trabalho de análise e interpretação, pode-se caminhar para as zonas mais instáveis, fluidas e profundas, ou seja, para as zonas de sentido" (Aguiar; Ozella, 2013, p. 304).

PEDAGOGAS E PEDAGOGOS ATUANTES EM ESTABELECIMENTOS DE PRIVAÇÃO DE LIBERDADE:
FORMAÇÃO INICIAL, LIMITES, DESAFIOS E POSSIBILIDADES

A seguir, será detalhado, operacionalmente, o percurso metodológico desenvolvido quando se trabalha com a construção dos núcleos de significação como método de análise para entrevistas.

Com o conteúdo das entrevistas transcrito, devem ser realizadas leituras flutuantes para apropriação e familiarização do texto; em um momento posterior devem ser feitas novas leituras com o intuito de identificar e levantar temáticas presentes nos relatos, essa etapa já constitui a identificação dos pré-indicadores que remetem diretamente à dimensão sócio-histórica do sujeito, e são as falas literais. Cabe aqui salientar que os pré-indicadores não são agrupamentos de palavras, ou frases isoladas. Aguiar e Ozella (2013, p. 309) afirmam que os pré-indicadores são: "[...] trechos de fala compostos por palavras articuladas que compõem um significado". Ainda segundo os autores, os pré-indicadores como instrumento de análise configuram a identificação das expressões que carregam e expressam aspectos importantes da materialidade histórica do sujeito, sobretudo nos aspectos afetivos e cognitivos da realidade em que ele está inserido.

Os pré-indicadores devem ser agrupados em uma tabela na posição vertical, do lado esquerdo. Em seguida, estabelecendo os critérios de semelhança, afinidade temática, complementaridade e até mesmo contradição, serão estruturados os indicadores na coluna direita da mesma tabela, os indicadores sintetizam a afinidade de sentido dos pré-indicadores e preparam a construção dos núcleos.

Caracterização geral das pedagogas e pedagogos entrevistados

É de extrema importância apresentar os participantes da pesquisa, considerados enquanto sujeitos históricos, essa compreensão orientará a análise. Nesse sentido, a partir do materialismo histórico e dialético entende-se que: "Os homens fazem a sua própria história, mas não a fazem segundo a sua livre vontade, em circunstâncias escolhidas por eles próprios, mas nas circunstâncias imediatamente encontradas, dadas e transmitidas" (Marx; Engels, 1982, p. 417). Essa citação expressa o papel dos sujeitos na história e evidencia que esse fazer histórico não é totalmente livre, mas sim limitado pelos condicionantes políticos econômicos impostos pela superestrutura. Marx ainda explica no prefácio de *Contribuição à crítica da economia política* (Marx, 1982, p. 25):

> [...] na produção social da sua vida, os homens contraem determinadas relações necessárias e independentes da sua vontade, relações de produção que correspondem a uma determinada fase de desenvolvimento das suas forças produtivas materiais. O conjunto dessas relações de produção forma a estrutura econômica da sociedade, a base real sobre a qual se levanta a superestrutura jurídica e política e à qual correspondem determinadas formas de consciência social. O modo de produção da vida material condiciona o processo da vida social, política e espiritual em geral. Não é a consciência do homem que determina o seu ser, mas, pelo contrário, o seu ser social é que determina a sua consciência. Ao chegar a uma determinada fase de desenvolvimento, as forças produtivas materiais da sociedade se chocam com as relações de produção existentes, ou, o que não é senão a sua expressão jurídica, com as relações de propriedade dentro das quais se desenvolveram até ali. De formas de desenvolvimento das forças produtivas, estas relações se convertem em obstáculos a elas. E se abre, assim, uma época de revolução social.

A pesquisadora que desenvolveu a metodologia de análise a partir dos Núcleos de Significação, Wanda Aguiar, também fornece elementos para a compreensão do ser humano enquanto uma síntese das múltiplas mediações sociais que perpassam sua existência, partindo da Psicologia Sócio-Histórica e do Materialismo Histórico e Dialético:

> [...] é preciso também que se evite a visão de homem que considera o ser humano como reflexo imediato do meio social, como um ser passivo, desprovido da possibilidade de criar, inovar. Trata-se, enfim, de encarar o homem como mediação, justamente pelo fato de se considerá-lo um ser histórico, mais do que cultural ou determinado pelas condições sociais presentes em seu tempo e espaço (Aguiar, 2000, p. 127).

Assim, a construção do sujeito é um processo histórico e social em que o meio em que se está inserido tem uma influência fundamental. Apresenta-se, na tabela a seguir, um breve perfil dos pedagogos e pedagogas entrevistados:

Tabela 1 – Perfil dos(as) pedagogos(as) entrevistados*

Clara, 53 anos. Fundação Casa. Atua na instituição há 21 anos. Cursou todo o ensino médio em escola particular e cursou o antigo magistério. Cursou a graduação em Pedagogia em instituição privada (com financiamento próprio) entre os anos de 1988 e 1990, na modalidade presencial, no período noturno. Também possui graduação em Geografia, cursada entre os anos de 2006 e 2007. Não foi beneficiária de programas de financiamento estudantil. Cursou pós-graduação *lato sensu* em Psicopedagogia. Atuou como professora no ensino regular por 12 anos. Conhece a Pedagogia Social.

João, 48 anos. Secretaria da Administração Penitenciária. Atua na instituição há 29 anos. Cursou todo o ensino médio em escola pública. Cursou o antigo magistério. Concluiu em 2003 a graduação em Pedagogia, cursada em instituição privada (com financiamento próprio), na modalidade semipresencial, no período matutino. Também possui graduação em Direito. Não foi beneficiário de programas de financiamento estudantil. Cursou pós-graduação *lato sensu* em Educação de Jovens e Adultos, Gestão Educacional e Docência no Ensino Superior. Não atuou como professor no ensino regular, mas possui experiência como alfabetizador nas unidades prisionais, docente no ensino superior em curso de graduação em Pedagogia em faculdade privada, também lecionou na formação técnica para os servidores as matérias de Direito Penal e Reintegração Social na Escola de Administração Penitenciária (EAP), durante cinco anos. Conhece a Pedagogia Social.

Maria, 38 anos. Fundação Casa. Atua na instituição há 10 anos. Cursou todo o ensino médio em escola particular. Não cursou o antigo magistério. Cursou a graduação em Pedagogia em instituição pública entre os anos de 2002 e 2006, na modalidade presencial, no período noturno. Não possui outra graduação. Durante a graduação realizou iniciação científica por meio do Programa Institucional de Bolsa de Iniciação Científica (Pibic). Cursou pós-graduação *stricto sensu*. Atuou como professora na educação infantil durante um ano. Conhece a Pedagogia Social.

Maurício, 51 anos. Secretaria da Administração Penitenciária. Atua na instituição há 29 anos. Cursou a maior parte do ensino médio em escola pública. Não cursou o antigo magistério. Cursou a graduação em Pedagogia em instituição privada (com financiamento próprio) entre os anos de 2002 e 2005, na modalidade presencial, no período noturno. Não possui outra graduação. Não foi beneficiário de programas de financiamento estudantil. Cursou pós-graduação em Psicomotricidade. Não atuou como professor(a) no ensino regular. Conhece a Pedagogia Social.

Renata, 37 anos. Fundação Casa. Atua na instituição há 8 anos. Cursou todo o ensino médio em escola pública. Cursou o antigo magistério. Cursou a graduação em Pedagogia em instituição privada (com financiamento próprio) entre os anos de 2009 e 2012, na modalidade educação a distância. Não possui outra graduação. Não foi beneficiária de programas de financiamento estudantil. Atuou como professora no ensino regular durante 4 anos. Não conhece a Pedagogia Social.

Reginaldo, 33 anos. Fundação Casa. Atua na instituição há 2 anos e 6 meses. Cursou todo o ensino médio em escola pública. Não cursou o antigo magistério. Cursou a graduação em Pedagogia em instituição privada (com financiamento próprio) entre os anos de 2010 e 2013, na modalidade presencial, no período noturno. Não possui outra graduação. Não foi beneficiário de programas de financiamento estudantil. Cursou pós-graduação *lato sensu* em Psicopedagogia Clínica e Institucional. Atuou como professor do ensino regular por um ano e meio. Conhece a Pedagogia Social.

Vera, 41 anos. Fundação Casa. Atua na instituição há 9 anos. Cursou todo o ensino médio em escola pública. Cursou a graduação em Pedagogia em instituição privada (com financiamento próprio) entre os anos de 2005 e 2009, na modalidade educação a distância. Não possui outra graduação. Não foi beneficiária de programas de financiamento estudantil. Cursou/cursa pós-graduação *lato sensu* em Psicopedagogia. Não atuou como professora no ensino regular. Não conhece a Pedagogia Social.

*Foram designados nomes fictícios para preservação da identidade dos participantes do estudo
Fonte: elaborado pelo autor

Levantamento dos Pré-indicadores e Indicadores da pesquisa

Tabela 2 – Pré-indicadores e indicadores – Entrevista com pedagoga Maria – Fundação Casa

Pré-indicadores	Indicadores
1- [...] eu sou de uma família de educadores, de professores, tanto por parte da minha mãe, tenho algumas tias que são professoras, quanto a minha mãe que também é professora. Sou eu e mais três irmãos, desses quatro, três são professores. Então, era uma coisa meio inevitável, de família	1- Declaração sobre o meio familiar influenciando na escolha pelo curso de Pedagogia
2a- [...] Então, eu estava terminando o Mestrado e, quando eu terminei, eu fiquei meio sem saber o que fazer. 2b- [...] meu projeto de pesquisa era Trabalho e Educação e eu falava sobre relações de trabalho, mas eu não tinha trabalho. Resolvi então fazer esse concurso pela estabilidade [...].	2- A carreira pública como possibilidade de suprir a necessidade urgente de possuir vínculo empregatício
3- [...] diferente da maioria dos meus colegas e isso eu lembro muito claro, eu acho que eu era a única que não queria trabalhar com educação infantil e escolar. [...] todo mundo dizia "ah eu faço Pedagogia porque eu quero trabalhar com criança [...].	3- Interesse da profissional em atuar fora do contexto docente

Pré-indicadores	Indicadores
4- [...] Vou lá ver e ficar um tempinho. E esse tempinho já tem 10 anos, vai fazer 11 que trabalho na Fundação.	4- Tempo de permanência no trabalho que superou a expectativa da profissional
5- [...] eu tenho muitos anos aqui, até chegar na aposentadoria [...].	5- Declaração evidencia o desejo da profissional em permanecer na instituição
6- [...] No caderno da Fundação, o pedagogo é um ajudante, grosso modo, do coordenador pedagógico. 7- [...] Esse caderno deixa meio claro que a gente é mais administrativo, dentro do setor pedagógico, do que, de fato, mão na massa. Quando a gente está no centro, a realidade é outra. Às vezes, a gente precisa subir pra dar atividade, fazer alguma atividade complementar. E a gente acaba fazendo [...]. 8- [...] A alfabetização é nossa responsabilidade. Não tá no caderno, mas é nossa responsabilidade [...].	6- Declaração evidencia que os pedagogos incorporam atividades extras ao que diz o regimento interno que estabelece as atribuições do profissional, a principal delas é a alfabetização
9- [...] A gente trabalha com alfabetização, também. Não só alfabetização, mas reforço escolar. Na realidade, a gente chama muito mais de reforço escolar do que alfabetização. A questão da alfabetização entra, porque às vezes chegam lá meninos de 15, 16 anos que não sabem ler e escrever nada. E a gente acaba alfabetizando nesse processo, mas é mais um reforço escolar. [...] diferenciando isso, porque já questionaram pra gente os projetos de alfabetização que a gente tinha lá dentro e, de fato, não existe dentro da Fundação um projeto de alfabetização. Existe um esforço das pedagogas que fazem reforço escolar em alfabetizar esses meninos que tão lá. E é muito bonitinho, uns saem já escrevendo, todos felizes, assim. Mas é um trabalho mais do servidor que está responsável por isso, do que um projeto da Fundação em si [...].	7- Descrição da rotina profissional e das atribuições desempenhadas

Pré-indicadores	Indicadores
10- [...] Porque, na pandemia, a gente teve que entrar, muito mais, em sala de aula. Se não estivesse na pandemia, eu entraria muito menos em sala de aula. Eu tinha dois projetos antes da pandemia, um que era esse, da Sala de Leitura, que era eu e mais as duas outras pedagogas; e outro projeto que eu tinha era antes da pandemia era o Grupo de Estudo para os meninos que estavam com o Ensino Médio completo [...].	
11- [...] Não existia um planejamento de trabalho porque, de manhã, nossa rotina é essa: de manhã, o pessoal da escola está lá desde às 7h da manhã até 12h30, 12h45, mais ou menos. Então, a parte da manhã, é a parte da escola e a gente faz o nosso trabalho administrativo [...].	
12- [...] De fato, não existe muito uma janela pro pedagogo fazer uma atividade lá dentro e, por isso, a gente não planeja esse tipo de atividade. [...] a gente fez um Clube da Leitura porque tem uma biblioteca muito bacana lá, mas se eu dissesse assim 'ah, eu não quero fazer nenhum desses projetos', não tem nada que me impeça, porque o meu trabalho administrativo que é matricular menino, ver prontuário, alimentar portal, o trabalho tá ali e ele não para [...].	
13- [...] agora na pandemia eu subo pra dar aula, o pessoal da escola manda as atividades e a gente que sobe pra dar junto com os agentes educacionais. Em alguns centros, os pedagogos não sobem pra dar atividade, ficam mais no setor administrativo e só sobem os agentes educacionais. [...] onde eu trabalho a gente tem muito contato com os adolescentes. O que eu não acho ruim, eu prefiro do que a parte mais administrativa. Mas eu sei que, no caderno, está lá dizendo que a gente é mais na parte administrativa [...].	
14- [...] Quando a gente se vê sem professor em sala de aula e a gente tem que dar atividade para esses adolescentes.	

Pré-indicadores	Indicadores
15- Com os servidores da segurança a gente tem uma relação mais difícil [...].	8- Dificuldade na relação com os profissionais da segurança
16- [...] Eles dão palpite e falam como se entendessem alguma coisa de educação, porque eles sempre focam na questão da segurança [...].	
17- [...] por exemplo, a gente entre em sala de aula, coloca uma música e eles (profissionais da segurança) vão e reclamam na direção que a música é isso, aquilo. É complicado, às vezes, não tem nada de mais, porque a gente não é doida, né, a gente é pedagoga e a gente faz um trabalho direcionado. A gente bota um filme "ah, não sei o que lá, mas no filme tem isso".	9- A lógica do setor de segurança em conflito com os profissionais da área pedagógica, recorrendo por vezes à censura
18- [...] A maioria deles está ali pra entrar no embate.	
19- [...] mas da Fundação enquanto organização, que faz o sucateamento desse processo de formação, sim. [...] tinha uma estrutura lá bem significativa e já era deficiente pelo número de funcionários da Fundação. [...] Aí, quando acabou as atividades da escola de formação entrou a UniCasa, esse corpo funcional que era bom, mas era reduzido, ficou menor ainda [...].	10- Crítica ao modelo da formação continuada oferecida pela instituição, número reduzido de profissionais e sucateamento
20- O trabalho na Fundação não é fácil. Muitas vezes as pessoas acham que o trabalho na Fundação não é fácil pelos adolescentes e não é isso. O trabalho na Fundação não é fácil pelo próprio sistema que não dá condições pra gente trabalhar de forma adequada.	
21- [...] a gente não tem um suporte. E eu não falo de segurança, de se sentir insegura, mas um suporte de trabalho mesmo, isso falta pra gente.	

Pré-indicadores	Indicadores
22- [...] Dificilmente a gente consegue uma licença. A gente não tem licença prêmio, a gente é CLT, não é estatutário. Então é um desânimo. Eu já desanimo com questões burocráticas em liberar a gente pra fazer uma pós-graduação, né? Mas eu fico com vontade [...]. 23- [...] Existe uma valorização, por um lado, mas, no outro lado, é uma valorização mais ou menos. Valorizo 'pero no mucho' [...]. 24- [...] Não me sinto satisfeita, vou falar no bom e velho português. Não me sinto satisfeita por uma série de fatores. Entre eles, o Plano de Cargos e Salários, valorização na área de qualificação profissional, né, porque se eu quiser me qualificar eu vou me qualificar pra mim mesma, a Fundação não valoriza isso. A gente tá há mais de dois anos sem receber o mínimo, que é o dissídio. [...] Então, não, não estou satisfeita. Eu acho que o governo de São Paulo poderia fazer mais pela Fundação, principalmente, porque se vende a Fundação como referência nacional de medida socioeducativa e o que, de fato, se a gente for comparar com alguns lugares, acaba se estando mesmo à frente. [...] Quanto aos cargos da Fundação, eu já trabalhei comissionada como Formadora e depois eu trabalhei como Coordenadora do Centro de Formação Inicial. Atualmente eu não vislumbro, não. Não sei se eu fiquei cansada com a pandemia, ou com algumas coisas da lida do dia a dia. Eu não tenho, não. Eu tô até correndo (risos).	11- Crítica às condições materiais objetivas institucionais relacionadas à carreira, aos benefícios e ao que diz respeito aos recursos para o pleno de desenvolvimento do trabalho enquanto pedagoga
25- [...] Plano de Carreira não existe mais. Se eu faço um Mestrado ou um Doutorado, isso não influencia em nada, tanto no meu salário, né, se eu quiser continuar na Fundação e estudar, eu vou ter que fazer por mim mesma e só [...].	12- Crítica a suposta desvalorização da formação acadêmica pela instituição

Pré-indicadores	Indicadores
26- [...] me formei em uma universidade pública, era muito difícil, hoje deve ser muito mais, mas naquela época era muito difícil a gente passar no vestibular. A gente tinha que tentar vários vestibulares, eu não tinha dinheiro para pagar uma Universidade particular e eu tinha que passar em uma pública, se eu quisesse estudar [...].	13- Trajetória pessoal marcada por dificuldade no acesso ao ensino superior de maneira que a universidade pública foi a alternativa mais viável para a concretização dos estudos
27- [...] Mas, quando eu entrei (na Fundação) a gente fez uma formação de duas semanas, dez dias, que era muito interessante, por sinal. Na primeira semana, a gente trabalhava o básico, que era ECA, Sinase, falava sobre adolescência e tal. E quando era na segunda semana, a Superintendência da Educação vinha e dava as questões específicas do meu cargo. Então era uma formação que, apesar de não ser uma formação que abrange tudo que a pessoa precisa, acho que dava pra receber muita experiência de quem já estava ali na Fundação e que podia contar pra gente um pouco de como era lá dentro [...].	14- Descrição de como se deu a formação instrumental para o trabalho quando ingressou na Fundação Casa, ressaltando a relevância do aspecto prático advindo do compartilhamento das experiências de outros profissionais
28- [...] hoje, o que eu sei de teoria com relação às coisas que eu... eu busquei. Eu não aprendi na faculdade. Eu tive que correr atrás do prejuízo aí. Porque não sei se seria uma lacuna, mas não fui estimulada na faculdade. O meu trabalho específico, eu estou aprendendo, na prática, todo dia. Quando eu quero aprender alguma coisa, juntar a teoria com a minha prática, eu tenho que correr atrás por mim [...]. 29- [...] Porque fora da Fundação ninguém fala de sistema socioeducativo, a não ser quem já trabalhou ou já passou por ele. Senão, a gente não sabe nada, nas faculdades... eu lembro que quando eu fiz faculdade era moda "educação em ambientes não escolares", se falava muito. Mas quando se falava em ambientes não escolares, se falava "ah, você pode trabalhar em hospital, você pode trabalhar em RH, em banco", mas ninguém falava que você pode trabalhar com medida socioeducativa. Não tinha isso, né? [...]	15- Limitações da formação acadêmica como instrumento formativo para a atuação em instituição de privação de liberdade

Pré-indicadores	Indicadores
30- [...] Na Fundação, existem alguns servidores que tem muita prática e zero teoria. Eu, como trabalhei com formação, tive que buscar essa teoria. Até porque, também, eu cheguei na Fundação muito acadêmica, saindo do Mestrado, quebrei a cara grandão, né? Porque tu chegas lá cheio de teoria bonita, você quer falar sobre pesquisa [...].	16- Declaração que evidencia certa oposição entre teoria e prática profissional, de maneira que ambos os elementos pareçam antagônicos
31- [...] eu já tinha pensado em pegar esse material que já estava praticamente pronto e transcrever e trabalhar esse material e falar da memória desses trabalhadores da Fundação Casa porque tem muita coisa legal, muita coisa rica ali. Só que, o que me impede, de fato, é essa jornada super puxada que a gente tem e essa falta de valorização em termos de estudo. A Fundação não quer que a gente saia para estudar, quer que a gente fique ali, trabalhando. Isso acaba desanimando pra fazer, mas eu tenho vontade e acho que a Fundação é muito rica, nas temáticas que a gente tem lá dentro que são infinitas pra gente estudar [...].	17- Declaração aponta para o desejo em desenvolver pesquisa acadêmica sobre a memória de seus pares, fator inviabilizado por falta de incentivo institucional e demais condições objetivas
32- [...] Como eu vim de uma universidade pública, lá era Paulo Freire na veia, né? Então, o que a gente tem de fala de educação popular é Paulo Freire e quem veio depois dele, né? O Gadotti, esse povo aí.	18- Compreensão que valoriza a universidade pública como espaço para formação acadêmica
33- Especificamente, eu não me lembro se a gente teve uma disciplina que falasse sobre Educação Não Escolar, mas eu lembro que isso surgia ali no meio do caminho. Eu tive uma professora, a Rose, minha querida, que foi com ela que eu trabalhei, eu tive uma bolsa Pibic e ela que me orientou na graduação. E a Rose me apresentou, um curso chamado Pedagogia da Terra, que era um curso pra pedagogos do MST. E ela, com as atividades que a gente fazia lá no projeto de pesquisa, que trazia muito essas questões da pedagogia em ambientes não escolares, de fato dessa educação popular que Paulo Freire trazia [...].	19- Contato com a temática da educação não escolar na graduação e com as práticas de Educação Popular, a partir do referencial freireano, além de conhecimento sobre área da pedagogia social

Pré-indicadores	Indicadores
34- [...] Eu tive contato com a Pedagogia da Terra, na realidade, eu acho que é mais uma Educação Popular do que Social. E o teórico que conheci quando eu tava na escola, era a Stela Graciani, que fala muito em Pedagogia Social, né? Acho que ela é uma referência que a gente tem hoje aí, né?	
35- [...] existem alguns funcionários que são mais restaurativos e menos punitivos, digamos assim, mas, a maioria é mais punitivo do que restaurativo [...]. 36- [...] a gente ainda tem uma cabeça, dentro da Fundação, de muitos funcionários, a grande maioria do setor da segurança, mas não só, nas outras áreas também pensam desse jeito, nessa perspectiva punitiva do adolescente. Existe muito essa fala do 'direito dos manos' ou 'direitos humanos para manos direitos' [...]. 37- [...] muitas pessoas da segurança ainda tem a mentalidade de que ele tem que ser punido, de que o menino tem que ficar mesmo ali. Acho que esse é um problema que a gente ainda tem. Mas não é só da Fundação, é da sociedade de uma forma geral. A gente ainda tem essa sociedade punitiva. A gente tem um governo que também vai nessa perspectiva, quando a gente vê que os governos colocam pedra embaixo do viaduto. Então, a gente vê que é uma política social e governamental que a gente tem [...].	20- Declaração evidencia compreensão por parte de profissionais que entendem o centro de internação como espaço punitivo em detrimento de uma proposta ressocializadora e socioeducativa, compreensão que segundo a pedagoga é recorrente na sociedade
38- [...] Apesar de não ser da educação, eu estudei muito, no mestrado a questão das teorias marxistas. Então, a gente junta Paulo Freire com Marx... acho que dá uma boa conversa aí. Não que eu seja ou me intitule como marxista, nada disso, mas eu me identifico, sim no meu trabalho.	21- Indicação de referencial teórico que ampara a prática da profissional

Pré-indicadores	Indicadores
39- [...] Um dia, uma colega minha perguntou 'ah, Maria, conta os episódios que você conheceu na Fundação!' e eu falei: 'Não existe isso, eu não vejo isso. A violência é velada'. Por que a violência é velada? Porque existe uma lei, hoje em dia, que respalda que essa violência não exista. [...] A gente vê outros tipos de violência, a violência verbal, o estranhamento, mas na frente de, por exemplo, um pedagogo, jamais, a nossa presença acaba inibindo. Se existir algum tipo de violência, isso jamais vai ocorrer na frente de alguém da educação [...].	22- O pedagogo como um agente inibidor da violência física contra adolescentes internados
40- [...] O pedagogo ele legitima a educação ali dentro da unidade. Mas ainda vai depender do pedagogo que está ali dentro do centro, porque, como pra ele, o que é solicitado é que trabalhe mais com as questões administrativas, se ele for um pedagogo que não tem interesse na área educacional, ele pode ficar ali no cantinho dele e não fazer nada além.	23- Declaração aponta para a prioridade regimental do trabalho do pedagogo em relação às demandas burocráticas e administrativas, deixando a execução de atividades educativas em segundo plano e a cargo do interesse pessoal do profissional
41- [...] o pedagogo dá a cara educacional no setor, sim. Acho que o pedagogo, se a gente for ver, uma grande parte das propostas que a gente tem, que são extracurriculares, fora do âmbito da escola nem dos cursos profissionais de Arte e Cultura, muita coisa vem dos pedagogos, ele dá essa contribuição. Acho que ele é importante, sim. Apesar de pouco valorizado [...].	24- Declaração aponta o pedagogo como articulador fundamental do processo educativo dentro da instituição
42- [...] não adianta eu trabalhar com ele, que isso de fato aconteça, que ele pense em sair, fazer uma faculdade... se quando ele sai, o desemprego tá crescente, ele não consegue fazer uma faculdade porque ele não consegue dinheiro pra pagar [...].	25- Declaração que evidencia os limites da perspectiva ressocializadora diante de questões estruturais da sociedade, como o desemprego entre a população jovem

Fonte: o autor

Tabela 3 – Pré-indicadores e indicadores – Entrevista com pedagoga Clara – Fundação Casa

Pré-indicadores	Indicadores
43a- [...] Eu era meio rebelde na adolescência. Eu sempre gostei muito de música e minha mãe me podava bastante de algumas coisas e, no primeiro emprego como menina, o que é fácil, era como auxiliar de professor. Então, eu com 15 anos, estava no magistério, isso era meio automático na época, e consegui emprego como auxiliar de professora, porque eu gostava de ir pra show e minha mãe me boicotava, foi um jeito de conseguir fazer as coisas que eu queria. Eu entendi, naquele momento, que era aquilo mesmo que eu queria.	
43b- E dos 15 até hoje, eu tô com 57, eu sempre estive ligada com a educação. Eu fui Coordenadora Pedagógica (escolar) muito tempo e na Fundação eu também fui Coordenadora Pedagógica, que é a parte mais insana, né? O trabalho na Fundação Casa é diferente de qualquer outro trabalho na área da educação que eu já tenha feito em escolas, tanto particular, quanto na rede pública [...].	1- Declaração sobre o meio familiar influenciando na escolha pela carreira pedagógica 26- Trajetória da pedagoga na educação escolar formal
44- [...] fiquei acho que seis anos trabalhando em escola particular [...].	
45- [...] eu trabalhei, na rede pública, só durante os estágios, três meses de estágio numa escola do lado da minha casa [...].	
46- [...] eu sempre dei aula para uma faixa etária menor, eu nunca tinha trabalhado com adolescentes [...].	

Pré-indicadores	Indicadores
47- Eu dou aula na Educação Profissional [...].	
48- [...] Eu assumi (Educação Profissional) por minha conta, não foi uma imposição do Centro. [...] Nos últimos dez meses, eu dei aula todos os dias. Vou deixar bem claro, não foi uma imposição do Centro, eu que quis assumir porque eu tinha uma turma com muita dificuldade... e eu acho que a gente não tá lá brincando. Se não tinha um professor em sala de aula e eu sou alfabetizadora, achei que eu tinha que dar conta disso [...].	27- A profissional enfatiza sua atuação nas atividades pedagógicas em contato direto com os internos, ministrando aulas e realizando oficinas. Evidencia-se assim a dimensão da atuação profissional com características da atividade docente
49- [...] nessa pandemia eu nunca dei tanta aula na minha vida, porque os professores da rede estadual não entram na Fundação. [...] Eu dou aula de reforço, desde que eu voltei pro Brás, eu assumi essa sala eu tenho quase 20 alunos [...].	
50- [...] Eu acho que hoje eu não pegaria cargo comissionado se me oferecessem de novo, porque eu sei de todas as demandas. É você dormir com o celular debaixo do travesseiro o tempo todo, eu não desconectava [...].	28- Declaração manifestando pontos negativos da atuação em cargos de chefia
51- [...] é diferente de uma escola em que você programa sua aula em casa, vai lá, dá a sua aula e vai embora. A gente tá dentro do Centro em contato com eles as oito horas do dia, é muito dinâmico. Mexeu muito com a minha cabeça, trabalhar com os meninos.	29- Distinção entre atuação na escola regular e a atuação na instituição de privação de liberdade

Pré-indicadores	Indicadores
52- [...] a doutora Berenice criou um Plano de Cargos e Salários, em 2016 ele empacou e agora ele morreu, com essa última presidência, extinguiram o Plano. Nosso salário, efetivamente, não sobe desde 2018. [...] Em questão de salário, é um salário que depois de 20 anos eu tenho um salário que, talvez, como professora em uma escola de porte médio eu não teria. Mas se eu acho que é o que eu mereço depois de 21 anos na Fundação? Não. [...] Quem tá conseguindo melhorar o salário, é porque tá entrando na Justiça, porque é injusto. Pra conseguir o Quinquênio, se entra na Justiça. Tudo é via judicial. Quando tinha o Plano, você tinha uma avaliação. Eu sempre tive as avaliações boas, entre 20 e 21, até porque eu tava sempre em cargos de Gestão. [...] Eu perdi a chance de passar pra nível III por causa de uma injustificada em 20 anos. Mesmo entrando com recurso, mesmo apresentando, ela era minha dependente no convênio da Fundação... mesmo apresentando todos os relatórios, eles me negaram [...].	11- Crítica às condições de trabalho materiais objetivas relacionada a carreira e benefícios.
53- [...] Com o setor da segurança temos um entendimento mais difícil, porque a gente entende a importância do pedagogo, alguns entendem, mas acham que é menos relevante do que o papel deles [...]. 54- [...] Então, se você tá numa roda de conversa, falando de Meio Ambiente, de Política, eles (profissionais da segurança) acham que você não tá fazendo nada [...].	8- Dificuldade na relação com os profissionais da segurança
55- [...] eu tinha como intenção, quando eu pedi pra sair da Direção, trabalhar até 2020, aposentar e dar aula no EJA na rede [...]. 56- [...] já prestei muito concurso pra PEB 1, hoje eu acho que não teria mais o gás que a criançada precisa e eles também mudaram muito [...].	30- A pedagoga evidencia seu interesse pela atuação na docência

Pré-indicadores	Indicadores
57- [...] é muito bacana trabalhar com os meninos, mas o resto todo da Instituição é muito difícil. São muitos nãos, é um trabalho que depende da equipe [...]. 58- [...] você tem que dar conta de fazer e haja criatividade. Acho que o maior desafio é você se propor a fazer um trabalho de qualidade e manter isso [...].	31- Dificuldades institucionais e materiais para o desenvolvimento das atividades pedagógicas
59- [...] minha outra parceira é parceira mesmo, é minha amiga, mais nova do que eu, fez Pedagogia muito depois, quando eu tava na minha segunda graduação ela tava na Pedagogia, então ela traz um frescor de quem saiu da faculdade muito depois de mim. E eu com ela, a gente troca muito [...].	32- A relação entre pares como aspecto formativo
60- [...] a Fundação não valoriza nem a questão de você ser graduado. Depois que eu entrei na Fundação, eu fiz Geografia, e eu tô terminando a pós-graduação, eu trabalho com uma menina que tem Mestrado e eles não dão valor algum. Se você quiser levar o seu certificado e colocar na sua pasta, parabéns, mas para a Fundação isso não agrega nada... se você fala outra língua, nada. Incentivo zero pra gente continuar estudando [...].	12- Crítica a suposta desvalorização da formação acadêmica pela instituição
61a- Quando eu fiz Pedagogia, eu tinha uma matéria chamada EPB, Estudos dos Problemas Brasileiros, e meu professor era um cara muito bacana, um bicho grilo bem doido. Ele trazia uns temas bem polêmicos e um deles era fazer educação fora das escolas. 61b- [...] eu não tive nenhuma matéria desenvolvida pra gente pensar na educação feita fora desse contexto escolar. A Emília Ferreiro estava começando essa coisa do Construtivismo, Paulo Freire estava fresco também, a gente tava começando a estudar mais ele.	21- Indicação de referenciais teóricos relevantes na formação da profissional

Pré-indicadores	Indicadores
62- [...] É... assim, eu até tenho vergonha de falar que Paulo Freire é a minha referência, porque... é o sonho de consumo de todo mundo que sonha com uma educação justa, acessível. Não dá pra dizer que a gente fez um trabalho que, se ele estivesse aqui, ele teria orgulho. Porque a gente fez muito menos do que ele fez, mas o trabalho que a gente faz é muito baseado nessa coisa do querer empoderar o menino, a gente trabalha com uma clientela que não se vê cidadão. Então, mais do que dizer pra ele que o nome dele é importante, de que a letra do nome dele tem que começar com letra maiúscula porque ele é um cara importante pra mim, essa leitura de mundo diferente que eles nunca fizeram na escola, mostrar pra eles que a palavra deles tem força, que ele é um cidadão. [...] o pouco que a gente consegue conversar com eles e fazer com que ele se sinta cidadão, se enxergar parte do mundo, que é importante ele conseguir se educar, eu agradeço muito a Paulo Freire porque eu acho que foi ele que ensinou a gente a pensar fora da carteira, do lápis e do ba-be-bi-bo-bu e a gente se atrever a falar de outros assuntos com os meninos e chamar isso de educação [...].	
63- [...] Acho que a faculdade de Pedagogia foi muito fraca. O curso de Magistério me preparou muito mais para estar em sala de aula do que a Pedagogia. E a Pedagogia deixou de conversar comigo muitas coisas que deveria ter conversado. Se eu pudesse fazer de novo, hoje, eu faria, pra ver se mudou [...] acho que acompanhou, mudou e eu dei azar de fazer numa época que muitas coisas ainda não eram tão faladas e pensadas ainda [...].	15- Limitações da formação acadêmica como instrumento formativo para a atuação em instituição de privação de liberdade Obs.: ênfase ao magistério como modelo formativo exitoso por seu caráter prático
64- [...] Ouvi falar, mas não na faculdade. O que eu entendo, não sei se está certo, é o fazer a educação em espaços fora da escola, desse contexto quadradinho, a escola formal [...].	33- Reconhecimento da pedagogia social como área de estudo sobre práticas de educação não escolar

Pré-indicadores	Indicadores
65- [...] Tem menino que até fala 'poxa, eu vim pra Fundação pra escrever meu nome' [...]. 66- [...] Ouvir os meninos, quando tão saindo, falando que puderam assinar documento 'agora eu sei escrever meu nome' ou 'esse foi o primeiro livro que eu li na vida'. É bacana! 'Puxa vida, porque eu nunca aprendi isso?', 'minha professora nunca teve paciência para me ensinar' [...].	34- Declaração que evidencia uma concepção sobre a educação e práticas de alfabetização e letramento como elemento com potencial ressocializador promotor de inclusão social e cidadania

Fonte: o autor

Tabela 4 – Pré-indicadores e indicadores – Entrevista com pedagoga Renata– Fundação Casa

Pré-indicadores	indicadores
67- [...] Eu fiquei quatro anos entre escola particular, escola estadual e fundação, foi então que eu não consegui mais conciliar por conta dos horários.	35- Trajetória da pedagoga na educação escolar formal
68- Eu tinha dezesseis anos, na época meu pai soube do magistério, minha irmã mais velha também era professora. Aí ele falou: "Abriu a inscrição pro magistério, você não vai?" e eu falei: "Não, deus me livre! Bando de velho!" Eu perdi o prazo de inscrição, mas ele era amigo da diretora, então passou um tempo e ele chegou e me comunicou que eu ia fazer o curso pois ele me inscreveu. 69- Certa vez um professor me perguntou qual o motivo de eu ir fazer magistério, todas respondiam que gostavam de crianças, mas eu não, eu fui só por que meu pai me inscreveu (risos).	1- Declaração sobre o meio familiar influenciando na escolha pela carreira pedagógica
70- O pedagogo da Fundação Casa atua em duas vertentes, né, a de práticas pedagógicas e a parte burocrática que é mais a matrícula, atualização do sistema, é a parte de fazer apontar todo o trabalho das práticas pedagógicas dentro do sistema.	7- Descrição da rotina profissional e das atribuições desempenhadas

Pré-indicadores	indicadores
71- [...] alguns (pedagogos) têm a sensibilidade e o discernimento de saber o seu papel e desenvolver atividades complementares que os meninos precisam, isso paralelo ao ensino formal, eles (pedagogos) acabam oferecendo reforço, como eles falam: o letramento. [...] alguns trazem muita resistência. eu vivenciei, enquanto supervisora uma situação em que o pedagogo virou pra gente e falou: "Me fala onde que está escrito que eu tenho que desenvolver atividade de reforço? Reforço é da escola!"	6- Declaração evidencia que os pedagogos incorporam atividades extras ao que diz o regimento interno que estabelece as atribuições do profissional, a principal delas é a alfabetização
72- Pensei em sair (da Fundação Casa), prestei concurso público, na verdade eu passei no concurso da prefeitura de São Paulo, não fui chamada, mas se eu conseguisse conciliar eu ficaria na prefeitura e na Fundação, seria bom os dois vínculos.	36- Desejo de atuar na docência como alternativa para ampliar renda
73- [...] Eu gostaria de atuar na gerência geral da Fundação, no nível estadual	37- Profissional anseia por atuar em cargos de comando
74- [...] Eu não vejo dificuldade na relação entre pedagogos e os profissionais da segurança.	38- Relação harmônica entre funcionários do setor pedagógico e segurança
76- [...] se eu estivesse em uma escola pública eu também teria as mesmas dificuldades. Então, eu não vejo como ruim as condições de trabalho. Poderia ser melhor? Poderia! Poderia ter mais qualidade, sem tantos entraves.	39- Comparação que evidencia o reconhecimento da precarização das condições tanto no sistema socioeducativo como na escola pública
77- [...] Os servidores da Fundação Casa gostam muito de se queixar das condições, nada presta. Mas se eu comparar o meu piso salarial hoje, com o que um pedagogo ganha na rede ou qualquer outro lugar, o meu salário não é ruim.	40- Crítica aos profissionais queixosos e defesa de aspectos positivos como o piso salarial em comparação com trabalhos mais precarizados
78- [...] Eu sou especialista na minha área de atuação e formação, eu tenho um olhar extremamente criterioso para o pedagógico da Fundação. Qualquer coisa relacionada a matrícula, escola, encaminhamento, organização, atendimento psicossocial eu tenho pleno domínio.	41- A profissional se reconhece como especialista em sua função em razão da sua vivência prática

Pré-indicadores	indicadores
79- [...] se você não parar e entender que fora dali (Fundação Casa) você vive uma vida, você acaba vivendo intensamente os problemas do trabalho. Você esquece que você tem uma formação acadêmica, esquece de se atualizar e reciclar, deixa de fazer leitura. Você vive o trabalho como prioridade e vai se enraizando ali, se não tiver alguém para falar: "*Calma! Vamos separar uma coisa da outra.*" Você vai parar em um caminho sem volta.	42- O trabalho no sistema socioeducativo como fator que impacta negativamente a qualidade de vida do trabalhador
80- [...] Eu aprendi muito mais no magistério do que na faculdade, que é só teórica.	43- Ênfase ao magistério como modelo formativo exitoso por seu caráter prático
81- Na faculdade não foi citado nada sobre o sistema socioeducativo, ou prisional. Não houve nenhuma abordagem dos professores. Algo próximo dessa discussão eu vi foi quando estudei EJA.	15- Limitações da formação acadêmica como instrumento formativo para a atuação nas instituições de privação de liberdade
82- Com relação à Pedagogia Social eu nunca vi nada a respeito.	44- Desconhecimento sobre a área da Pedagogia Social
83- Quando ingressei no cargo, participei dos encontros de formação para entender o papel do pedagogo na Fundação, para entender a proposta educativa da instituição e nossa contribuição para os adolescentes. [...] Havia uma proposta de visitas aos Centros para que os pedagogos apresentassem as suas oficinas, mostrassem qual era o trabalho desenvolvido com os adolescentes, compartilhar boas práticas e casos de sucesso, que pudessem ser replicados, os pedagogos são criativos.	14- Descrição de como se deu a formação instrumental para o trabalho quando ingressou na Fundação Casa, ressaltando a relevância do aspecto prático advindo do compartilhamento das experiências de outros profissionais
84- Na faculdade a gente estuda bastante Piaget, né. Só que assim, essa teoria toda é bem difícil replicar no ambiente socioeducativo, infelizmente, muitos adolescentes só conseguem desenvolver uma fluidez na leitura, uma evolução, com os métodos tradicionais.	45- Defesa de métodos tradicionais de alfabetização no contexto do sistema socioeducativo

Pré-indicadores	indicadores
85- Não só o pedagogo, mas todos os outros atores dentro do processo socioeducativo tem o papel fundamental para poder fazer com que esse adolescente minimamente desperte para outras possibilidades de vida, o pedagogo tem que ter sempre a proposta de plantar algo nesse adolescente plantar o conhecimento, resgatar essa atenção que às vezes o adolescente não teve por parte da escola ou da família. 86- [...] o papel do pedagogo no processo socioeducativo é muito importante, porque se você não tem essa sensibilidade educativa de olhar individualmente as demandas que o adolescente traz e as contribuições que você pode oferecer para ele nesse processo, você não será um pedagogo bom em lugar nenhum, nem na escola nem fora dela.	46- Declaração que aponta o pedagogo como articulador do processo educativo dentro da instituição
87- Quando chegam na fundação, muitos adolescentes já estão estruturados na criminalidade, já deferiram o que querem pra vida deles, que é a vida do crime, eles não querem estudar ou evoluir o nível de conhecimento, pra eles aquilo já basta, pois ele já sabe o que precisa para viver no meio que escolheu.	47- Concepção fatalista sobre a condição do adolescente em conflito com a lei
88- [...] Quando o adolescente chega na fundação, obrigatoriamente ele tem que frequentar a escola, ele não tem escolha.	48- Caráter coercitivo da educação dentro da medida socioeducativa
89- [...] quando você ver um adolescente que não conseguia nem escrever o seu nome e você mostra para ele que é possível, e ele aprende, quando ele lê a primeira palavra, ou o primeiro gibi, a autoestima dele melhora e ele percebe que existe um olhar mais ampliado da vida.	34- Declaração que evidencia uma concepção sobre a educação e práticas de alfabetização e letramento como elemento com potencial ressocializador promotor de inclusão social e cidadania

Fonte: o autor

Tabela 5 – Pré-indicadores e indicadores – Entrevista com pedagogo Maurício – Secretaria da Administração Penitenciária

Pré-indicadores	Indicadores
90- No Carandiru, eu trabalhava como agente de um serviço de vigilância especial, eu era subordinado ao diretor de disciplina, eu cuidava do castigo era proibida qualquer coisa lá e um dos presos estava com um livro e eu tentei tomar esse livro, assim, automaticamente eu fiz um monte de coisa que eu achei que estavam muito certas e acabei cometendo nego que era entrar dentro da cela sozinho para pegar o livro, diante dessa situação eu fui feito refém ponto eu acho que eu fiquei umas 6 horas sozinho como refém dele, por fim ele jogou o livro fora da cela. Eu fiquei muito emocionado com essa situação, depois disso eu prometi para mim mesmo que eu ia mudar a minha conduta, e eu mudei de verdade. Eu era um agente penitenciário extremamente repressivo, covarde, um monte de coisas que eu não tenho nenhum orgulho de ser, esse acontecimento foi um marco. Ali eu me perdi como agente penitenciário e naquele momento eu acho que nasceu um cara assim preocupado com a questão da Educação. Comecei então a trabalhar com as questões relacionadas à educação dentro da prisão. 91- [...] eu vim da Polícia Militar, eu era extremamente repressivo, tinha medo, o sistema prisional é um dos lugares da sociedade que ainda carrega o militarismo covarde, né.	49- Trajetória profissional e a opção pelo trabalho como educador
92- Trabalhei com um diretor geral que era meu amigo, ele me deu carta branca para trabalhar com educação na unidade. 93- [...] eu gostaria muito de ter sido diretor geral de unidade, em um certo momento da minha carreira, isso ia facilitar porque ali eu teria poder para realizar o trabalho com a educação.	50- O cargo de diretor como condição para viabilizar o trabalho educativo no contexto da unidade prisional
94- [...] nós pintamos uma lousa dentro do Pavilhão com ajuda dos presos.	51- Participação da população privada de liberdade na construção dos processos

Pré-indicadores	Indicadores
95- Todos me falavam que eu tinha que ir para academia. Eu fiquei um longo período trabalhando com a educação nas unidades prisionais, sem ter formação, por conta disso eu não tinha tanto respeito. Aí eu comecei a fazer o curso de pedagogia indicado pelo pessoal da pastoral tentei bolsa em faculdade católica, mas não deu certo.	52- Busca da formação acadêmica para qualificar o trabalho com educação
96- Quando eu iniciei a faculdade até consegui levar alguns professores para algumas cadeias. Eu tive problema com uma das reitoras ela dizia que eu estava destilando violência na sala de aula onde eu estudava, todo mundo achava que a prisão era algo fora do universo deles, era um mundo muito diferente para todos eles, era algo que trazia medo e ninguém queria falar muito sobre isso. [...] Parecia que eu estava levando o pessoal para o Inferno mesmo.	53- O profissional levando a discussão sobre a educação na prisão para o ambiente acadêmico
97- Durante a faculdade eu conheci a pedagogia social e comecei a frequentar o grupo lá na USP o grupo do professor Roberto da Silva que conheci através da pastoral carcerária, aliás, foi um padre da pastoral me incentivou a fazer pedagogia.	54- Reconhecimento da pedagogia social como área de discussão sobre a educação prisional
98- A pedagogia social é a coisa mais próxima dessa discussão sobre a educação prisional, mas mesmo assim esse pessoal da universidade está muito distante da educação na prisão. Parece que o presídio está em Marte e esses educadores sociais da universidade que não conhecem Marte e nem tem intenção de conhecer são enviados pra lá. [...] Muitas vezes nem respeitam o preso, a família do preso e os funcionários que lá trabalham, chegam com roupa boa com perfume bom e vão apontando o dedo e determinando o que eles acham. Cada cadeia tem sua particularidade, para entender esse universo é preciso se colocar à disposição, com humildade, não pode ser com arrogância. Eu acho a academia muito arrogante. mas não sei se a pedagogia social que eu conheci anos atrás é a mesma de hoje.	55- Crítica ao academicismo

Pré-indicadores	Indicadores
99- Acho que o curso de pedagogia tem que discutir o sistema prisional, as universidades deveriam se envolver com as unidades prisionais.	
100- Não tem nada no curso de pedagogia que tem a ver com educação na prisão, acho que quando eu fiz o curso abordava uma coisa infantilizada, só se fala sobre criança, e o meu foco na graduação era trabalhar com jovens e adultos. [...] eu penso que a educação na prisão não parece ser uma coisa interessante comercialmente e nem para as universidades e para os pesquisadores, é uma coisa vista como violenta, ninguém quer falar sobre isso.	15- Limitações da formação acadêmica como instrumento formativo para a atuação em instituição de privação de liberdade
101- A universidade se acovardou [...] a universidade tem a obrigação de estar lá (no presídio), todos os alunos (da pedagogia) por pior que seja, deviam ao menos ir até a porta, talvez de forma institucional, o pessoal da educação e de outras áreas como Assistência Social.	
102- Eu me lembro de alguns profissionais da Funap formados em pedagogia que trabalhavam com educação prisional que tratavam os presos como se fossem crianças, de forma bem infantilizada, isso é uma coisa que me incomoda muito.	
103- O pessoal da Funap falava: "Olha a gente vai fazer aqui um projeto de educação", eles levavam algum material e entregavam na unidade e iam embora, tempos depois apareciam cobrando o resultado, mas na verdade pouco se importavam com o resultado, queriam um registro.	56- Pedagogos atuando na educação pautados pelo formalismo burocrático, negligência com demandas como o uso de óculos, além de linguagem infantilizada para o tratamento com os adultos privados de liberdade
104- A Funap quando cuidava da Educação, por exemplo, nunca levou em conta o fato de que todo adulto precisa ou vai precisar de óculos, eles não estavam interessados nisso, os presos não aprendiam por vários motivos, tem alguns que não aprendiam porque não enxergavam.	

PEDAGOGAS E PEDAGOGOS ATUANTES EM ESTABELECIMENTOS DE PRIVAÇÃO DE LIBERDADE:
FORMAÇÃO INICIAL, LIMITES, DESAFIOS E POSSIBILIDADES

Pré-indicadores	Indicadores
105- Acho que a Secretaria de Educação deveria cuidar integralmente da educação nas unidades. Acho que deveria ter um convênio sólido e que a educação deveria ocorrer fora do presídio – nem sei se isso é possível- mas, fora da carceragem, ou até na escola da rua, com professores e pedagogos concursados para fazer um trabalho de qualidade, [...] é importante que os profissionais conhecessem esse universo do sistema prisional. Tem muita gente que gosta, e essas pessoas deveriam ter condições de exercer esse trabalho pautadas pela educação e não pela segurança.	57- Necessidade de profissionalizar e formalizar o trabalho educativo na prisão, e não ficar inteiramente subordinado ao controle e à censura da segurança
106- Uma das unidades onde me trabalhei e mais uma pessoa formada em educação nos colocamos como voluntários da Secretaria Estadual de Educação, fizemos toda a burocracia e abrimos uma sala de aula regular dentro da unidade que era um hospital de Custódia. a única preocupação da Secretaria da Educação era com a chamada e mais nada. se você quisesse falar de alguma dificuldade eles não queriam nem ouvir por muito tempo foi isso que o sistema tinha na educação formal hoje mudou um pouco.	58- Necessidade de que a educação seja oficializada pelos órgãos competentes para que seja mais efetiva
107- A educação, ou melhor o pessoal da educação devia entender melhor o sistema (penitenciário). É preciso trazer a sociedade para o sistema porque hoje ele é o lugar mais primitivo que a gente tem na nossa sociedade e parece que ninguém está preocupado com isso.	59- A pedagogia deve assumir a discussão sobre as práticas educativas instituições de privação de liberdade para efetivamente transformar esse campo
108- Não dá para falar sobre educação na prisão sem falar de Paulo Freire. [...] É preciso entender o ambiente (prisional) e usar como referência o próprio preso para realizar o trabalho educativo. Na faculdade eu vi também alguma coisa sobre o Pierre Bourdieu, a questão do capital social é algo que me interessou. acho que esses dois (autores) devem ser muito pensados lá dentro (da prisão).	21- Indicação de referencial teórico que ampara a compreensão do pedagogo sobre o fenômeno educativo

Pré-indicadores	Indicadores
109- A grande realidade é que a prisão não é um ambiente de educação	60- Conflito de finalidades entre a educação e a privação de liberdade
110- Organizei vários concursos de redação escrita por presos nas unidades onde trabalhei, e eu acompanho os vencedores do concurso até hoje, posso dizer que eles não estão mais no crime, eu não estou dizendo que a educação funcionou porque a educação nem tem esse papel, só estou dizendo que eles não estão no crime.	34- Declaração que evidencia uma concepção sobre a educação e práticas de alfabetização e letramento como elemento com potencial ressocializador promotor de inclusão social e cidadania
111a- Nós identificávamos três perfis de preso: o eventual, o patológico e o profissional. O preso profissional dificilmente a gente conseguir atingir com educação, ele não se sujeita a isso porque ele não se interessa. Já o preso eventual e o patológico tem sim uma participação diferente. Tivemos várias experiências de presos eventuais que se alfabetizaram um dentro da cadeia. 111b- [...] teve um senhor que foi preso ele foi inocentado, mas passou 8 meses na cadeia e se alfabetizou. Quando chegou o alvará de soltura dele ele brigou com os diretores para poder assinar, porque quando ele chegou ele carimbou o prontuário com o dedão, ele fez questão de assinar o alvará e isso me emocionou bastante eu lembro que ele chamava Edmilson, eu chamava ele de fenômeno Edmilson.	61- O pedagogo categoriza o perfil dos indivíduos privados de liberdade a partir da criminologia 34- Declaração que evidencia uma concepção sobre a educação e práticas de alfabetização e letramento como elemento com potencial ressocializador promotor de inclusão social e cidadania
112- [...] por trabalhar com educação de presos, os colegas me viam como se eu tivesse me tornando um criminoso. Fui denunciado algumas vezes, uma vez eu fui denunciado e disseram que eu tinha uma relação estreita com o crime organizado, por eu ter ganhado uma doação de oito mil livros, para a biblioteca da unidade, falavam que era o crime organizado que estava me doando.	62- A inserção informal do profissional com formação em pedagogia no contexto institucional da prisão o coloca em um lugar indefinido

Pré-indicadores	Indicadores
113- [...] uma vez eu fui confrontado por uma pessoa que disse que eu tinha que escolher um lado, pois eu nem era professor, nem agente penitenciário, nem defensor dos direitos humanos, muito menos um preso. Mas eu sou agente penitenciário e pedagogo e decidi ser educador ali dentro.	
114- É preciso considerar várias coisas para fazer educação no presídio, pensar na arquitetura da unidade, de forma que a escola não esteja dentro da unidade e não fique subordinada ao diretor de segurança, na realidade eu acho que isso não é possível, mas para começar a ter resultado de verdade seria necessário construir alguma coisa fora da cadeia ou se for dentro que seja em um ambiente diferente. Dentro da cadeia você não consegue executar o seu planejamento, a segurança é a prioridade e tudo mais é secundário, no caso da educação nem é secundária porque fica em último plano mesmo.	9- A lógica do setor de segurança se sobrepõe ao trabalho pedagógico, condição que deve ser superada
115- [...] a opinião dos agentes (penitenciários) é de que o preso quando tem conhecimento fica mais perigoso.	63- Educação como elemento de "subversão disciplinar"
116- Eu acho que o papel da educação no geral e inclusive no presídio, é ser uma alternativa. A pessoa chega com aquilo que ela traz e escolhe se vai pegar essa ferramenta e ela decide o que fazer com isso, a educação não pode ser uma coisa impositiva, ela tem que ser uma coisa interessante.	64- Educação despida de um sentido ressocializador pragmático, mas entendida como alternativa e possibilidade para o indivíduo privado de liberdade

Fonte: o autor

Tabela 6 – Pré-indicadores e indicadores – Entrevista com pedagoga Vera – Fundação Casa

Pré-Indicadores	Indicadores
117- Um colega da pós-graduação em psicopedagogia trabalhava na Fundação Casa foi quem me avisou do concurso, ele me explicou o que o pedagogo fazia e como não era voltado a sala de aula eu me interessei bastante. 118- [...] eu nunca dei aula. [...] nunca pensei em ir para sala de aula. 119- Fiz o curso (de pedagogia), mas não fiz com o intuito de dar aula, a princípio quando eu me matriculei na pedagogia me imaginava trabalhando com educação infantil em creches ou até mesmo em ONGs. Eu sempre gostei da ideia de trabalhar com criança pequena e olha que coisa, hoje eu trabalho com adolescentes. 120- [...] sonho de trabalhar com criança pequena ficou para trás.	3- Interesse da profissional em atuar fora do contexto docente
121- [...] pode ser uma missão a mais que eu tenho na vida poder trabalhar com esse público.	65- Escolha da atuação na instituição como vocação/missão
122- [...] as pessoas quando estão em cargo comissionado tem um valor a mais no salário, que a gente acaba falando que não vale a pena, porque os problemas são tantos. 123- [...] muita gente que trabalha aqui não tem pretensão de subir de cargo. 124- [...] aqui a gente não tem perspectiva (crescimento profissional). 125- [...] os funcionários acabam ficando por conta mesmo da estabilidade dos benefícios. 126- [...] Em um ambiente insalubre como o nosso tudo se torna uma dificuldade enorme. Falta material. falta apoio da secretaria de educação [...] a nossa secretaria que é a de justiça e cidadania não dá esse suporte. [...] a gente precisava também demais apoio psicológico para atender a demanda das adolescentes que é muito pesada [...].	11- Crítica às condições materiais objetivas institucionais relacionadas a carreira e benefícios, crítica também à escassez de recursos para o pleno desenvolvimento do trabalho enquanto pedagoga

Pré-Indicadores	Indicadores
127- [...] Não tem campo para o pedagogo na educação infantil com o mesmo salário que eu tenho na Fundação Casa.	66- Crítica a precarização da profissão de pedagogo escolar
128- [...] o pedagogo da Fundação Casa exerce uma função mais burocrática. 129- [...] uma vez ou outra chega algum adolescente que não está Alfabetizado, então fica sobre a minha responsabilidade o trabalho de alfabetização. 130- [...] No setor pedagógico tem três tipos de profissionais, são os pedagogos que são poucos, os agentes educacionais que atuam diretamente no pátio nas atividades com os adolescentes dando oficinas e acompanhando a escola, e tem também os professores de educação física. A função do pedagogo é dar suporte aos profissionais que atuam com os adolescentes, suporte pedagógico e suporte material nós damos apoio para que eles consigam atuar lá embaixo no pátio. 131- Na maior parte do tempo eu fico na sala recebendo e enviando e-mails, entrando em contato com as escolas onde as adolescentes estudavam, sempre quando a menina chega eu tenho que entrar em contato com as escolas e solicitar os históricos escolares e também a declaração de transferência e fazer a matrícula dela na escola vinculadora. 132- A nossa rotina gira em torno das demandas que vão chegando no dia a dia, tem coisa que aparece em cima da hora e temos que dar conta, a gente recebe muitas visitas do Judiciário representante da Defensoria Pública pessoal da televisão e reportagem.	7- Descrição da rotina profissional e das atribuições desempenhadas

Pré-Indicadores	Indicadores
133- [...] eu não posso dizer que a minha graduação em pedagogia me ajude tanto assim na minha atuação aqui, na realidade se eu analisar bem a faculdade só me ajudou porque eu consegui o diploma que era exigido no concurso.	
134a- Na graduação nunca falamos do sistema socioeducativo, mas falamos da educação não escolar [...] se eu fosse trabalhar em um presídio a dinâmica seria bem parecida, mas fora desse contexto da privação de liberdade não tem nada parecido, na minha faculdade não teve essa discussão.	15- Limitações da formação acadêmica como instrumento formativo para a atuação em instituição de privação de liberdade
134b- [...] Talvez os cursos de pós-graduação seriam o ideal e a faculdade devia englobar alguma coisa, mas superficialmente, ou deveria ter um curso específico de graduação para trabalhar aqui, isso seria o ideal.	
135- [...] meu curso de pós-graduação em psicopedagogia, que foi presencial, me ajuda bem mais do que a minha faculdade em pedagogia. [...] meu curso de pedagogia foi muito teórico, foi a distância, teórico demais.	
136- Na a Fundação todos os profissionais do setor pedagógico precisam ter formação em nível superior. [...] Tem muito agente educacional que é pedagogo temos também muitos que são professores de outras áreas e dão aulas no contraturno.	67- Profissionais com formação em pedagogia em outros cargos
137- A nossa escola de formação costuma ofertar cursos para a gente, na realidade nós somos obrigados a fazer esses cursos e não temos nem escolha, a maioria é voltado para os direitos humanos.	10- Crítica à obrigatoriedade da formação continuada oferecida pela instituição
138- [...] Eu não tenho um referencial teórico específico, dependendo do que suja aqui eu vou trabalhando de acordo com as demandas, mas eu uso o método construtivista.	21- Indicação de referencial teórico que ampara a prática da profissional

Pré-Indicadores	Indicadores
139- [...] os adolescentes têm outra visão do setor pedagógico, bem diferente em relação ao setor da segurança, os adolescentes entendem que você trabalha em favor deles. o pedagogo não tem o perfil opressor que geralmente o pessoal da segurança passa para os adolescentes, somos vistos com outros olhos pelos adolescentes.	
140- [...] As adolescentes se apegam a nós da mesma forma que um aluno se apegam a um professor.	
141- [...] os pedagogos e os agentes educacionais geralmente têm uma parceria e uma troca boa, nos ajudamos bastante, aprendemos uns com os outros.	68- Aspectos referentes às relações interpessoais que a profissional vivencia enquanto pedagoga
142- O pedagogo aqui acaba fazendo a função que os genitores deveriam fazer, eu falo isso burocraticamente, pois nós corremos atrás de matricular os alunos na escola, ficamos no pé para que eles estudem e vamos atrás da inscrição no Enem, ProUni e Sisu.	
143- Muito comum nós do setor pedagógico não querermos saber qual foi o ato infracional cometido pelo adolescente, porque assim eles não ficam estigmatizados para nós.	
144- [...] O pessoal da segurança não costuma ver o pessoal do pedagógico com bons olhos, infelizmente.	8- Dificuldade na relação com os profissionais da segurança
145- [...] A relação do pessoal do pedagógico com os adolescentes é muito melhor do que com os agentes de segurança.	
146- A gente está aqui para fazer cumprir a lei em defesa dos adolescentes em defesa do ECA.	69- O pedagogo como como agente de defesa dos direitos do adolescente
147- O trabalho do pedagogo projeta o adolescente para fora daqui, para quando ele sair. nós nos preparamos para o retorno ao convívio familiar e social e nosso trabalho tem uma importância e uma relevância por conta disso para que eles não saiam do mesmo jeito que entraram.	70- O pedagogo como agente de ressocialização

Pré-Indicadores	Indicadores
148- O trabalho do pedagogo é muito focado no adolescente e devolveremos para sociedade. As pessoas não acreditam que o adolescente pode ser ressocializado [...] educar é difícil, então, imagina reeducar depois de uma vida inteira de negligência e vulnerabilidade, nosso trabalho deveria ser mais valorizado e reconhecido.	
149- [...] Deveria ter mais apoio psicológico e psiquiátrico para os funcionários, de todos os setores o funcionário do pedagógico trabalha 8 horas por dia de segunda a sexta [...] Acompanhamento do funcionário tinha que ser feito antes do funcionário adoecer e apresentar algum transtorno.	71- Adoecimento dos trabalhadores

Fonte: o autor

Tabela 7 – Pré-indicadores e indicadores – Entrevista com pedagogo João – Secretaria da Administração Penitenciária

Pré-Indicadores	Indicadores
150- Eu fiz pedagogia para ser educador, sempre fui educador antes de entrar na secretaria ou já era educador, eu não fiz pedagogia para ser diretor geral de presídio. A grande maioria dos agentes fizeram o curso para ter o certificado ou tentar a promoção para um cargo de direção.	
151- Mesmo concursado no cargo efetivo de agente penitenciário eu tinha vontade de participar da educação, minha veia é de educação então eu optei por fazer o curso de pedagogia.	72- Identificação com o campo da educação
152- Quando eu ingressei na Secretaria de Administração Penitenciária a minha vontade era de me especializar além da minha formação no Cefam. Eu tinha mesmo interesse em fazer pedagogia, na verdade eu queria também fazer história e psicologia.	

Pré-Indicadores	Indicadores
153- Eu fui professor na Universidade Metropolitana de Santos. Também já dei aula de direito penal e da disciplina de Reintegração Social dentro da escola de formação dos servidores da Secretaria da Administração Penitenciária, atuei lá por cinco anos. No ambiente prisional eu fui alfabetizador por seis anos.	40- Profissional com atuação na docência
154- Quando ingressei no sistema prisional em razão do meu currículo e da minha formação no Cefam a diretora da unidade prisional me convidou para trabalhar como professor de EJA tanto na alfabetização como nas demais séries iniciais.	
155- Eu atuei como supervisor de educação na Funap, eu supervisionava 17 presídios na Região Noroeste do Estado de São Paulo. [...] Trabalhava supervisionando as ações de educação, trabalho e projetos de reinserção social de reabilitação e de Reintegração Social oferecidos dentro do ambiente prisional, uma atuação que a gente chama de intramuros.	73- Descrição de como o profissional atuou/ atua com a educação no contexto institucional do sistema prisional
156- Eu fui diretor da Escola de Administração Penitenciária que oferece a formação inicial e em serviço para os servidores da secretaria.	
157- [...] a diretoria da unidade aproveitava as habilidades e a formação dos Servidores para otimizar o trabalho na unidade.	
158- [...] juiz corregedor da unidade era muito taxativa e deixava muito claro para o diretor do presídio que não aceitaria nenhum pedido de benefício de sentenciados apenas com impressão digital, não aceitava que fosse "no dedão" [...] A gente tinha que alfabetizar todo mundo, o preso tinha ao menos que escrever o nome dele.	62- A inserção informal do profissional com formação em Pedagogia no contexto institucional da prisão
159- [...] acabei entendendo algumas vantagens de permanecer na SAP e fui aqui dentro dando aula e contribuindo com essas pessoas colocando as dentro de um nível de letramento e de conhecimento do mundo letrado, e além disso, também colaborando com a formação dos servidores.	

Pré-Indicadores	Indicadores
160- [...] a grande maioria esmagadora dos agentes penitenciários correu atrás dos cursos de pedagogia principalmente quando o curso passou a ser uma modalidade de oferta massiva do EaD, e com essas modalidades de encurtamento do curso, e por ser barato [...].	15- Crítica a precarização da formação acadêmica em Pedagogia
161- [...] o aluno da rede estadual não tem disciplina eles não respeitam os professores, rasga o pneu furou o pneu quebra um carro batendo os professores em sala de aula. a coisa está no nível que é muito mais seguro trabalhar com educação no ambiente prisional. Isso eu falo com conhecimento de cátedra. Os alunos do ambiente prisional são obedientes, lógico, porque o ambiente prisional é punitivo.	66- Crítica a precarização da profissão de pedagogo escolar
162- [...] na graduação em pedagogia quando você diz que trabalha no ambiente prisional chama atenção porque é um ambiente que todo mundo quer investigar. Todos querem saber como funciona aquele negócio aquela nave, aquele Ovni que fica ali cercado por muralhas.	74- Contexto prisional como algo que desperta curiosidade
163- [...] eu vejo que na formação pedagógica a educação prisional nunca foi devidamente pensada, bom agora eu não sei por que me afastei um pouco dessa grade pedagógica, mas eu senti falta dessas discussões na graduação.	15- Limitações da formação acadêmica como instrumento formativo para a atuação em instituição de privação de liberdade
164- [...] porque se não fosse minha tarimba lá (no curso de Pedagogia), de alguém que trabalha e conhece o ambiente prisional não teria nada.	53- O profissional levando a discussão sobre a educação na prisão para o ambiente acadêmico
165- [...] o meu estágio da faculdade eu fiz uma parte na rede estadual e municipal e outra parte do estágio eu fiz dentro da unidade prisional, eu levava para mim a supervisão de estágio todo meu planejamento os materiais e atividades que desenvolvia dentro da unidade.	75- Formação acadêmica que incluiu no estágio curricular a atuação docente no contexto prisional

Pré-Indicadores	Indicadores
166- A minha formação no Cefam foi toda voltada para o construtivismo.	
167- [...] precisamos abrir os portões da prisão para a educação e para toda a sociedade.	
168- [...] eu sempre gostei muito de Piaget e Vygotsky [...] sempre com essa visão mais voltada ao construtivismo.	
169- [...] na Funap tínhamos um grupo de estudos na cidade de Valinhos centrado em Paulo Freire foi onde discutimos vários alinhamentos conceituais dentro da metodologia freiriana, vimos também Augusto Boal.	
170- [...] a minha formação foi carregada de Montessori e Paulo Freire e eu uso isso na minha prática, eu preciso costurar os conceitos Será que alguém parou para discutir filosofia da educação ou sociologia da educação nas prisões? Discutir a realidade das pessoas em cerceamento momentâneo de liberdade, seja o adolescente infrator da Fundação Casa ou os adultos que são o nosso público.	76- Declarações que evidenciam concepções epistemológicos e concepções da prática educativa por parte do profissional
171- Foi-se o tempo daquelas prisões de calabouço, hoje é prisão tem que ter esse viés pedagógico, sociológico com uma Pedagogia Social com uma pedagogia Libertadora para que as pessoas se descubram no ambiente da prisão mas se descubram como cidadão como pessoas de direito, pois isso é possível até atrás das grades.	
172- [...] o contexto prisional tem tudo a ver com educação, principalmente com a ausência dela.	34- Declaração que evidencia uma concepção sobre a educação e práticas de alfabetização e letramento como elemento com potencial ressocializador promotor de inclusão social e cidadania
173- Eu dizia você não é preso, você está preso por um momento só, pagando uma dívida social, você não ficará eternamente preso, logo voltará para a sociedade e a chance que você tem de buscar um trabalho de crescer tecnicamente ou profissionalmente é por meio da educação.	

Pré-Indicadores	Indicadores
174- Me lembro de um preso chamado José Contente que aprendeu a ler e escrever comigo e passou a mandar cartas para família. Ele ficou muito feliz, embora ele tivesse uma idade avançada, por volta dos 60 anos, ele queria continuar estudando e dar esse prazer para sua família, para os filhos.	
175- [...] precisa ter um alinhamento com a importância da educação nas prisões por parte dos gestores prisionais do Estado, porque você pode ser um servidor motivado, mas sem esse alinhamento você briga sozinho.	
176- Na lei de execução penal quando eu falo em promoção da reinserção social não tem como eu não falar de edueação.	
177- Se não tivermos um olhar educacional para as prisões nós vamos continuar aumentando o número de presídios.	
178- Há na lei de execução penal uma prerrogativa para a unidade prisional oferecer atividade de educação e acesso à educação para o preso de maneira que o reeducando seja obrigado a ir uma vez que foi convocado, ele não pode dizer não, recusar é uma falta disciplinar grave.	77- Aspecto contraditório, a educação como uma imposição passível de sanção
179- Nas unidades onde eu trabalhei, em quase todas as rebeliões que ocorreram as salas de aula permaneceram intactas, quebravam a cadeia inteira, menos o setor de educação.	78- Declaração que aponta para um reconhecimento, do respeito ao espaço escolar por parte da população privada de liberdade

Fonte: o autor

Tabela 8 – Pré-indicadores e indicadores – Entrevista com pedagogo Reginaldo – Fundação Casa

Pré-Indicadores	Indicadores
180- No terceiro ano do ensino médio eu tentei ingressar no Cefam mas não deu certo, então eu fiquei dando aula de informática e comecei a gostar de dar aula e fui fazer o curso de Pedagogia.	79- Experiência de trabalho como monitor de informática influenciou na escolha pelo curso de Pedagogia
181- Queria dar aula, ser chamado em alguma prefeitura, na Fundação há a possibilidade de acúmulo. 182- [...] tentar acumular para complementar a renda.	36- Desejo de atuar na docência como alternativa para ampliar renda
183- [...] não desejo fazer carreira aqui.	11- Crítica às condições materiais objetivas institucionais relacionadas a carreira e benefícios e ao que diz respeito aos recursos para o pleno desenvolvimento do trabalho
184- [...] fazendo um comparativo com o setor privado e particular aqui é bem melhor para trabalhar.	80- Declaração que evidencia a ideia de que o serviço público é mais vantajoso que o setor privado
185- O nosso pessoal (sindicato) está se mexendo para diminuir a nossa carga horária diária para 6 horas, olha daria uma boa ajuda, diminuir a carga diária do pessoal da pedagogia e ficarmos na carga horária semanal de 30 horas. Essa é uma luta que já existia antes de eu entrar, para deixar a nossa carga como a dos técnicos. por enquanto Essa é a luta que o pessoal do sindicato está correndo atrás.	81- A classe de profissionais organizada em torno da mudança das condições objetivas do trabalho
186- Depois de formado de aula no Estado, mas não era concurso, era contrato. Eu dei aula para o terceiro ano, acho que por um ano mais ou menos. Aí eu meio que não gostei do trabalho no estado, pagava mal, era aplicado. Contrato não compensa, acabei indo para outros trabalhos até a Fundação me chamar no concurso. 187- [...] eu gostaria de voltar à docência, mas concursado e não contratado.	66- Crítica à precarização da profissão de pedagogo escolar

Pré-Indicadores	Indicadores
188- [...] os professores que estão na Fundação falam isso, nas escolas não tem essa de sala de aula com 06 ou 10 meninos, isso acontece na Fundação, nas escolas normalmente são 40, 45.	
189- Quando eu fui chamado na Fundação o pessoal me falou: "A coisa é diferente viu, não é igual escola".	82- A distinção entre a dinâmica institucional da escola em relação ao centro de medida socioeducativa
190- [...] A primeira visão que as pessoas têm da Fundação Casa é a de uma cadeia. eu não fui com essa visão, logo de cara eu comparei a fundação com uma escola de ensino médio, a estrutura lembra a de uma escola.	83- Semelhanças estruturais e arquitetônicas da unidade de medida socioeducativa e de uma escola
191- Às vezes o pessoal da segurança fala assim: "Ó, pessoal, hoje está difícil para vocês trabalharem, porque a gente vai ter que ficar de olho nos adolescentes [...]", temos que seguir a determinação da segurança 192- [...] há um certo conflito entre o pessoal do pedagógico e o pessoal da segurança.	9- A lógica do setor de segurança se sobrepõe ao trabalho pedagógico
193- [...] nós cuidamos da vida escolar dos adolescentes. 194- [...] fazemos busca ativa pelas escolas onde eles passaram. 195- [...] nosso trabalho não é docente, é bem diferente não dá para comparar. 196- [...] dentro da unidade o ensino formal é uma grande prioridade. 197- Normalmente os pedagogos são os funcionários que menos faltam, então, acabamos tendo que assumir alguma outra atividade administrativa ou pedagógica que o outro profissional faria.	7- Descrição da rotina profissional e das atribuições desempenhadas
198- [...] cursos de educação e alfabetização na nossa área temos que buscar por fora. Acho que a Fundação poderia oferecer [...].	10- Crítica a insuficiência da formação continuada oferecida pela instituição

Pré-Indicadores	Indicadores
199- Eu fiz pós-graduação em psicopedagogia depois que entrei na Fundação vi que havia uma necessidade de outra formação para trabalhar da melhor forma com os adolescentes. Eu também quero fazer (pós-graduação) de alfabetização.	84- Declaração que evidencia que o profissional por meios próprios busca complementar sua formação para qualificar o trabalho
200- Na graduação nós tivermos conteúdo sobre pedagogia empresarial e pedagogia hospitalar e um pouco de psicopedagogia também, mas a discussão sobre o sistema socioeducativo não existia não havia isso nas disciplinas.	15- Limitações da formação acadêmica como instrumento formativo para a atuação em instituição de privação de liberdade
201- Algo que faltou para mim foi o magistério, eu queria ter feito viu [...]. Na faculdade eu tenho amigos que já eram professores concursados trabalhando em prefeituras e no estado por conta do magistério. [...] Acredito que se houvesse magistério dentro do curso de pedagogia ia ser ótimo.	Obs.: declaração que evidencia uma crítica sobre o curso de graduação e vê no magistério uma alternativa viável que permitiria o ingresso mais rápido na docência
202- Vygotsky que foi marcante para mim, [...] Paulo Freire foi um cara bem ativo que deu força para nós da educação, porém não existe só ele, existem outros autores que fizeram sua parte, então eu não tenho apego em defender esse ou aquele, pois precisamos estudar e ler todos como Ana Teberosky e por aí vai. 203- Se não tiver o pedagogo ou o profissional da Educação inserido nesse âmbito você não terá um projeto socioeducativo, sem o pedagogo o centro se torna uma cadeia normal o adolescente fica lá para cumprir a pena. [...] A presença do pedagogo quebra essa característica que faz com que o espaço seja uma cadeia.	85- Declarações que evidenciam concepções teóricas e concepções da prática educativa por parte do profissional

Pré-Indicadores	Indicadores
204- É preciso mudar a caracterização do centro socioeducativo como cadeia essa cultura tem que ser extinta, o adolescente já entra lá com essa mentalidade.	
205- Hoje em dia trabalhar na Fundação é bem diferente, mas é difícil tirar a visão de que não é mais uma cadeia tanto dos meninos como dos funcionários, a Fundação é um espaço socioeducativo para o adolescente ser reintegrado na sociedade.	34- Declaração que evidencia uma concepção sobre a educação e práticas de alfabetização e letramento como elemento com potencial ressocializador promotor de inclusão social e cidadania
206- Acho que uma das coisas que limita muito às vezes é você não conhecer um pouco da vida pregressa do adolescente.	
207- Fazemos de tudo para que o adolescente saia totalmente reestruturado, que ele vá procurar emprego, fazer cursos e voltar para escola.	

Fonte: o autor

Após o levantamento dos pré-indicadores e agrupamentos desses em indicadores, deve-se construir uma nova tabela de duas colunas, no qual a coluna da esquerda passa a apresentar os indicadores que agrupados por afinidade, mesmo que apareçam em momentos distantes, constituíram a composição dos núcleos de significação que apontaram para as zonas de sentido. Os núcleos devem ser apresentados na coluna do lado direito.

Tabela 9 – Indicadores e Núcleo de Significação

Indicadores	Núcleo de Significação
Declaração sobre o meio familiar influenciando na escolha pelo curso de Pedagogia	
Interesse da profissional em atuar fora do contexto docente	**-A escolha da profissão e os condicionantes do meio social: A docência e a escola como elementos constitutivos da identidade profissional do pedagogo**
Trajetória pessoal marcada por dificuldade no acesso ao ensino superior de maneira que a universidade pública foi a alternativa mais viável para a concretização dos estudos	

Indicadores	Núcleo de Significação
Compreensão que valoriza a universidade pública como espaço para formação acadêmica	
Trajetória profissional e a opção pelo trabalho como educador	
Escolha da atuação na instituição como vocação/missão	
Aspectos referentes às relações interpessoais que a profissional vivencia enquanto pedagoga	
Declaração sobre o que justificou a escolha pelo curso de Pedagogia	
Crítica a precarização da profissão de pedagogo escolar	
A distinção entre o ambiente da escola e o ambiente da instituição de privação de liberdade	**-A escolha da profissão e os condicionantes do meio social: A docência e a escola como elementos constitutivos da identidade profissional do pedagogo**
Semelhanças estruturais e arquitetônicas da unidade de medida socioeducativa e de uma escola	
Trajetória da pedagoga na educação escolar formal	
A profissional enfatiza sua atuação nas atividades pedagógicas em contato direto com os internos, ministrando aulas e realizando oficinas. Evidencia-se assim a dimensão da atuação profissional com características da atividade docente	
Distinção entre atuação na escola regular e a atuação na instituição de privação de liberdade	
A pedagoga evidencia seu interesse pela atuação na docência	
Profissional com atuação na docência	

Indicadores	Núcleo de Significação
A carreira pública como possibilidade de suprir a necessidade urgente de possuir vínculo empregatício	
Tempo de permanência no trabalho que superou a expectativa da profissional	
Declaração que evidencia o desejo da profissional em permanecer na instituição	
Declaração evidencia que os pedagogos incorporam atividades extras ao que diz o regimento interno que estabelece as atribuições do profissional, a principal delas é a alfabetização	
Descrição da rotina profissional e das atribuições desempenhadas	
Crítica às condições materiais objetivas institucionais relacionadas a carreira e benefícios e ao que diz respeito aos recursos para o pleno desenvolvimento do trabalho enquanto pedagoga	O exercício da profissão, condicionantes objetivos, precarização, contradições – a lógica das instituições de privação de liberdade como fator que pauta a realização do trabalho pedagógico
Declaração aponta para a prioridade regimental do trabalho do pedagogo em relação às demandas burocráticas e administrativas, deixando a execução de atividades educativas em segundo plano e a cargo do interesse pessoal do profissional	
Dificuldades institucionais e materiais para o desenvolvimento das atividades pedagógicas	
Comparação que evidencia o reconhecimento da precarização das condições tanto no sistema socioeducativo como na escola pública	
Crítica aos colegas queixosos e defesa de aspectos positivos como o piso salarial em comparação com trabalhos mais precarizados	

Indicadores	Núcleo de Significação
O trabalho no sistema socioeducativo como fator que impacta negativamente a qualidade de vida do trabalhador	
Crítica a precarização da profissão de pedagogo escolar	
Adoecimento dos trabalhadores	
Descrição de como o profissional atuou/atua com a educação no contexto institucional do sistema prisional	
Declaração que evidencia insatisfações com as condições objetivas do trabalho	
Declaração que evidencia a ideia de que o serviço público é mais vantajoso que o setor privado	**O exercício da profissão, condicionantes objetivos, precarização, contradições – a lógica das instituições de privação de liberdade como fator que pauta a realização do trabalho pedagógico**
A classe de profissionais organizada em torno da mudança das condições objetivas do trabalho	
Profissionais com formação em Pedagogia em outros cargos	
A inserção informal do profissional com formação em pedagogia no contexto institucional da prisão o coloca em um lugar indefinido	
Declaração manifestando pontos negativos da atuação em cargos de chefia	
Profissional anseia por atuar em cargos de comando	
O cargo de diretor como condição para viabilizar o trabalho educativo no contexto da unidade prisional	

Indicadores	Núcleo de Significação
Dificuldade na relação com os profissionais da segurança	
A lógica do setor de segurança em conflito com os profissionais da área pedagógica, recorrendo por vezes à censura	
Declaração evidencia compreensão por parte de profissionais que entendem o centro de internação como espaço punitivo em detrimento de uma proposta ressocializadora e socioeducativas, compreensão que segundo a pedagoga é recorrente na sociedade	O exercício da profissão, condicionantes objetivos, precarização, contradições – a lógica das instituições de privação de liberdade como fator que pauta a realização do trabalho pedagógico
Relação harmônica entre funcionários do setor pedagógico e segurança	
Necessidade de profissionalizar e formalizar o trabalho educativo na prisão, e não ficar inteiramente subordinado ao controle e à censura da segurança	
Crítica ao modelo da formação continuada oferecida pela instituição, número reduzido de profissionais e sucateamento	
Crítica a suposta desvalorização da formação acadêmica pela instituição	
Descrição de como se deu a formação instrumental para o trabalho quando ingressou na Fundação Casa, ressaltando a relevância do aspecto prático advindo do compartilhamento das experiências de outros profissionais	Formação acadêmica, capacitação profissional e continuada e as impressões dos pedagogos como intelectuais que refletem sobre sua prática
Limitações da formação acadêmica como instrumento formativo para a atuação em instituição de privação de liberdade	
Declaração evidencia certa oposição entre teoria e prática profissional, de maneira que ambos os elementos pareçam antagônicos	
Declaração aponta para o desejo em desenvolver pesquisa acadêmica sobre a memória de seus pares, fator inviabilizado por falta de incentivo institucional e demais condições objetivas	

Indicadores	Núcleo de Significação
A relação entre pares como aspecto formativo	
A profissional se reconhece como especialista em sua função em razão da sua vivência prática	
Busca da formação acadêmica para qualificar o trabalho com educação	
O profissional levando a discussão sobre a educação na prisão para o ambiente acadêmico	
Ênfase ao magistério como modelo formativo exitoso por seu caráter prático	
Contexto prisional como algo que desperta curiosidade investigativa	
Formação acadêmica que incluiu no estágio curricular a atuação docente no contexto prisional	Formação acadêmica, capacitação profissional e continuada e as impressões dos pedagogos como intelectuais que refletem sobre sua prática
Declaração que evidencia que o profissional por meios próprios busca complementar sua formação para qualificar o trabalho	
Declaração que evidencia uma crítica sobre o curso de graduação e vê no magistério uma alternativa viável que permitiria o ingresso mais rápido na docência	
Pedagogos atuando na educação pautados pelo formalismo burocrático, negligência com demandas como o uso de óculos, além de linguagem infantilizada para o tratamento com os adultos privados de liberdade	
Contato com a temática da educação não escolar na graduação e com as práticas de Educação Popular, a partir do referencial Freireano, além de conhecimento sobre área da Pedagogia Social	
Indicação de referencial teórico que ampara a prática da profissional	

Indicadores	Núcleo de Significação
Reconhecimento da pedagogia social como área de estudo sobre práticas de educação não escolar	Formação acadêmica, capacitação profissional e continuada e as impressões dos pedagogos como intelectuais que refletem sobre sua prática
Desconhecimento sobre a área da Pedagogia Social	
Crítica ao "academicismo"	
A pedagogia deve assumir a discussão sobre as práticas educativas instituições de privação de liberdade para efetivamente transformar esse campo	
Declarações que evidenciam concepções epistemológicos e concepções da prática educativa por parte do profissional	
Declarações que evidenciam concepções teóricas e concepções da prática educativa por parte do profissional	
Profissional manifesta a defesa de métodos tradicionais de alfabetização no contexto do sistema socioeducativo	
O pedagogo como um agente inibidor da violência física contra adolescentes internados	A função socioeducativa e ressocializadora do pedagogo e do trabalho pedagógico nas instituições de privação de liberdade
Declaração aponta o pedagogo como articulador fundamental do processo educativo dentro da instituição	
Declaração que evidencia os limites da perspectiva ressocializadora diante de questões estruturais da sociedade, como o desemprego entre a população jovem	
Declarações que evidenciam uma visão da alfabetização como elemento ressocializador e promotor de inclusão social e cidadania	
Concepção fatalista sobre a condição do adolescente em conflito com a lei	
Caráter coercitivo da educação dentro da medida socioeducativa	

Indicadores	Núcleo de Significação
Participação da população privada de liberdade na construção dos processos	
Necessidade de que a educação seja oficializada pelos órgãos competentes para que seja mais efetiva	
O pedagogo categoriza o perfil dos indivíduos privados de liberdade a partir da criminologia	
Educação como elemento de "subversão disciplinar"	
Educação despida de um sentido ressocializador pragmático, mas entendida como alternativa e possibilidade para o indivíduo privado de liberdade	**A função socioeducativa e ressocializadora do pedagogo e do trabalho pedagógico nas instituições de privação de liberdade**
O pedagogo como como agente de defesa dos direitos do adolescente	
Função ressocializadora do trabalho do pedagogo	
Aspecto contraditório, a educação como uma imposição passível de sanção	
Conflito de finalidades entre a educação e a privação de liberdade	
Declaração que aponta para um reconhecimento, do respeito ao espaço escolar por parte da população privada de liberdade	

Fonte: o autor

Em sequência, com as tabelas já estruturadas, a etapa que se seguirá é a da análise propriamente dita. No primeiro momento, ela será feita intranúcleo, de maneira que ocorra um exame minucioso dos dados obtidos a partir dos pré-indicadores e dos indicadores que configuraram o núcleo, para maior aprofundamento desta análise poderão ser trazidos elementos do referencial teórico que elucidem as problematizações levantadas. A última etapa de análise dessa abordagem deverá ser feita internúcleos, de maneira dialética, na perspectiva da totalidade, deverá se desenvolver uma reflexão sistematizada que possibilitará a apreensão dos sentidos contidos em cada núcleo; análise essa que evidenciará as zonas de sentido e deverá compor uma síntese de todas as etapas anteriores.

A análise por meio dos núcleos de significação configura um procedimento metodológico que possibilita a apreensão dos sentidos implícitos de maneira indireta nas falas averiguadas. O uso dessa metodologia possibilita a construção de uma compreensão das causas que estão subjacentes às falas dos entrevistados e que, por vezes, são de desconhecimento do próprio indivíduo; por isso, é fundamental na análise a articulação de algumas categorias para o melhor processo de exame dos dados, interpretação e inferência.

As conclusões obtidas por meio do uso da análise a partir dos Núcleos de Significação não devem jamais gerar uma caracterização fatalista e naturalizante do ser humano, essa dinâmica representaria uma negação dialética, pois desconsideraria a dimensão da historicidade que permeia a existência do indivíduo.

É importante ressaltar que a construção do questionário considerou elementos afinados com o referencial do materialismo histórico dialético, estruturados partindo de uma compreensão categorial amparada na noção de totalidade, de maneira que o material obtido por meio da análise permitiu o levantamento dos pré-indicadores, assim como a identificação dos indicadores, e a construção dos núcleos de significação, de maneira dialética, sem hierarquização dos dados, mas de forma que as etapas do processo se apresentaram como desdobramentos de um todo.

Dessa maneira, apesentamos aqui os 4 Núcleos de Significação obtidos a partir da articulação metodológica na análise das entrevistas:

Núcleo 1: a escolha da profissão e os condicionantes do meio social: a cultura escolar como elemento constitutivo da identidade profissional do pedagogo;

Núcleo 2: formação acadêmica, capacitação profissional e continuada e as impressões dos pedagogos como intelectuais que refletem sobre sua prática;

Núcleo 3: o exercício da profissão, condicionantes objetivos, precarização, contradições e aspirações; e

Núcleo 4: a função socioeducativa e ressocializadora do pedagogo e do trabalho pedagógico nas instituições de privação de liberdade.

Conceito de Educabilidade – contribuições de Freire e Saviani

Antes de empreender a análise e construção dos Núcleos de Significação, é importante estabelecer alguns referenciais que permearam toda a reflexão desenvolvida. A natureza científica da Pedagogia enquanto uma ciência dialética orienta esta pesquisa e permite, a partir de uma abordagem pedagógica, articular dois brilhantes intelectuais da educação brasileira: Paulo Freire e Demerval Saviani que, ancorados em diferentes pressupostos, contribuem para estabelecer o caráter científico da Pedagogia e dão enorme contribuição para o debate educativo no Brasil e no mundo.

Paulo Freire estrutura uma compreensão muito peculiar sobre o mundo, sobre o ser humano e o fenômeno educativo, ele se vale de elementos teóricos de perspectivas como o humanismo, o existencialismo, a fenomenologia, o materialismo histórico-dialético e o cristianismo. Enquanto Demerval Saviani estrutura sua compreensão a partir do materialismo histórico-dialético e é assumidamente marxista, portanto, compreende o caráter revolucionário da educação na sociedade de classes.

A seguir, serão apresentadas algumas formulações conceituais desses autores que orientam a perspectiva de análise de dados desta pesquisa e todo o processo de interpretação e inferência sobre as falas dos participantes, no intuito de captar as nuances do movimento real, expresso na fala dos entrevistados.

Freire não estabelece um conceito fixo, estanque, de educação, bem como de pedagogia. Para Freire, a pedagogia é sempre seguida de um qualitativo: é sempre uma *Pedagogia do* ou *da*. Além disso, essa pedagogia sempre está às voltas com a categoria central da obra de Freire, pois todas as pedagogias, no fim, convergem para a pedagogia dos oprimidos. Nesse viés, um aspecto fundamental da obra de Paulo Freire é o da dimensão praxiológica transformadora da pedagogia, pois o oprimido precisa libertar-se. Um aspecto importante é que Freire não propõe uma pedagogia puramente teórica, as pedagogias propostas e sistematizadas por ele sempre emanam uma experiência educativa real e concreta e são sempre pedagogias das minorias ou, como o próprio Freire, diria uma pedagogia dos *esfarrapados do mundo*.

Paulo Freire compreende a educação como uma característica tipicamente humana, em que educar seria uma espécie de instinto ou uma pulsão ontológica do ser humano:

> [...] é na inconclusão do ser, que se sabe como tal, que se funda a educação como processo permanente. Mulheres e homens se tornam educáveis na medida em que se reconheceram inacabados. Não foi a educação que fez mulheres e homens educados, mas a consciência de sua inconclusão e que gerou a sua educabilidade (Freire, 1996, p. 64).

Educar é comunicar, portanto a dialogicidade é característica do humanismo radical defendido por Paulo Freire "[...] a existência não pode ser muda" (Freire, 1993, p. 78), de forma que não há educação sem diálogo; assim como não há educação sem comunicação, a educabilidade nutre-se do potencial comunicativo humano e a natureza social do homem manifesta-se na educação, de maneira que negar o diálogo e a dialeticidade é negar a humanidade.

A dialogicidade ou a dialética de Paulo Freire não é hierárquica, nem se fecha, pois o fechamento do diálogo seria o fechamento da história. A dialética de Paulo Freire é aberta, ou melhor, inacabada e inconclusa; isso, no entanto, não significa que seja imprecisa ou frágil. Freire considera que o ser humano enquanto vive socialmente humaniza-se, dado o seu inacabamento, ao viver ele cria cultura por meio da comunicação, desse modo, a palavra ordena e instaura o mundo, perspectiva essa também defendida por Vygotsky.

Outro elemento importante que Freire entende como parte da natureza humana é o *inacabamento*, condição que torna o humano propenso à educabilidade, pois por ser inacabado o ser humano é um projeto existencial em aberto sempre impelido ao progresso. O inacabamento faz com que o ser humano caminhe em direção ao que Freire classifica como o *ser mais;* e, nesse percurso, o indivíduo é movido por um senso ético de esperança, enquanto uma expectativa concreta na transformação do real, esperança é superação do fatalismo, é negação da aceitação imposta pela realidade objetiva, é a contestação do determinismo.

Ainda aprofundando os aspectos conceituais, apresenta-se a perspectiva teórica de Dermeval Saviani, que estrutura sua compreensão sobre a natureza da Educação tomando referencial teórico metodológico do marxismo, em que a categoria trabalho é apresentada como o principal processo de transformação da natureza pelo homem. Esse processo transformador não afeta somente a natureza, mas também transforma o homem. Dessa forma, o trabalho humano tem potencial para levar a humanidade a patamares mais evoluídos tanto tecnológica como socialmente. Saviani descreve, precisamente, a relação educação e trabalho:

> Sabe-se que a educação é um fenômeno próprio dos seres humanos. Assim sendo, a compreensão da natureza da educação passa pela compreensão da natureza humana. Ora, o que diferencia os homens dos demais fenômenos, o que o diferencia dos demais seres vivos, o que o diferencia dos outros animais? A resposta a essas questões também já é conhecida. Com efeito, sabe-se que, diferentemente dos outros animais, que se adaptam à realidade natural tendo a sua existência garantida naturalmente, o homem necessita produzir continuamente sua própria existência. Para tanto, em lugar de se adaptar à natureza, ele tem que adaptar a natureza a si, isto é, transformá-la. E isto é feito pelo trabalho. Portanto, o que diferencia o homem dos outros animais é o trabalho. E o trabalho se instaura a partir do momento em que seu agente antecipa mentalmente a finalidade da ação. Conseqüentemente, o trabalho não é qualquer tipo de atividade, mas uma ação adequada a finalidades. É, pois, uma ação intencional (Saviani, 2015, p. 286).

Assim, para Saviani, a educação é a maneira de fazer com que o indivíduo se aproprie do conhecimento produzido historicamente pela humanidade. Na sociedade regida pelo capitalismo o "[...] trabalho educativo é o ato de produzir, direta e intencionalmente, em cada indivíduo singular, a humanidade que é produzida histórica e coletivamente pelo conjunto dos homens" (Saviani, 2008, p. 13). O trabalho do educador é imprescindível, pois por meio da mediação pedagógica, o coletivo da sociedade se apropria dos conhecimentos significativos produzidos ao longo da história, que são imprescindíveis à compreensão crítica da realidade humana e que, por consequência, conduzem os indivíduos ao processo de humanização, condição fundamental para a transformação radical da realidade e superação do modelo econômico vigente, ou seja, a educação é um elemento central na perspectiva revolucionária.

Outro fator importante é a compreensão de Saviani sobre a forma escolar como modelo hegemônico para o desenvolvimento da prática educativa:

> [...] na sociedade atual, pode-se perceber que já não é possível compreender a educação sem a escola, porque a escola é a forma dominante e principal da educação. Assim, para compreender-se as diferentes modalidades de educação, exige-se a compreensão da escola. Em contrapartida, a escola pode ser compreendida independentemente das demais modalidades de educação (Saviani, 2008, p. 102-103).

A compreensão em torno do conceito de educabilidade, como uma pulsão humana, que é expressa em Freire como um atributo tipicamente humano, pode ser observada, também, em Saviani:

> [...] as pessoas comunicam-se tendo em vista objetivos que não o de educar e, no entanto, educam e educam-se. Trata-se, aí, da educação assistemática [...] ocorre uma atividade educacional, mas ao nível da consciência irrefletida, portanto, não intencional, ou seja, concomitantemente a uma outra atividade, esta sim desenvolvida de modo intencional. Quando educar passa a ser objeto explícito da atenção, desenvolvendo-se uma ação educativa intencional, então se tem a educação sistematizada (Saviani, 2009, p. 60).

Com essa breve articulação estão estabelecidos os referencias que subsidiam a compreensão de educação que direciona esta análise, além disso, outras noções aqui apresentadas, como: educabilidade, trabalho educativo e preponderância da forma escolar na análise do fenômeno educativo, também serão recorrentes na apropriação dos sentidos e penetração nas regiões menos aparentes das falas expressas.

Análise Intranúcleo

A seguir, aprofundaremos a análise crítica dos Núcleos de Significação erigidos pela articulação das etapas analíticas da metodologia empregada nesta pesquisa. As citações precedidas da sigla "*PI*" referem-se às falas dos entrevistados apreendidas nos *pré-indicadores* da construção da metodologia. Serão trazidos elementos teóricos para que o debate seja aprofundado e nos permita consolidar uma interpretação fidedigna da realidade analisada. Ordem dos Núcleos:

- Núcleo 1: a escolha da profissão e os condicionantes do meio social: a cultura escolar como elemento constitutivo da identidade profissional do pedagogo;

- Núcleo 2: formação acadêmica, capacitação profissional e continuada e as impressões dos pedagogos como intelectuais que refletem sobre sua prática;

- Núcleo 3: o exercício da profissão, condicionantes objetivos, precarização, contradições e aspirações;

- Núcleo 4: a função socioeducativa e ressocializadora do pedagogo e do trabalho pedagógico nas instituições de privação de liberdade.

Núcleo 1 – A escolha da profissão e os condicionantes do meio social: a cultura escolar como elemento constitutivo da identidade profissional do pedagogo

Na análise deste núcleo de significação busca-se entender em que medida os pedagogos que participaram desta pesquisa constituíram o interesse pela profissão de pedagogo conjugado ao interesse pela atuação no âmbito na instituição de privação de liberdade.

As falas dos entrevistados evidenciaram como o interesse pela profissão foi se constituindo a partir das mediações que os sujeitos experimentaram ao longo de suas trajetórias de vida, a família exerce grande poder nessa escolha:

> PI- 1- [...] eu sou de uma família de educadores, de professores, tanto por parte da minha mãe, tenho algumas tias que são professoras, quanto a minha mãe que também é professora. Sou eu e mais três irmãos, desses quatro, três são professores. Então, era uma coisa meio inevitável, de família (Maria).

> PI-68- Eu tinha dezesseis anos, na época meu pai soube do magistério, minha irmã mais velha também era professora. Aí ele falou: "Abriu a inscrição pro magistério, você não vai?" e eu falei: "Não, deus me livre! Bando de velho!". Eu perdi o prazo de inscrição, mas ele era amigo da diretora, então passou um tempo e ele chegou e me comunicou que eu ia fazer o curso pois ele me inscreveu (Renata).

As falas das pedagogas Renata e Maria trazem elementos sobre a escolha da carreira por meio da influência e até da pressão exercida pelo meio familiar, mas evidenciam elementos relacionados à feminização da profissão. A fala da pedagoga Clara também expressa esse elemento:

> PI-43a- [...] Eu era meio rebelde na adolescência. Eu sempre gostei muito de música e minha mãe me podava bastante de algumas coisas e, no primeiro emprego como menina, o que é fácil, era como auxiliar de professor. Então, eu com 15 anos, estava no magistério, **isso era meio automático na época**, e consegui emprego como auxiliar de professora, porque eu gostava de ir pra show e minha mãe me boicotava, foi um jeito de conseguir fazer as coisas que eu queria. Eu entendi, naquele momento, que era aquilo mesmo que eu queria (Clara).

O fator que norteou a escolha pelo curso de Pedagogia, pelo entrevistado Maurício, foi a necessidade de qualificação técnica do trabalho realizado por ele nas unidades prisionais. Ele é concursado como agente penitenciário, mas ao longo de toda a trajetória profissional esteve envolvido com a educação nas prisões:

> PI-95- *Todos me falavam que eu tinha que ir para academia. Eu fiquei um longo período trabalhando com a educação nas unidades prisionais, sem ter formação, por conta disso eu não tinha tanto respeito. Aí eu comecei a fazer o curso de pedagogia indicado pelo pessoal da pastoral, tentei bolsa em faculdade católica, mas não deu certo (Maurício).*

O pedagogo João, também agente penitenciário, possuía a formação de magistério e também atuava como educador, buscou a formação em nível superior para satisfazer interesse pessoal dada a afinidade com o campo e também para melhor qualificar sua prática:

> PI-150- *Eu fiz pedagogia para ser educador, sempre fui educador antes de entrar na secretaria eu já era educador, eu não fiz pedagogia para ser diretor geral de presídio. A grande maioria dos agentes fizeram o curso para ter o certificado ou tentar a promoção para um cargo de direção (João).*

Nesse mesmo sentido, expressando a busca por qualificação profissional em uma área de interesse que já atuava, o pedagogo Reginaldo evidenciou que buscou a Pedagogia por conta de ter gostado da experiência que teve como monitor de informática, concomitantemente ao ensino médio

> PI-180- *No terceiro ano do ensino médio eu tentei ingressar no Cefam mas não deu certo, então eu fiquei dando aula de informática e comecei a gostar de dar aula e fui fazer o curso de pedagogia (Reginaldo).*

A pedagoga Vera explicitou que desde a graduação não se interessava pela docência:

> PI-118- *[...] eu nunca dei aula. [...] nunca pensei em ir para sala de aula (Vera).*

> PI-119- *Fiz o curso (de pedagogia), mas não fiz com o intuito de dar aula, a princípio quando eu me matriculei na pedagogia me imaginava trabalhando com educação infantil em creches ou até mesmo em ONGs (Vera).*

A fala supra demonstra que, na concepção da entrevistada, o trabalho na educação infantil não se constitui como uma atividade docente, posição essa bastante equivocada. Porém, é possível inferir que ela se referia à docência no ensino fundamental ou em outros níveis escolares.

Considerando os sete participantes, depara-se com diferentes casos: duas entrevistadas explicitaram ausência de interesse pela atuação na docência (Maria e Vera), outros dois entrevistados (João e Maurício) buscaram o curso de pedagogia no sentido de qualificar sua prática profissional de educadores no âmbito da instituição de privação de liberdade. Por fim, três dos participantes explicitaram o interesse pela profissão de pedagogo com base no referencial da atuação docente, ou seja, compreendem sua prática profissional com referenciais do trabalho de professor (Clara, Reginaldo, Renata). Essa constatação, ainda que dentro de uma amostragem pequena, permite concluir que há egressos do curso de Pedagogia que, claramente, não apresentam interesse pela docência escolar; há, também, egressos do curso que desejam atuar com educação, mas não em contextos não escolares, cuja docência se apresenta como o grande campo referencial para a atuação profissional.

Apresentados os elementos mais aparentes extraídos dos pré-indicadores agora partiremos para um aprofundamento mais analítico em que nos serviremos de alguns conceitos para melhor compreensão dos itens enunciados.

Problematizando a identidade profissional dos pedagogos entrevistados, recorre-se a Pierre Bourdieu, intelectual francês da área da sociologia da educação, que tem, entre seus referenciais, o pensamento marxista no qual se denota uma influência significativa dos conceitos de classe, relações de força, dominação e conflito social. Esse teórico oferece preciosos elementos para a análise dos processos de socialização dos indivíduos no âmbito da família, com o conceito de *habitus:*

> Entre as estruturas e as práticas, coloca-se o habitus enquanto sistema de estruturas interiorizadas e condição de toda objetivação. O habitus constitui a matriz que dá conta da série de estruturações e reestruturações por que passam as diversas modalidades de experiências diacronicamente determinadas dos agentes. Assim como o habitus adquirido através da inculcação familiar é condição primordial para a estruturação das experiências escolares, o habitus transformado pela ação escolar constitui o princípio de

> estruturação de todas as experiências ulteriores, incluindo desde a recepção das mensagens produzidas pela indústria cultural até as experiências profissionais (Bourdieu, 2004, p. 47).

Portanto, *habitus* é aquilo que se interioriza de maneira duradoura e se manifesta como uma pré-disposição histórica e socialmente produzida, enraizada na história de vida de determinado sujeito, em seus aspectos individuais e sociais. O conceito de *habitus* expressa a síntese da mediação de alguns condicionantes da socialização do indivíduo como a origem social e pelas aprendizagens ocorridas nos diferentes processos de socialização.

Não se pretende, nesta análise, reconstituir minuciosamente as trajetórias de vida dos pedagogos entrevistados, ou realizar um resgate cronológico e autobiográfico, mas se busca capturar o que o sujeito expressa como sentido de sua trajetória enquanto profissional, expresso no seu *habitus*, pois os entrevistados, ao compartilharem suas memórias, estabelecem uma sequência coordenada e significativa dos acontecimentos dando vazão aos seus valores subjetivos. Por meio dos pré-indicadores elencados, foi possível concluir que, para os pedagogos entrevistados, a escolha pela profissão foi marcada por alguns fatores, como: corresponder às expectativas familiares, garantir um emprego, desejo de ascensão dentro da classe social, a partir do desenvolvimento de uma carreira ou assegurar o patamar no qual se encontra a família.

Nesse sentido, Bello (2003) aponta para dois fatores interessantes que permitem caracterizar a profissão de pedagogo como uma profissão com bastante indivíduos que têm sua origem social nas camadas populares e que conseguem relativa mobilidade dentro da classe social por meio do ingresso na profissão. Essa dinâmica evidencia o processo de proletarização da profissão, destacado no trabalho docente, mas afetando, também, os demais campos de atuação do pedagogo que em certa medida permitem a mesma mobilidade.

Em meio a essas considerações sobre a escolha pela profissão surgiram pontos muito relevantes para a análise em falas que denotam por parte dos pedagogos entrevistados uma compreensão em torno da profissão que configura o trabalho educativo na instituição de privação de liberdade como uma missão que exige do indivíduo vocação. Destaca-se uma fala que sintetiza aspectos desta perspectiva: *121- [...] pode ser uma missão a mais que eu tenho na vida poder trabalhar com esse público (Vera).*

Tardif (2013) distingue dois momentos de compreensão a respeito do trabalho educativo: no primeiro momento, a atividade era compreendida em uma perspectiva vocacional e missionária; posteriormente, com o advento da modernidade, se racionalizou e caminhou no sentido da profissionalização. Constata-se, aqui, que a compreensão vocacional e missionária não é um problema exclusivamente da docência, os pedagogos em contextos não escolares também reproduzem essa noção, que está bastante arraigada na constituição da identidade profissional.

Ao se considerar as influências do entendimento do trabalho educativo como vocação e missão, depara-se com o paradigma cristão catequético, em que o educar é carregado de um sentido moralizante, civilizatório e proselitista. O ofício educativo é revestido do sentido do sacerdócio e o educador deve, portanto, assumir características que denotem aos educandos e à comunidade o exercício da virtude, ele deve ser abnegado e desprendido, deve ser um modelo de doação revestido de uma autoridade moral e disciplinadora. Evidentemente não compactuamos dessa visão equivocada que ainda é residual no imaginário coletivo em torno da figura do educador.

Tardif e Lessard (2005) apontam que as visões normativas e moralizantes sobre o trabalho educativo são elementos historicamente relacionados ao *ethos* religioso da profissão de ensinar, baseado na ética do dever com caráter fortemente religioso. A prevalência dessa compreensão denota a produção de uma ideologia de docilização e compensação simbólica para o educador, afinal de contas, sacerdotes e heróis não precisam ser remunerados, a compreensão do trabalho educativo como um trabalho missionário escamoteia a precarização dessa atividade profissional e mascara as mazelas e desafios materiais a que os trabalhadores estão submetidos. Essa compreensão vocacional se espraiou no trabalho e na cultura docente, e fortemente na profissão de pedagogo, um desdobramento desse problema é percebido na realidade brasileira, pela feminização do magistério, em que: "[...] os estereótipos sociais sobre as relações de gênero e de classe e o caráter missionário do trabalho feminino na esfera pública" (Chamon, 2005, p. 148), aliados à ideia da maternância acabam por estabelecer um discurso socialmente aceito que naturaliza a predominância de mulheres na profissão.

A dinâmica da dominação patriarcal no capitalismo estabelece um tipo de contrato sexual no qual a manutenção da vida privada é entendida como uma atividade tipicamente feminina enquanto a manutenção da vida pública compete ao homem. Para tratar essa temática, será tomada por referência a perspectiva de autoras que desenvolvem o postulado feminista a partir do materialismo histórico-dialético (Souza, 2015 *apud* Izquierdo 2001):

> Aquilo que se apresenta na sociedade capitalista, como específico do gênero feminino, é de fato uma relação entre sexos; específico das fêmeas é o contribuir à produção da existência humana como tal. Desta forma, pode-se estudar o gênero do ponto de vista das estruturas sociais: as sociedades de classes se estruturam em dois gêneros, o que produz e reproduz a vida humana (o feminino) e o que produz e administra a riqueza, mediante a utilização da força vital dos seres humanos (o masculino). Como no capitalismo a produção de mercadorias é a atividade que detém a hegemonia, as demais atividades, inclusive o setor que produz a vida humana, encontram-se subordinadas ao setor que produz e faz circular a riqueza (Souza, 2015 *apud* Izquierdo 200, p. 488).

Nesse viés, no Brasil, a profissão de pedagoga foi constituída permeada pela lógica do cuidado. Cuidado esse não entendido como uma tecnologia social, mas sim como uma extensão da atividade doméstica, em certo sentido despido de intencionalidade e refinamento intelectual. A sociedade investiu na naturalização da educação, sobretudo a infantil, como maternância, reforçando a delimitação do espaço doméstico à mulher, se justificando a partir da capacidade biológica da mulher de gestar crianças. A escola reforça a naturalização dos papéis tradicionais de gênero e contribui para esse quadro. Essa lógica da divisão sexual do trabalho no cômputo geral faz com que as atividades profissionais que envolvam o cuidado humano tenham uma predominância maior de profissionais mulheres.

Magda Chamon, na obra *Trajetória da feminização do magistério: ambiguidades e conflitos,* discute, de maneira aprofundada, a problemática do gênero na docência e aponta como se deu a reconfiguração da profissão como um trabalho tipicamente feminino:

> Com o capitalismo industrial iniciado no séc. XVIII altera-se radicalmente o perfil das famílias. Aumenta-se cada vez a necessidade de mão-de-obra para o mercado de trabalho. Refaz-se a hierarquia das profissões, agregando-se valor naquelas mais condizentes com as novas exigências do mundo industrializado. Nesse contexto, o magistério sofre abalos significativos. Deixa de ter o prestígio de outrora e, de forma visível, vai mudando paulatinamente, de sexo. As mulheres vão substituindo os homens na "nobre" missão de educar. Não é, entretanto, uma mudança puramente biológica. Ela se inscreve no campo do simbólico. Na realidade o que muda é o gênero do magistério e não o sexo, de uma ação eminentemente masculina para uma atividade feminina (Chamon, 2005, p. 11).

Essa situação permite a reflexão sobre a reconfiguração social do trabalho pautada na lógica da industrialização que reconfigurou os espaços de poder no seio da sociedade, e reestruturou a classe trabalhadora. O ofício de educar, que, outrora, gozava de relativo prestígio social, fica em segundo plano diante desse movimento de sofisticação das técnicas de produção em larga escala que institui uma nova racionalidade produtiva, novos postos de trabalho e, portanto, novos lugares de poder e *status*.

Gatti (2009) aponta que os homens são atraídos para a docência pela possibilidade de ascensão na carreira, por outro lados as mulheres se interessam pela remuneração e pelas jornadas relativamente flexíveis, o que permite inferir que a escolha feminina pela docência resvala em aspectos objetivos como a preocupação em conseguir conciliar atividades relacionadas a dinâmica do lar e da maternidade, ou seja, há um reforço da dominação patriarcal sobre o desejo profissional, sobre o corpo e o tempo da mulher.

As citações aqui trazidas enfatizam o magistério e a docência como referência, fazem com que seja possível a apropriação dessa articulação considerando a natureza da formação em Pedagogia na licenciatura e a base docente da formação desponta a ideia de que todo(a) pedagogo(a) contém (ou deveria) dentro de si um(a) professor(a).

É um consenso entre os participantes a percepção de que o pedagogo deve desempenhar a tarefa de alfabetização, isso aparece inclusive como um elemento intrínseco à identidade do pedagogo além da compreensão de sua responsabilidade no sentido de propor alternativas para dar suporte ao trabalho no âmbito da educação formal. Alguns dos profissionais cultivam um perfil com características que remetem ao trabalho docente, inclusive expressam entusiasmo pelo trabalho realizado com os educandos, são frequentes as expressões "aula" e "aluno" para caracterizar as atividades desenvolvidas e a relação estabelecida com os internos. Os entrevistados mostram-se muito motivados e entusiasmados quando falam de projetos e atividades exitosas desenvolvidas com os educandos.

No entanto, as falas dos entrevistados evidenciam que o grupo dos participantes da pesquisa não tem uma visão muito favorável do trabalho docente no sistema regular, ou seja, na escola fora da instituição de privação de liberdade essa percepção negativa sobre o trabalho de professor acaba sendo um argumento utilizado pelos entrevistados para defender seu interesse em permanecer trabalhando na instituição de privação de liberdade:

> PI-161- [...] o aluno da rede estadual não tem disciplina eles não respeitam os professores, rasga o pneu furou o pneu quebra um carro batendo os professores em sala de aula. a coisa está no nível que é muito mais seguro trabalhar com educação no ambiente prisional. Isso eu falo com conhecimento de cátedra. Os alunos do ambiente prisional são obedientes, lógico, porque o ambiente prisional é punitivo [...] (João).

O profissional percebe a precarização da profissão de professor e busca subterfúgios para legitimar certa condição de vantagem na sua atuação que é fora do sistema escolar.

> [...] paralelamente a desvalorização salarial produziu-se uma desvalorização social da profissão docente. Há vinte anos, o professor de ensino primário era uma figura social relevante, sobretudo no meio rural. [...] Mas, no momento atual, poucas pessoas estão dispostas a dar valor ao saber, a abnegação no trabalho com as crianças e ao culto silencioso das ciências. De acordo com a máxima contemporânea 'busca o poder enriqueceras', o professor é visto como um pobre diabo que não foi capaz de arranjar uma ocupação melhor remunerada. A interiorização desta mentalidade levou muitos professores abandonarem a docência procurando uma promoção social noutros campos profissionais ou em atividades exteriores à sala de aula (Esteve, 1991, p. 105).

Tardif (2013, p. 564) aponta os "graves problemas de atração e retenção" enfrentados pela profissão de professor, constatando o abandono da profissão por docentes em vários países ainda nos anos iniciais da carreira.

PEDAGOGAS E PEDAGOGOS ATUANTES EM ESTABELECIMENTOS DE PRIVAÇÃO DE LIBERDADE:
FORMAÇÃO INICIAL, LIMITES, DESAFIOS E POSSIBILIDADES

A pesquisa não forneceu dados suficientes para concluir categoricamente a hipótese que se segue, mas seria preciso novos estudos para averiguar se o interesse de pedagogos pela atuação em contextos não escolares, como o caso das instituições de privação de liberdade, não é uma reação à precarização da profissão, pois:

> A crise da profissão docente arrasta-se há longos anos e não se vislumbram perspectivas de superação em curto prazo. As consequências na situação de mal-estar que atinge o professorado estão à vista de todos: desmotivação pessoal e elevados índices de absentismo e de abandono. Insatisfação profissional traduzida numa atitude de desinvestimento e de indisposição constante [...] recurso sistemático a discursos á de desculpabilização e ausência de uma reflexão crítica sobre a ação profissional [...] (Nóvoa, 1991, p. 20).

Cabe ressaltar que de um modo geral os participantes expressaram que, apesar de se sentirem desvalorizados enquanto profissionais pelas instituições onde atuam, reconhecem o valor do trabalho que desempenham enquanto educadores e elementos que caracterizam as instituições de privação de liberdade como ambientes violentos e insalubres. No entanto, para Penin (2009), a profissão docente é constituída pela dimensão objetiva e subjetiva:

> Condições objetivas são entendidas como aspectos exteriores da profissão (salário, carreira, prescrições legais, condições concretas de trabalho em um local) e condições subjetivas como a vivência diária de um profissional no desempenho do trabalho, incluindo as angústias e alegrias nas relações sociais que estabelece [...] (Penin, 2009, p. 04).

O ofício de pedagogo goza de um baixo *status* que, inclusive, é explicitado pelos próprios profissionais que questionam as condições objetivas do trabalho que desempenham em comparação com outras profissões que exigem formação em nível superior.

A crise da representação social da figura do educador, sobretudo do professor, tem relação com a crise da escola na sociedade da informação. O modo de produção capitalista pauperiza, de tal maneira, as camadas populares em um nível que a educação escolar não consegue possibilitar aos indivíduos dessas camadas a relativa manutenção do patamar social da família, ou uma relativa ascensão dentro de sua classe, o que a racionalidade neoliberal impõe como mecanismo de mobilidade social é a ideologia do empreendedorismo. Nessa lógica, o ofício de educador vem se despontando como uma alternativa de complementação de renda para outros profissionais que se tornam professores improvisados, com isso, a profissão vai se tornando pouco seletiva e observa-se que há uma variedade de cursos rápidos que oferecem a complementação pedagógica para bacharéis de diferentes áreas desempenharem a atividade docente. Por outro lado, os professores do ensino regular se desdobram em dois ou mais turnos e vínculos de trabalho para poder gozar de um nível mais digno de subsistência.

A crise que afeta o ofício do educador, seja qual for o contexto em que ele está inserido, é senão parte da crise estrutural engendrada na lógica de produção e reprodução do sistema econômico no capitalismo.

Após explorarmos os aspectos importantes que dizem respeito às trajetórias de vida e como elas convergiram para a escolha da profissão de pedagogo serão discutidas as questões relacionadas à formação desses profissionais, seja no âmbito acadêmico ou em serviço; busca-se, também, elementos que permitam a compreensão de como os profissionais significam suas práticas, compreendendo-os como potenciais intelectuais reflexivos.

Núcleo 2: Formação acadêmica, capacitação profissional e continuada e as impressões dos pedagogos como intelectuais que refletem sobre sua prática

Este núcleo de significação foi composto a partir das inúmeras referências explícitas nos pré-indicadores com alusões dos entrevistados aos processos de formação em geral, seja nos cursos de nível superior de graduação e pós-graduação, seja nos processos de capacitação profissional ou até na formação continuada em serviço. Um importante aspecto que despontou dessa relação com a formação é a constatação do perfil reflexivo desses profissionais que apontam para o exercício crítico da intelectualidade quando são convidados a discorrer sobre sua experiência laboral. A discussão será amparada nas falas dos entrevistados.

O pedagogo é pouco estudado enquanto profissional atuante fora do contexto escolar, porém, considerando essencialmente a função educativa desse ofício, parte-se do pressuposto de que o pedagogo é sempre um agente educativo, independentemente da frente em que esteja atuando.

PEDAGOGAS E PEDAGOGOS ATUANTES EM ESTABELECIMENTOS DE PRIVAÇÃO DE LIBERDADE:
FORMAÇÃO INICIAL, LIMITES, DESAFIOS E POSSIBILIDADES

Na formação a nível de licenciatura em Pedagogia há a predominância de elementos relacionados à formação docente por essa razão, para melhor compreender essa relação da formação para com a prática profissional, entendendo o pedagogo como um agente educativo essencialmente reflexivo, nos serviremos de aportes nas considerações sobre a formação de educadores enunciados por Tardif (2002), Schon (1991), Pimenta (2005) e Saviani (1983, 1992).

Tardif (2002) defende que os saberes dos professores são saberes sociais, não são, portanto, apenas de ordem técnica ou estritamente cognitiva, mas são saberes compartilhados por um grupo de agentes. Esses saberes estão associados a um processo permanente de construção e elaboração que resulta de uma negociação entre todos os sujeitos e fatores envolvidos no processo educativo. Além disso, Tardif destaca uma categoria específica desse saber, a dos *saberes experienciais* que constituem o conjunto dos saberes adquiridos e necessários no âmbito da prática da profissão.

Apontando para tendências no debate sobre a compreensão epistemológica dos saberes dos educadores, Tardif indica duas concepções bastante limitadas: uma delas é a do *mentalismo*, compreensão que reduz o saber à condição de um mero processo mental, concepção essa muito pautada no behaviorismo; do outro lado, o autor aponta uma outra tendência equivocada sobre a compreensão dos saberes docentes, classificada como *sociologismo*, que entende o saber docente sem considerar aspectos individuais dos educadores como história de vida, questões emocionais e as práticas educativas do profissional. O sociologismo acaba por excluir a influência dos atores envolvidos na construção concreta do saber, já que esse saber é um produto social coletivo estabelecido e acabado, no qual não há espaço para as concepções dos educadores, pois o saber advém da teoria científica.

No entanto, mesmo divergindo dessas concepções, Tardif (2002) assume que o conhecimento, ou o saber, se ampara numa ideia social, sua consolidação, no entanto, é marcada pela contribuição relevante da prática do profissional. Não se pode falar do saber sem relacioná-lo aos condicionantes objetivos materiais do contexto do trabalho educativo.

Segundo Tardif (2002), ao longo da carreira, os educadores acumulam uma experiência fundamental para a sua prática e a transformam em um *habitus* profissional. O educador questiona o ensino acadêmico a que foi submetido, aprende com a prática e aprende com seus pares e, ainda, estabelece as suas próprias estratégias de trabalho para desenvolver a atividade pedagógica, a partir disso emergem os *saberes experienciais,* que nascem da própria ação pedagógica dos educadores, a partir do cotidiano:

> [...]esses saberes brotam da experiência e são por ela validados. Eles incorporam-se à experiência individual e coletiva sob a forma de habitus e de habilidades, de saber-fazer e de saber ser. Podemos chamá-los de saberes experienciais ou práticos (Tardif, 2002, p. 39).

Para aprofundar a reflexão do pedagogo enquanto um profissional reflexivo e, assim, um intelectual de sua prática, tomar-se-ão as contribuições de Donald Schön (1992). O autor defende um modelo de formação profissional de professores, assentada na reflexão sobre a prática; além do tripé reflexivo, segundo o qual a reflexão é um componente presente em três níveis: "[...] a reflexão na ação, a reflexão sobre a ação e a reflexão sobre a reflexão na ação" (Schön, 2000, p. 32).

A primeira dimensão, que é a da *reflexão na ação,* traz, explícita, a presença do saber nas ações profissionais, ou seja, a atividade educativa não é um trabalho mecânico ou puramente executivo. Essa perspectiva considera que o profissional pode refletir sobre sua prática e, de maneira consciente, pode operar mudanças sobre seu modo de trabalhar e encontrar soluções para problemas de aprendizagem. Essa perspectiva considera o pensamento crítico do educador sobre sua atuação imediata, ou seja, o educador é um profissional em permanente reflexão.

O segundo aspecto enunciado por Schön (1992) é o da *reflexão sobre a ação.* Para Schön, essa seria uma etapa posterior à reflexão na ação, na qual ocorre uma espécie de revisão analítica da ação pedagógica, como um ato espontâneo e inerente à dinâmica educativa natural, em que o sujeito reelabora suas expectativas, pode ser equiparado a uma autoavaliação. No entanto, isso não tem o intuito de classificar ou quantificar a eficácia do processo, mas sim o de observar quais foram os problemas e como foram superados.

Por fim, tem-se a *reflexão sobre a reflexão na ação.* Essa é a etapa em que ocorre a reflexão na ação, permitindo a consideração sobre as ações passadas, almejando uma ação projetiva para as novas práticas, é um movimento posterior à ação educativa. Em termos práticos, está explícito no planejamento educativo que considera o percurso percorrido. Essa reflexão leva o educador a desenvolver novas estratégias de ação diante dos problemas e consolida o repertório de experiências do educador.

Esses processos são interdependentes e complementares, e se alicerçam na prática educativa, de maneira que, sem prática, não pode haver educador reflexivo. Essas formulações de Schön (2000) são, até hoje, alvo de críticas de outros intelectuais da área. Argumenta-se que há certo pragmatismo e uma supervalorização da prática. Há de se considerar, porém, que as proposições de Schön colaboraram fortemente para o estudo do problema, e sua abordagem apresenta elementos que nos permitem compreendê-la como uma "abordagem pedagógica", pois a proposta evidencia uma articulação crítica e dialética para o tratamento do problema, convergindo, ainda que involuntariamente, para uma compreensão que reforça o caráter científico da Pedagogia, perspectiva essa que orienta a pesquisa aqui desenvolvida.

Após essa caracterização mais geral, em que foram estabelecidos os referenciais desta análise aliados às considerações feitas sobre a formação de professores, que nos são úteis, pois compreende-se os sujeitos desta pesquisa como educadores, observaremos agora de forma mais minuciosa como os participantes discorreram sobre as questões propostas.

Para analisar como a formação acadêmica no curso de Pedagogia impactou os profissionais, foram tomadas as falas dos dois entrevistados que atuam no sistema prisional. Eles são servidores públicos concursados para o cargo de agente de segurança penitenciária, mas, ao longo da trajetória profissional, se identificaram com a atuação no âmbito da educação dentro da prisão e passaram a assumir funções nesse setor, tanto como educadores, realizando e executando atividades diretamente com os educandos, mas também como coordenadores, no sentido de agentes articuladores e organizadores dos processos institucionais. Esses indivíduos foram em busca do curso de graduação em Pedagogia para melhor qualificar o seu trabalho e poder galgar melhores posições no quadro da Secretaria Administração Penitenciária, ambos se identificam como educadores. Fato relevante é que esses dois entrevistados relataram que, ao longo do curso de graduação, eles próprios levaram o tema da educação prisional para o debate dentro da sala de aula, fato que gerou diferentes reações:

> *PI-162: [...] na graduação em pedagogia quando você diz que trabalha no ambiente prisional chama atenção porque é um ambiente que todo mundo quer investigar. Todos querem saber*

como funciona aquele negócio aquela nave aquele, OVNI que fica ali cercado por muralhas (João).

PI-163: [...] eu vejo que na formação pedagógica a educação prisional nunca foi devidamente pensada, bom agora eu não sei porque me afastei um pouco dessa grade pedagógica, mas eu senti falta dessas discussões na graduação (João).

PI-96: Quando eu iniciei a faculdade até consegui levar alguns professores para algumas cadeias. Eu tive problema com uma das reitoras ela dizia que eu estava destilando violência na sala de aula onde eu estudava, todo mundo achava que a prisão era algo fora do universo deles, era um mundo muito diferente para todos eles, era algo que trazia medo e ninguém queria falar muito sobre isso. [...] Parecia que eu estava levando o pessoal para o Inferno mesmo (Maurício).

Os pedagogos ainda em formação já se revelam como profissionais reflexivos que, diante de uma demanda do cotidiano profissional, buscam elementos teóricos e científicos para melhor compreender seu contexto institucional de atuação profissional.

Ainda tecendo considerações sobre o curso de graduação o pedagogo M. aponta para o direcionamento do curso em torno das questões da infância e sobre um dos motivos que na sua perspectiva faz o tema prisão não ser algo atrativo para as instituições de ensino:

PI-100: Não tem nada no curso de pedagogia que tem a ver com educação na prisão, acho que quando eu fiz o curso abordava uma coisa infantilizada, só se fala sobre criança, e o meu foco na graduação era trabalhar com jovens e adultos. [...] eu penso que a educação na prisão não parece ser uma coisa interessante comercialmente e nem para as universidades e para os pesquisadores, é uma coisa vista como violenta, ninguém quer falar sobre isso (Maurício).

Essa fala evidencia, por parte do pedagogo, a compreensão da Pedagogia como um campo de estudos sobre a infância, em detrimento da educação. Além disso, o profissional entende que as tendências e demandas do mercado pautam as grades curriculares do curso, seria necessário, a partir dessa hipótese levantada pelo participante, um estudo aprofundado para detectar, por exemplo, se existe diferença de tratamento da temática da educação em contextos de privação de liberdade entre as instituições públicas e privadas que oferecem cursos de Pedagogia.

Entre os pedagogos da Fundação Casa, constata-se, também, que os profissionais ao longo da graduação não aprofundaram a discussão sobre o contexto profissional em que atuam, destacando-se as seguintes falas:

PI-29: [...] Porque fora da Fundação ninguém fala de sistema socioeducativo, a não ser quem já trabalhou ou já passou por ele. [...] eu lembro que quando eu fiz faculdade era moda "educação em ambientes não escolares", se falava muito. Mas quando se falava em ambientes não escolares, se falava "ah, você pode trabalhar em hospital, você pode trabalhar em RH, em banco", mas ninguém falava que você pode trabalhar com medida socioeducativa. Não tinha isso, né? [...] (Maria).

PI-134: Na graduação nunca falamos do sistema socioeducativo [...] essa discussão devia ser feita (Vera).

PI-61b: Eu não tive nenhuma matéria para pensar na educação feita fora desse contexto escolar (Clara).

Porém, uma das pedagogas da Fundação pontuou que, de maneira indireta, discutiu elementos relacionados ao sistema socioeducativo na graduação, relacionando o tema à Educação Popular, a Paulo Freire e ao campo da Educação Não Escolar:

PI-32: Como eu vim de uma universidade pública, lá era Paulo Freire na veia, né? Então o que a gente tem de falas de educação popular é Paulo Freire e quem veio depois dele, né, como o Gadotti e esse povo aí. Especificamente eu não me lembro se a gente teve uma disciplina que falasse sobre a educação não escolar mas eu lembro que isso (educação em contextos de privação de liberdade) surgia no meio do caminho (Maria).

Essa pedagoga, ao longo da entrevista, fez outras alusões ao fato de ser egressa de uma universidade pública, bem como ter realizado pós--graduação a nível de mestrado. Esses elementos evidenciam a percepção qualitativa que ela possui acerca da própria formação, além de um certo contentamento, a profissional, de modo geral, expressa satisfação com a sua formação.

Os pedagogos são unânimes em apontar a falta de aprofundamento sobre a temática da educação no âmbito das instituições de privação de liberdade na grade dos cursos de Pedagogia. As falas evidenciam, ainda, a concepção de que a prática profissional deveria ocupar certa posição de destaque no processo formativo. Algumas falas fizeram alusão ao curso de magistério como uma experiência formativa mais eficaz, dado seu caráter prático ou, ainda, que a formação Universitária é excessivamente teórica:

> PI-63: [...] Acho que a faculdade de Pedagogia foi muito fraca. O curso de Magistério me preparou muito mais para estar em sala de aula do que a Pedagogia. E a Pedagogia deixou de conversar comigo muitas coisas que deveria ter conversado. Se eu pudesse fazer de novo, hoje, eu faria, pra ver se mudou [...] acho que acompanhou, mudou e eu dei azar de fazer numa época que muitas coisas ainda não eram tão faladas e pensadas ainda [...] (Clara).

> PI-80: [...] Eu aprendi muito mais no magistério do que na faculdade, que é só teórica (Renata).

Outro aspecto da menção à formação em nível de magistério:

> PI-201: Algo que faltou para mim foi o magistério, eu queria ter feito viu [...]. Na faculdade eu tenho amigos que já eram professores concursados trabalhando em prefeituras e no estado por conta do magistério. [...] Acredito que se houvesse magistério dentro do curso de pedagogia ia ser ótimo (Reginaldo).

Outro fator percebido foi a necessidade identificada por profissionais de buscar mais elementos formativos para sua prática nos cursos de pós-graduação ou, ainda, a expectativa de que houvesse um curso de pós-graduação abordando questões específicas do trabalho nas instituições de privação de liberdade.

> PI-134b: [...] Talvez os cursos de pós-graduação seriam o ideal e a faculdade devia englobar alguma coisa, mas superficialmente, ou deveria ter um curso específico de graduação para trabalhar aqui, isso seria o ideal (Vera).

> PI-135: [...] meu curso de pós-graduação em psicopedagogia, que foi presencial, me ajuda bem mais do que a minha faculdade em pedagogia [...] meu curso de pedagogia foi muito teórico, foi a distância, teórico demais (Vera).

Ainda tratando da formação a nível de pós-graduação, dois pré-indicadores apontam elementos importantes: o primeiro trata da ausência de oferta de formação continuada, especificamente, no campo da alfabetização, atividade que é assumida pelo pedagogo da Fundação Casa; e a outra declaração evidencia que o profissional, por meios próprios, vai em busca de complementar sua formação para qualificar o trabalho:

> *PI 198: [...] cursos de educação e alfabetização na nossa área temos que buscar por fora. Acho que a Fundação poderia oferecer [...] (Reginaldo).*

> *PI-199: Eu fiz pós-graduação em psicopedagogia depois que entrei na Fundação vi que havia uma necessidade de outra formação para trabalhar da melhor forma com os adolescentes. Eu também quero fazer (pós-graduação) de alfabetização (Reginaldo).*

É importante ressaltar essas colocações, pois elas evidenciam uma expectativa em torno de uma formação continuada específica sobre o trabalho pedagógico, pois, segundo os entrevistados, a instituição se ocupa mais em oferecer cursos relacionados aos aspectos legais relacionados ao cumprimento da medida socioeducativa. Essa proposição evidencia uma afirmação da identidade e da finalidade do profissional dentro daquele contexto institucional, pois eles querem aprofundar-se naquilo que é peculiar ao seu ofício. A alfabetização é assumida pelo pedagogo como parte de seu trabalho fora da demanda administrativa e essa experiência possibilita que o pedagogo exerça o papel de educador de fato, estando em contato direto com os educandos na proposição e execução das atividades.

Outra importante fala evidencia um aspecto formativo presente no âmbito do cotidiano profissional, que é a experiência do compartilhamento de saberes entre os profissionais, ou seja, os processos formativos interpessoais informais que ocorrem nas relações entre pares.

> *PI-59: [...] minha outra parceira é parceira mesmo, é minha amiga, mais nova do que eu, fez Pedagogia muito depois, quando eu tava na minha segunda graduação ela tava na Pedagogia, então ela traz um frescor de quem saiu da faculdade muito depois de mim. E eu com ela, a gente troca muito. [...] (Clara).*

> *PI-141: [...] os pedagogos e os agentes educacionais geralmente têm uma parceria e uma troca boa, nos ajudamos bastante, aprendemos uns com os outros [...] (Clara).*

Os pedagogos realizam seus processos de aprendizagem e capacitação para a profissão por meio da comunicação e compartilhamento de suas trajetórias, os profissionais com mais tempo na função compõem a equipe de formadores e compartilham os saberes da experiência na função:

> *PI-27: [...] Mas, quando eu entrei (na Fundação) a gente fez uma formação de duas semanas, dez dias, que era muito interessante,*

> *por sinal. Na primeira semana, a gente trabalhava o básico, que era ECA, Sinase, falava sobre adolescência e tal. E quando era na segunda semana, a Superintendência da Educação vinha e dava as questões específicas do meu cargo. Então era uma formação que, apesar de não ser uma formação que abrange tudo que a pessoa precisa, acho que dava pra receber muita experiência de quem já estava ali na Fundação e que podia contar pra gente um pouco de como era lá dentro [...] (Maria).*

Essa fala ilustra a dinâmica de um trabalho coletivo, pautado na colegialidade, característica intrínseca de um trabalho genuinamente pedagógico.

Aprofundando a discussão sobre o tópico formação enquanto um processo socializado entre os profissionais ao longo da atuação, é possível se servir das contribuições de Pimenta (1999, 2005). Para a autora, os saberes da experiência são construídos em um: "[...] processo permanente de reflexão sobre sua prática, mediatizada pela de outrem – seus colegas de trabalho, os textos produzidos por outros educadores" (Pimenta, 1999, p. 20). Os saberes pedagógicos, em certa medida, são construídos na própria prática profissional, não são necessariamente aprendidos previamente a serem posteriormente aplicados. Pimenta (2005) ressalta que as escolas, pensando a prática coletivamente, transformam-se em comunidades de aprendizagem nas quais os professores se apoiam e se estimulam mutuamente. É possível, aqui, estender a compreensão de forma a contemplar, por comunidades de aprendizagem, outros espaços onde educadores atuam, como o caso das instituições de privação de liberdade, os educadores desse contexto, no caso os pedagogos, também constituem uma comunidade de aprendizagem, trocam saberes, se apoiam e se estimulam mutuamente.

É necessário, antes de tudo, reconhecer que o pedagogo é um sujeito de conhecimento, isso significa considerar o que ele tem a dizer a respeito de sua formação profissional e de sua atuação profissional. O pedagogo, seja docente ou não, é um educador por excelência. Ora, se o pedagogo coordena, articula e conduz processos educativos de terceiros, por que não poderia ele participar ativamente do debate acerca de sua própria formação, a partir da sua prática, considerando que se está diante de profissionais que atuam em um contexto institucional muito peculiar, diferente da escola e pouco incorporado enquanto elemento de reflexão dentro das grades dos cursos de formação, e dentro do debate pedagógico no geral, levando em consideração que a formação do pedagogo na licenciatura é repleta de conteúdos disciplinares relacionados à docência e não às outras frentes de atuação profissional.

Em segundo plano, deve-se considerar que o trabalho do pedagogo no contexto não escolar exige conhecimentos práticos muito específicos oriundos da especificidade do contexto profissional, como é o caso da instituição de privação de liberdade. Essa observação reforça o caráter da pedagogia como ciência da prática, portanto não podemos dissociar esse debate de uma observação minuciosa do campo que se apresenta. Assim, fica-se diante do grande desafio para a formação de pedagogos, que é o de abrir um espaço para que os conhecimentos práticos relacionados ao campo não escolar sejam incorporados pelo curso de graduação, de maneira sistemática.

Essa dinâmica corrobora a natureza científica da Pedagogia, que é uma ciência dialética, pois o que se propõe é um debate com uma extensa articulação entre teoria e práxis profissional.

> É possível inserir neste núcleo uma discussão acerca dos saberes profissionais dos pedagogos atuantes no contexto de privação de liberdade, esses saberes são compostos, segundo Tardif (2002), pelo conjunto dos: conhecimentos, competências e habilidades mobilizados por esses indivíduos em sua prática, que são a síntese das múltiplas mediações sociais formação universitária. Tardif (2002), analisando o ofício de professor – aqui por analogia o de pedagogo – compreende essa questão da seguinte forma: "Chamamos de epistemologia da prática profissional o estudo do conjunto dos saberes utilizados realmente pelos profissionais em seu espaço de trabalho cotidiano para desempenhar todas as suas tarefas (Tardif, 2002, p. 255).

Tardif (2002) entende que os saberes profissionais dos professores são plurais e heterogêneos e provêm de diversas fontes, seja do cotidiano profissional, dos elementos adquiridos pelo indivíduo na sua relação com a cultura, da formação na universidade ou dos manuais e currículos; há, ainda, algo que o autor classifica como "tradições peculiares ao ofício de professor" (Tardif, 2002, p. 263). Todas essas mediações consolidam a experiência do professor e configuram o saber da experiência, que é o produto dessas múltiplas interações do indivíduo enquanto profissional.

É preciso, ainda, considerar que o objeto da ação educativa é o ser humano, dessa maneira os saberes que o pedagogo carrega estão impregnados por esse senso de humanidade. Aquele que educa jamais deve perder de vista na sua ação pedagógica as particularidades dos educandos e as peculiaridades do contexto no qual ocorrem os processos. Nessa relação estritamente interpessoal desponta a educabilidade, que é uma característica essencialmente humana. O pedagogo, portanto, não é o profissional especialista apenas em educação, ou alfabetização, ele é, ou deveria ser, o especialista da educabilidade humana. Essa percepção está presente em uma das falas de uma pedagoga da Fundação Casa.

> *PI-86: [...] o papel do pedagogo no processo socioeducativo é muito importante, porque se você não tem essa sensibilidade educativa de olhar individualmente as demandas que o adolescente traz e as contribuições que você pode oferecer para ele nesse processo, você não será um pedagogo bom em lugar nenhum, nem na escola nem fora dela (Renata).*

Esse tipo de saber e percepção em torno da educabilidade configura-se como uma espécie de sensibilidade, a qual direciona a ação do educador para o educando. É um saber que se constitui por meio da experiência e é um saber incorporado e subjetivado, de forma que o educador em si se constitua como um artefato tecnológico eficaz no processo educativo. Sobre isso, Tardif aponta que:

> Professores, ao serem interrogados sobre suas próprias competências profissionais, falam, muitas vezes, primeiro de sua personalidade, suas habilidades pessoais, seus talentos naturais, como fatores importantes de êxito em seu trabalho (Tardif, 2002, p. 255).

Ou seja, o pedagogo possui um arcabouço de saberes e conhecimentos teóricos e práticos que é indissociável de sua condição enquanto sujeito, esse repertório de saberes o revela enquanto um intelectual de sua prática.

Saviani (1983) também compreende o educador como intelectual, ainda que este não esteja totalmente consciente do sentido crítico e político de sua ação pedagógica. Para esse autor, o educador é um agente importantíssimo no processo de transformação da realidade social e política. De acordo com Saviani (1992):

> A prática educativa do professor tem um sentido político em si que é também um sentido para mim que o capto quando analiso essa prática. Não o é, porém, necessariamente, um

> sentido político para ele, isto é, independentemente dele saber ou não, de coincidir ou não com o significado, ainda que político, que está na sua cabeça, a prática educativa do professor tem objetivamente um sentido político que pode ser desvelado quando se analisa essa prática como um momento de uma totalidade concreta (Saviani, 1992, p. 43).

Desponta, assim, a necessidade de o pedagogo, enquanto educador, refletir sobre sua prática para que possa contribuir, de maneira significativa, com o educando e, por decorrência, com a sociedade.

Buscando identificar as possibilidades de abordagem sobre a temática da educação em contextos não escolares foi proposta uma questão acerca da subárea da Pedagogia Social, a partir da qual, por meio na análise das respostas, constatou-se que não é de conhecimento geral dos sete participantes. Porém, três profissionais manifestaram certo grau de conhecimento sobre a temática fazendo, inclusive, inferência sobre a relação epistemológica com o campo da educação nas instituições de privação de liberdade:

> PI- 171: Foi-se o tempo daquelas prisões de calabouço, hoje é prisão tem que ter esse viés pedagógico, sociológico com uma Pedagogia Social com uma pedagogia Libertadora para que as pessoas se descubram no ambiente da prisão mas se descubram como cidadão como pessoas de direito, pois isso é possível até atrás das grades (João).

A pedagoga Maria demonstrou conhecer não só a temática da Pedagogia Social, mas também que é uma das principais referências bibliográficas da área:

> PI-34: [...] Eu tive contato com a Pedagogia da Terra, na realidade, eu acho que é mais uma Educação Popular do que Social. E o teórico que conheci quando eu tava na escola, era a Stela Graciani, que fala muito em Pedagogia Social, né? Acho que ela é uma referência que a gente tem hoje aí, né? (Maria).

O pedagogo Maurício, por sua vez, além de apontar familiaridade com as discussões da Pedagogia Social, manifestou uma crítica à postura de pesquisadores e educadores vinculados à academia, na forma como se relacionam e se apresentam diante da instituição de privação de liberdade e dos sujeitos que ali estão:

> *PI-98: A pedagogia social é a coisa mais próxima dessa discussão sobre a educação prisional, mas mesmo assim esse pessoal da universidade está muito distante da educação na prisão. Parece que o presídio está em Marte e esses educadores sociais da universidade que não conhecem Marte e nem tem intenção de conhecer são enviados pra lá. [...] Muitas vezes nem respeitam o preso, a família do preso e os funcionários que lá trabalham, chegam com roupa boa com perfume bom e vão apontando o dedo e determinando o que eles acham. Cada cadeia tem sua particularidade, para entender esse universo é preciso se colocar à disposição, com humildade, não pode ser com arrogância. Eu acho a academia muito arrogante, mas não sei se a Pedagogia Social que eu conheci anos atrás é a mesma de hoje (Maurício).*

Essas falas acerca da Pedagogia Social evidenciam que ainda não há uma popularização geral desse debate no meio acadêmico. Infere-se que isso seja devido a essa temática não ter sido incorporada pelos cursos de graduação em sua totalidade e profundidade. Segundo os relatos, no meio profissional, também não há clara essa perspectiva enquanto referencial para a prática educativa.

Os profissionais compartilham a visão de que o curso de graduação em Pedagogia não forneceu elementos suficientes para prepará-los para a atuação no contexto das instituições de privação de liberdade. Os participantes da pesquisa, quando indagados sobre a formação universitária e a abordagem do trabalho no contexto das instituições de privação de liberdade, responderam, em sua totalidade, afirmando que o curso não abordou de forma significativa o tema e, em alguns casos, sequer houve discussão sobre a temática. Para o conjunto total dos entrevistados, o curso de Pedagogia tem seu foco nas discussões relacionadas à infância e no preparo de professores para a docência na educação escolar, seja infantil ou na docência das séries iniciais.

Após o aprofundamento nas questões relacionadas à formação, agora serão problematizados os aspectos relacionados ao exercício da profissão.

Núcleo 3: O exercício da profissão, condicionantes objetivos, precarização, contradições e aspirações

Esse núcleo foi construído a partir dos pré-indicadores que remetiam ao exercício da profissão, com referências diretas à condição material em que os pedagogos entrevistados desempenhavam seu trabalho. Para o melhor aprofundamento desse debate, recorrer-se-á a referenciais de autores que se dedicam a questões da sociologia do trabalho, ao trabalho na sociedade neoliberal e à precarização da profissão do trabalho educativo na sociedade capitalista.

Escola e cárcere são duas instituições fundamentais na dinâmica do neoliberalismo para a gestão política dos setores mais pauperizados da classe trabalhadora. Ambas as instituições sintetizam o que não está explícito, mas também o que não está aparente no discurso hegemônico meritocrático do liberalismo, ao mesmo tempo que se opõem, se complementam. Por isso é tão emblemática a figura do pedagogo que atua nesse contexto e, aqui, serão abordados alguns elementos para aprofundar essa discussão:

Na obra *A escola não é uma empresa: neoliberalismo em ataque ao ensino público*, o francês Christian Laval (2019) evidencia, minuciosamente, como o neoliberalismo se impôs sobre o sistema educacional durante a década de 80. As observações sobre o caso francês servem como modelo para se compreender os processos desencadeados no Brasil ao longo dos anos da década de 1990, pois dizem respeito a questões relacionadas à economia global. Laval (2019) aponta como a organização do sistema escolar, baseada na ideologia republicana, foi tratorada, dando lugar para a ideologia empresarial. Seguindo as orientações de organismos internacionais como a OCDE e o Banco Mundial, a escola deve estar totalmente alinhada com os interesses do mercado e passa a formar um novo perfil de mão de obra, o do "trabalhador flexível" (Laval, 2019, p. 40). Esse trabalhador deveria ser condicionado para os postos precarizados de trabalho, por isso deveria ser formado no sentido de desenvolver as seguintes competências: "[...] criatividade, iniciativa, aptidão para a resolução de problemas, flexibilidade, capacidade de adaptação, exercício de responsabilidade, aptidão a aprender a se reciclar" (Laval, 2019, p. 81). Essas expressões, pelo ar de novidade e modernidade, escamoteiam os reais interesses da política neoliberal.

As ponderações de Laval (2019) servem para promover a compreensão de dois aspectos que concorrem para a compreensão desse núcleo de significação sobre a proposta neoliberal em curso há décadas. O primeiro aspecto é sobre a precarização do trabalho educativo em que a instituição escolar se rende aos interesses do mercado, distancia-se do ideário humanista que possibilitaria ao indivíduo algum grau visível de mobilidade social e superação de desigualdades, pois a escola deve apenas redistribuir os indivíduos e trabalhar de acordo com a manutenção econômica da ordem vigente. O outro aspecto a se destacar é o da precarização específica do trabalho do educador que, no neoliberalismo, cada vez mais assume o papel de um tarefeiro conteudista, um agente disciplinador despido de intelectualidade e potencial crítico-reflexivo, culminando na desvalorização social da profissão, na baixa atratividade pela carreira e nas baixas remunerações.

O modo de produção capitalista não diz respeito apenas à produção dos bens de consumo, mas versa também sobre a produção e reprodução de relações humanas pautadas na competição e na busca do lucro, fatores esses que reforçam a desigualdade social, gerando conflitos que precisam ser sanados. Conforme observa Meszáros:

> [...] é um sistema insuperavelmente contraditório baseado no antagonismo social. É um sistema concorrencial, fundando na dominação estrutural do trabalho pelo capital. Portanto, há necessariamente todos os tipos de divisões seccionais. Essa condição de desigualdade e exploração do trabalho na produção de acumulação de capitais constitui, entre outros fatores, o desenvolvimento de uma crise que não pode ser mais considerada passageira, por se constituir nas estruturas do próprio capital (Meszáros, 2007, p. 66).

O capitalismo aloja em sua dinâmica interna uma crise permanente e nos países que vivem na periferia desse sistema a pauperização da classe trabalhadora e a miséria despontam como fatores endêmicos. Esse estado de crise permanente pauta as condições objetivas e subjetivas de vida de toda a classe trabalhadora, precipuamente, quando inserida precariamente no mercado de trabalho por meio do desemprego, emprego informal ou o subemprego. Dessa situação de caos social emerge o discurso punitivista e encarcerador como elemento disciplinar para os excedentes da classe trabalhadora, a pobreza e a miséria, que são efeitos do capitalismo, passam a ser tratadas na ótica da criminalização, o aparato punitivo se torna uma política social de controle e gestão desses problemas.

Wacquant (2012) afirma que:

> [...] o Leviatã neoliberal não se parece nem com o Estado minimalista do liberalismo do século XIX, nem com o Estado evanescente igualmente lamentado pelos críticos econômicos e da governamentalidade do neoliberalismo, mas sim com um Estado centauro, que exibe rostos opostos

PEDAGOGAS E PEDAGOGOS ATUANTES EM ESTABELECIMENTOS DE PRIVAÇÃO DE LIBERDADE:
FORMAÇÃO INICIAL, LIMITES, DESAFIOS E POSSIBILIDADES

> nos dois extremos da estrutura de classes: ele é edificante e 'libertador' no topo, onde atua para alavancar os recursos e expandir as opções de vida dos detentores de capital econômico e cultural; mas é penalizador e restritivo na base, quando se trata de administrar as populações desestabilizadas pelo aprofundamento da desigualdade e pela difusão da insegurança do trabalho e da inquietação étnica (Wacquant, 2012, p. 08).

Esse é um aspecto importante da racionalidade neoliberal que deve ser fundamental nesta análise, pois qual seria, de fato, o papel social do pedagogo que atua no âmbito das instituições de privação de liberdade, considerando-as enquanto mecanismos disciplinares políticos e econômicos do aparato punitivo estatal? O que se percebe, logo de cara, é certo desvirtuamento de uma concepção educativa genuinamente humanista, pois, em alguma medida, a educação pode estar servindo a propósitos punitivos e disciplinares, relegando seu potencial ontológico. É possível inferir que a precarização das condições de trabalho no âmbito das instituições privação de liberdade em certa medida se assenta na finalidade dessas instituições que em sua proposta geral de funcionamento não concorrem para o pleno desenvolvimento dos indivíduos que se encontram sob tutela do Estado, como efeito colateral o trabalhador é exposto às condições materiais tortuosas desse ambiente.

Tem sido usual na sociologia do trabalho a utilização do conceito de "precariado", como demonstram Braga (2017) e Stading (2013). A expressão ilustra a deterioração generalizada do trabalho na sociedade contemporânea, essa categoria não se aplica diretamente aos participantes da pesquisa, pois estes possuem vínculo jurídico relativamente estável, são servidores públicos e reúnem outros requisitos objetivos. Sendo assim, o conceito se refere à significativa ou até majoritária parte da classe trabalhadora empregada nos postos de trabalho mais degradantes e despida de direitos trabalhistas. É importante trazer o conceito para o debate no sentido de compreender melhor as mazelas expressas nas relações de trabalho, além disso as pessoas privadas de liberdade, que são os sujeitos educativos atendidos pelos pedagogos, certamente estão envolvidas nessa dinâmica de exclusão do mundo trabalho. De qualquer maneira, os pré-indicadores desse núcleo evidenciam pontos delicados que expõem as dificuldades objetivas dos profissionais. O trabalho alienado que já é degradante e sob a vigência do neoliberalismo se agrava ainda mais, os profissionais da educação, no caso os pedagogos atuantes nas instituições de privação de liberdade, não estão alheios a essa dinâmica do mundo do trabalho.

Uma certa ambiguidade foi expressa na fala da pedagoga Maria, que enfatiza a estabilidade do cargo público como elemento atrativo e que lhe despertou interesse na escolha profissional, mas em outro momento expressa certo descontentamento em relação ao tipo de regime do contrato de trabalho:

> PI- 2b: [...] Resolvi então fazer esse concurso pela estabilidade [...] (Maria).

> PI- 22: [...] Dificilmente a gente consegue uma licença. A gente não tem licença prêmio, a gente é CLT, não é estatutário. Então é um desânimo. Eu já desanimo com questões burocráticas em liberar a gente pra fazer uma pós-graduação, né? Mas eu fico com vontade. [...] (Maria).

Há uma certa ambiguidade na relação que a trabalhadora possui com seu emprego, é uma estabilidade relativa, e a participante expressa uma fala que nos permite concluir que a opção por essa carreira a princípio se deu de maneira provisória:

> PI- 4: [...] Vou lá ver e ficar um tempinho. E esse tempinho já tem 10 anos, vai fazer 11 que trabalho na Fundação (Maria).

> PI- 20: O trabalho na Fundação não é fácil. Muitas vezes as pessoas acham que o trabalho na Fundação não é fácil pelos adolescentes e não é isso. O trabalho na Fundação não é fácil pelo próprio sistema que não dá condições pra gente trabalhar de forma adequada (Maria).

> PI- 21: [...] a gente não tem um suporte. E eu não falo de segurança, de se sentir insegura, mas um suporte de trabalho mesmo, isso falta pra gente (Maria).

As dificuldades para o pleno desenvolvimento da carreira nas instituições são apontadas como fatores que desmotivam os profissionais

> PI- 122: [...] as pessoas quando estão em cargo comissionado tem um valor a mais no salário, que a gente acaba falando que não vale a pena, porque os problemas são tantos (Vera).

> PI- 123: [...] muita gente que trabalha aqui não tem pretensão de subir de cargo (Vera).

> PI- 124: [...] aqui a gente não tem perspectiva - crescimento profissional (Vera).

A pedagoga Clara expressou insatisfação em relação à experiência que teve em um cargo de chefia dentro da instituição

> PI- 50: [...] Eu acho que hoje eu não pegaria cargo comissionado se me oferecessem de novo, porque eu sei de todas as demandas. É você dormir com o celular debaixo do travesseiro o tempo todo, eu não desconectava [...] (Clara).

Apenas dois participantes, Renata e Maurício, expressaram interesse de desempenharem funções de chefia

> PI- 73: [...] Eu gostaria de atuar na gerência geral da Fundação, no nível estadual [...] (Renata).

> PI- 93: [...] eu gostaria muito de ter sido diretor geral de unidade, em um certo momento da minha carreira, isso ia facilitar porque ali eu teria poder para realizar o trabalho com a educação (Maurício).

Outro aspecto bastante impactante que foi expresso em diversas falas é sobre o adoecimento dos trabalhadores que atuam nas instituições de privação de liberdade. Essa observação ficou nítida no que disse a pedagoga:

> PI- 149: [...] Deveria ter mais apoio psicológico e psiquiátrico para os funcionários, de todos os setores o funcionário do pedagógico trabalha 8 horas por dia de segunda a sexta [...] Acompanhamento do funcionário tinha que ser feito antes do funcionário adoecer e apresentar algum transtorno (Vera).

É possível recorrer a Dejours (2002), para melhor compreender os diferentes pontos elencados nas falas expostas anteriormente. O autor afirma que o sofrimento causado pelo trabalho aumenta à medida que os trabalhadores vão perdendo gradualmente a expectativa de que sua dedicação e esforços lhes permitam concretizar seus anseios materiais concretos. Essa frustração gera nos trabalhadores um conflito entre a objetividade do real que materializa o mundo concreto para o indivíduo e a sua subjetividade que é carregada da sua história, de suas aspirações e desejos, essa dinâmica revela um processo dialético de construção e ao mesmo tempo deterioração da identidade particular do indivíduo por meio do trabalho.

Ainda tratando o sofrimento laboral dos profissionais, é bem visível que na condição de educadores eles se queixam da falta de condições adequadas para realizar em seu trabalho, mas também se queixam do salário e evidenciam a necessidade de trabalhar em mais de um vínculo para poder complementar a renda.

> PI- 181: *Queria dar aula, ser chamado em alguma prefeitura, na Fundação há a possibilidade de acúmulo (Reginaldo).*

> PI- 182: *[...] tentar acumular para complementar a renda (Reginaldo).*

Ou seja, é evidenciada uma expectativa um tanto contraditória, pois de um lado o profissional deseja aumentar a carga de trabalho somando um vínculo de outra natureza fora da instituição; e, do outro, quer reduzir sua jornada na instituição. Essa dinâmica, no entanto, evidencia, para além do que está aparente, um desejo, uma busca de ampliação do ganho financeiro como forma de compensar o desgaste laboral.

Dejours (2002), autor que se dedica a compreender as psicopatologias do trabalho na sociedade contemporânea, classifica as posturas adaptativas do trabalhador como "estratégias de defesa". As estratégias de defesa acabam enfraquecendo e promovendo a banalização das injustiças no ambiente de trabalho e a submissão e aceitação passiva, por parte dos trabalhadores, de práticas contrárias a valores éticos, no caso a ampliação da jornada e a duplicidade de vínculo implicam no aumento da carga de trabalho, portanto no desgaste e no estresse desse profissional. O que o conforta é a sensação de compensação por meio do aumento da remuneração. Essa postura pode, ainda, transformar-se em um tipo de ideologia defensiva, que reproduz a alienação e torna o sofrimento suportável. No entanto, o mesmo profissional manifestou ter consciência da importância do embate da classe de trabalhadores organizada na forma sindical se articulando por mudanças nas condições de trabalho, em particular na redução da jornada:

> PI- 185: *O nosso pessoal (sindicato) está se mexendo para diminuir a nossa carga horária diária para 6 horas, olha daria uma boa ajuda, diminuir a carga diária do pessoal da pedagogia e ficarmos na carga horária semanal de 30 horas. Essa é uma luta que já existia antes de eu entrar, para deixar a nossa carga como a dos técnicos. Por enquanto, essa é a luta que o pessoal do sindicato está correndo atrás (Reginaldo).*

Essa fala evidencia que o profissional tem clareza de que a alternativa mais viável para a modificação e transformação dos problemas que enfrenta está na organização formal por meio do sindicato, que é um espaço com legitimidade para representação dos interesses dos trabalhadores, medeia e trava o embate entre trabalhadores e empregadores na dinâmica conflituosa entre capital e trabalho.

Promover o debate sobre a dinâmica vigente entre o neoliberalismo e relações que se desenvolvem em torno do trabalho significa também lançar um olhar para as resistências política e a criticidade dos indivíduos diante dessa racionalidade desumana.

A lógica normativa do neoliberalismo estabelece em seus métodos e objetivos que uma reforma abrupta e profunda do Estado, por si só, afeta significativamente a vida de trabalhadores que desempenham funções públicas. A lógica que sustenta essa política se apresenta como puramente técnica e administrativa, quando na verdade é econômica.

A visão expressa pelo coletivo dos pedagogos acerca do próprio trabalho evidencia inúmeras dificuldades para o desenvolvimento pleno do trabalho, seja na execução de projetos e atividades, seja na simples manutenção da rotina. Percebe-se que as condições materiais estruturais sufocam o pleno exercício do trabalho pedagógico, pois condicionam todo trabalho a uma outra lógica que não a da Pedagogia, mas sim a da instituição de privação.

Núcleo 4: A função socioeducativa e ressocializadora do pedagogo e do trabalho pedagógico nas instituições de privação de liberdade

Na análise deste núcleo, será discutida a especificidade do trabalho do pedagogo nas instituições de privação de liberdade enquanto um profissional que atua no sentido da ressocialização dos indivíduos que cumprem pena ou medida restritiva de direito.

É um consenso entre os profissionais entrevistados a percepção da profissão como um instrumento que contribui para a dimensão terapêutica da instituição de privação de liberdade. Nesse sentido, vale ressaltar que muitos foram os relatos dos profissionais evidenciando certa dificuldade no relacionamento interpessoal com os profissionais da área de segurança. Essa dificuldade se dá, em certa medida, pela divergência de finalidade que orienta o trabalho de ambas as categorias no interior da instituição. O pedagogo se compreende como um educador e se refere aos trabalhadores da área de segurança como a categoria fortemente submetida à manutenção da vigilância e da segurança. É um tanto quanto tênue essa divisão, pois ambas as classes de trabalhadores trabalham para o aparato jurídico do estado e exercem diferentes parcelas do poder punitivo. A questão é que surge, por parte dos pedagogos, a defesa de uma identidade epistemológica que os coloca numa posição respaldada pelo propósito pedagógico, a formação acadêmica que possuem reforça ainda mais essa percepção.

A relação eminentemente antagônica do pedagogo para com os profissionais da segurança estabelece um clima, de certa forma, conflitivo. A lógica de funcionamento da instituição de privação de liberdade, por si só, é violenta e pode se expressar na arquitetura dos espaços, no regulamento interno que prevê sanções para condutas, nas relações entre pares, seja entre os agentes de segurança ou entre os internos. Em meio a esse ambiente conflitivo uma das pedagogas entrevistadas fez uma declaração que evidencia a percepção de que pedagogo é compreendido pelo pessoal da segurança como um elemento que inibe parte dessa violência:

> PI- 39: [...] Um dia, uma colega minha perguntou 'ah, Maria, conta os episódios que você conheceu na Fundação!' e eu falei 'não existe isso, eu não vejo isso. A violência é velada'. Por que a violência é velada? Porque existe uma lei, hoje em dia, que respalda que essa violência não existe. [...] A gente vê outros tipos de violência, a violência verbal, o estranhamento, mas na frente de, por exemplo, um pedagogo, jamais, a nossa presença acaba inibindo. Se existir algum tipo de violência, isso jamais vai ocorrer na frente de alguém da educação [...] (Maria).

O cômputo geral dos entrevistados enfatiza a ideia de que há menos dificuldade no relacionamento com os internos do que com os trabalhadores da segurança. Os pedagogos reforçaram a ideia de que são percebidos pelos internos não como agentes da opressão, mas como agentes da escuta e do diálogo. Essa relação de horizontalidade em torno do processo educativo estabelece uma dinâmica em que há, por parte dos educandos que compõem a população privada de liberdade, grande respeito pelos profissionais e pelos espaços educativos das unidades:

> PI- 179: Nas unidades onde eu trabalhei, em quase todas as rebeliões que ocorreram as salas de aula permaneceram intactas, quebravam a cadeia inteira, menos o setor de educação (João).

Os relatos dos entrevistados evidenciam que o trabalho educativo nas instituições de privação de liberdade está submetido à lógica disciplinar da vigilância, porém ainda se constitui como um espaço diferenciado, não só pelo aspecto físico e estrutural, mas também pela função que representa para os educandos privados de liberdade, dada a observação do pedagogo João sobre a não depredação durante motins. Outra declaração que pode ser incluída nessa observação diz respeito à participação dos educandos na constituição dos processos e dos espaços educativos:

> PI- 94: [...] nós pintamos uma lousa dentro do Pavilhão com ajuda dos presos (Maurício).

À medida que os sujeitos participam dos processos educativos, desde o seu planejamento e execução, cria-se um ambiente propício para que a atividade educativa se constitua com um valor para ele, pois, ali, o sujeito tem vez e voz e pode interferir nos rumos do trabalho que vai se desenvolver. Nesse mesmo sentido, o pedagogo Maurício aponta para a necessidade de as atividades educativas ocorrerem em espaço externo ao do presídio:

> PI- 105: Acho que a Secretaria de Educação deveria cuidar integralmente da educação nas unidades. Acho que deveria ter um convênio sólido e que a educação deveria ocorrer fora do presídio – nem sei se isso é possível- mas, fora da carceragem, ou até na escola da rua, com professores e pedagogos concursados para fazer um trabalho de qualidade, [...] é importante que os profissionais conhecessem esse universo do sistema prisional. Tem muita gente que gosta, e essas pessoas deveriam ter condições de exercer esse trabalho pautadas pela educação e não pela segurança (Maurício).

A fala de Maurício apresenta uma crítica ao modo como o trabalho educativo funciona, sobretudo o ensino regular. Tanto na Fundação Casa como nas unidades da Secretaria de Administração Penitenciária há convênios em que as escolas do entorno dos estabelecimentos de privação de liberdade cedem profissionais para o atendimento das "salas de aula" das unidades, essas turmas são atribuídas aos professores em situação de contrato temporário. Maurício defende que a Secretaria da Educação do Estado assuma efetiva e integralmente esse trabalho, criando, por meio de concursos, cargos e vagas para os profissionais atuarem de maneira estável e dentro do regime de contratação dos demais professores efetivos. Outro aspecto interessante é que ele cogita a possibilidade de os educandos se deslocarem para a unidades escolares externas ao estabelecimento de reclusão. Essa fala denota a percepção do pedagogo sobre a incompatibilidade entre a lógica educativa e a lógica punitiva, sendo necessária uma saída do interior do cárcere para que haja condições objetivas favoráveis ao bom desenvolvimento do trabalho educativo. Por fim, ele reconhece que a educação nas instituições de privação de liberdade é um campo de interesse dos educadores e seria no mínimo razoável que os profissionais que se identificam com o referido campo gozem de condições que lhes possibilitem o trabalho.

Um aspecto interessante que surgiu tanto na fala de uma pedagoga que trabalha na Fundação Casa como na de um pedagogo que trabalha no sistema prisional é o da instrumentalização punitiva da educação, ideia um tanto contraditória, mas que evidencia a educação como uma imposição passível de sanção ou, ainda, um caráter coercitivo da educação dentro da medida de reclusão:

> PI- 88: [...] Quando o adolescente chega na fundação, obrigatoriamente ele tem que frequentar a escola, ele não tem escolha (Renata).

> PI- 178: Há na lei de execução penal uma prerrogativa para a unidade prisional oferecer atividade de educação e acesso à educação para o preso de maneira que o reeducando seja obrigado a ir uma vez que foi convocado, ele não pode dizer não, recusar é uma falta disciplinar grave (João).

Em ambas as falas está explícito o fato de que a lógica punitiva se apodera da educação e a torna parte do dispositivo punitivo. Ou seja, no caso do adolescente não lhe é facultada a possibilidade de escolher frequentar ou não as atividades educativas, até porque a medida socioeducativa se estrutura a partir de uma concepção que torna as atividades educativas parte central da rotina do jovem internado. A pergunta que surge é: em que medida a educação compulsória não é também uma forma de punir? Ou ainda: qual o tipo de educação que se oferece para os adolescentes em conflito com a lei? Esse trabalho não se encarrega de responder essas que são questões retóricas, mas sim trazê-las à tona para o debate.

O mesmo ocorre nos estabelecimentos para os adultos, diante da convocação para frequentar as atividades educativas, não cabe ao indivíduo privado de liberdade tergiversar, pois pode ser punido na forma da lei. Que tipo de educação é essa que carrega a chaga do castigo? Essa educação pode ser entendida como uma prática de liberdade?

Para aprofundar essa reflexão sobre o tipo de educação que ocorre no âmbito das instituições de privação de liberdade, pode se utilizar o que diz o pedagogo e pesquisador da educação prisional Roberto da Silva, quando se refere à posição de Paulo Freire e Moacir Gadotti sobre a necessidade

PEDAGOGAS E PEDAGOGOS ATUANTES EM ESTABELECIMENTOS DE PRIVAÇÃO DE LIBERDADE:
FORMAÇÃO INICIAL, LIMITES, DESAFIOS E POSSIBILIDADES

de se desenvolver um método educativo específico para pessoas privadas de liberdade: "Paulo Freire (1995) e Moacir Gadotti (1993), quando convidados a refletir sobre o tema, não hesitaram em refutar esta hipótese, alertando que a pretensão de se criar um método exclusivo ou próprio para a educação de presos só acentuaria a sua discriminação" (Silva, 2006, [n.p.]). A saída é justamente o que propôs a fala do pedagogo Maurício, a educação nas instituições de privação de liberdade não pode fazer acepção dos educandos dada sua condição transitória que lhe cerceia o direito de ir e vir; a educação deve ser livre de censura e instrumentalização punitiva, se possível deveria ocorrer fora do cárcere, o entrevistado ainda declarou:

> PI- 116: *Eu acho que o papel da educação no geral e inclusive no presídio, é ser uma alternativa. A pessoa chega com aquilo que ela traz e escolhe se vai pegar essa ferramenta e ela decide o que fazer com isso, a educação não pode ser uma coisa impositiva, ela tem que ser uma coisa interessante (Maurício).*

Nesse sentido, deve haver um esforço dos educadores para que a lógica da vigilância e da punição não destitua a função humanista da educação que deve ser livre dentro da prisão. O educador prisional deve ter plena convicção dos limites e das possibilidades que a educação oferece às pessoas, e deve ter a dimensão de que os efeitos de seu trabalho não são tão facilmente mensuráveis, e que direta ou indiretamente constituem parte do repertório de valores que o indivíduo que foi submetido à privação de liberdade constitui ao longo da vida:

> PI- 110: *Organizei vários concursos de redação escrita por presos nas unidades onde trabalhei, e eu acompanho os vencedores do concurso até hoje, posso dizer que eles não estão mais no crime, eu não estou dizendo que a educação funcionou porque a educação nem tem esse papel, só estou dizendo que eles não estão no crime (Maurício).*

A ação do pedagogo dentro da prisão tem um caráter pragmático, pois é entendida como uma estratégia de reabilitação e mudança de comportamento, porém sempre se pensa na educação como algo que preparará o indivíduo que será devolvido ao meio social após o período da reclusão. É preciso, no entanto, atenção para o efeito que a educação desencadeia no tempo presente, e não apenas no que se projeta para o indivíduo no futuro. A lógica do educando como um "vir a ser" é equivocada e antidialética, e exprime a ideia que Paulo Freire conceituou como *"educação bancária".*

As múltiplas mediações articuladas durante o processo educativo têm potencial para modificar ou ressignificar a postura do indivíduo no aqui e no agora, a respeito disso, o pedagogo Maurício chamou a atenção para um tipo de efeito que a educação pode desencadear nos sujeitos, a "subversão disciplinar":

> *PI- 115: [...] a opinião dos agentes (penitenciários) é de que o preso quando tem conhecimento fica mais perigoso (Maurício).*

Essa fala não evidencia que, por meio da educação, o indivíduo ficará perigoso porque se tornará agressivo ou violento, mas significa que pela educação ele será munido de elementos críticos e reflexivos que poderão fazer com que ele se insurja contra as mazelas e opressões da ordem vigente que, no cárcere, são inúmeras. Dessa ideia, desponta mais uma das finalidades da função ressocializadora e socioeducativa que o pedagogo assume no interior das instituições de privação de liberdade, que consiste na tarefa de ser um agente garantidor e protetor dos direitos dos internos. Sobre isso, destaca-se o que declarou a pedagoga Maria:

> *PI- 39: [...] Um dia, uma colega minha perguntou 'ah, Maria, conta os episódios que você conheceu na Fundação!' e eu falei: 'Não existe isso, eu não vejo isso. A violência é velada'. Por que a violência é velada? Porque existe uma lei, hoje em dia, que respalda que essa violência não exista. [...] A gente vê outros tipos de violência, a violência verbal, o estranhamento, mas na frente de, por exemplo, um pedagogo, jamais, a nossa presença acaba inibindo. Se existir algum tipo de violência, isso jamais vai ocorrer na frente de alguém da educação [...] (Maria).*

Ainda elencando aspectos que evidenciam as funções que o pedagogo assume para além das prescritas nas suas atribuições rotineiras, destaca-se uma fala bastante emblemática do pedagogo Reginaldo e uma da pedagoga Renata:

> *PI- 203: Se não tiver o pedagogo ou o profissional da educação, inserido nesse âmbito, você não terá um projeto socioeducativo, **sem o pedagogo o centro se torna uma cadeia normal,** o adolescente fica lá para cumprir a pena.[...] A presença do*

> *pedagogo quebra essa característica que faz com que o espaço seja uma cadeia (Reginaldo).*

> *PI- 86: [...] o papel do pedagogo no processo socioeducativo é muito importante, porque se você não tem essa **sensibilidade educativa** de olhar individualmente as demandas que o adolescente traz e as contribuições que você pode oferecer para ele nesse processo, você não será um pedagogo bom em lugar nenhum, nem na escola nem fora dela (Renata).*

As declarações denotam uma reflexão refinada da imagem que os entrevistados têm acerca da profissão e da função social que desempenham. Para eles, a educação humaniza o cárcere, e a figura do pedagogo e sua presença, por si só, caracterizam um propósito positivo. Renata enfatiza a necessidade de o profissional possuir uma sensibilidade educativa, que vai ao encontro da noção de educabilidade, entendida como uma pulsão intrinsecamente humana, o bom êxito do educador e de sua ação pedagógica depende da capacidade de articular essa sensibilidade independentemente do contexto em que o profissional esteja inserido.

Um elemento que surgiu reiteradas vezes nas falas do conjunto dos entrevistados foi o da atividade de alfabetização como um elemento característico do ofício pedagógico na instituição de privação de liberdade, o grupo apresentou uma visão da alfabetização como elemento ressocializador de extrema importância. Seguem algumas declarações:

> *PI- 66: [...] ouvir os meninos, quando tão saindo, falando que puderam assinar documento: "Agora eu sei escrever meu nome!", ou : "Esse foi o primeiro livro que eu li na vida". É bacana! "Puxa vida, porque eu nunca aprendi isso?', 'minha professora nunca teve paciência para me ensinar" [...] (Clara).*

> *PI- 89: [...]quando você ver um adolescente que não conseguia nem escrever o seu nome e você mostra para ele que é possível, e ele aprende, quando ele lê a primeira palavra, ou o primeiro gibi, a autoestima dele melhora e ele percebe que existe um olhar mais ampliado da vida (Renata).*

> *PI- 174: Me lembro de um preso chamado José Contente que aprendeu a ler e escrever comigo e passou a mandar cartas para família. Ele ficou muito feliz, embora ele tivesse uma idade avançada, por volta dos 60 anos, ele queria continuar estudando e dar esse prazer para sua família, para os filhos (João).*

> *PI- 111b: [...] teve um senhor que foi preso, ele foi inocentado, mas passou 8 meses na cadeia e se alfabetizou. Quando chegou o alvará de soltura dele ele brigou com os diretores para poder assinar, porque quando ele chegou ele carimbou o prontuário com o dedão, ele fez questão de assinar o alvará e isso me emocionou bastante eu lembro que ele chamava Edmilson, eu chamava ele de fenômeno Edmilson (Maurício).*

Há, entre os entrevistados, um consenso de que a alfabetização se constitui como um instrumento de inclusão social, cidadania, aumento da autoestima, afirmação de identidade e resgate de vínculos, essa concepção se sobrepôs nas falas a uma compreensão utilitarista e pragmática que atrela a educação ao propósito profissional, essa concepção também surgiu, porém em segundo plano.

Cabe ressaltar que a alfabetização é o um dos primeiros passos em direção ao desenvolvimento da autonomia e participação cidadã em uma sociedade letrada e grafocêntrica. Não é possível afirmar, categoricamente, que a alfabetização e a escolarização, por si só, garantam a cidadania; porém, o contrário é explícito, sem esses dois tipos de socialização com a cultura o indivíduo se encontrará em um quadro de muita vulnerabilidade, pois o indivíduo analfabeto encontra-se em uma situação de marginalidade bastante delicada, considerando, ainda, o estigma que é imputado às pessoas que são egressas do sistema socioeducativo e penitenciário, esse tipo de exclusão acaba por legitimar ainda mais a dominação de classe.

Encerra-se, assim, a análise intranúcleos, tendo percorrido os aspectos mais detalhados dos elementos que emergiram das falas dos pedagogos entrevistados, no tópico seguinte faremos a síntese dos sentidos e significados oriundos dos relatos.

Sintetizando os núcleos de significação – Análise internúcleos

Após aprofundar os sentidos e significados desvelados em cada um dos quatro núcleos de significação, foi realizada uma síntese em busca de entrelaçar os diferentes elementos que se manifestaram, para além da palavra dita, no intuito de aprofundar as zonas de sentido. Para isso, é necessário compreender cada um dos núcleos na sua singularidade, mas ao mesmo tempo é preciso estabelecer um grau de complementaridade nos conteúdos levantados, afinal, trabalhou-se na perspectiva analítica da

PEDAGOGAS E PEDAGOGOS ATUANTES EM ESTABELECIMENTOS DE PRIVAÇÃO DE LIBERDADE:
FORMAÇÃO INICIAL, LIMITES, DESAFIOS E POSSIBILIDADES

totalidade. A natureza do problema investigado direciona a abordagem de pesquisa de forma que há um encadeamento lógico entre as informações extraída dos relatos dos entrevistados.

No primeiro núcleo, foram aprofundados os fatores relacionados à escolha da profissão. Ficou evidente a influência e a mediação do meio familiar sob o indivíduo, pois muitas falas expressaram incentivo, apoio e até certa pressão familiar para o ingresso na carreira por meio da busca de formação oficial. Além disso, o fator "gênero" evidenciou como as profissionais mulheres se constituem dentro da profissão de pedagoga.

Outro ponto foi o fato de o magistério ser compartilhado enquanto profissão por mais membros de uma mesma família, havendo, portanto, uma certa hereditariedade socialmente produzida a partir da noção de *habitus*. Esses elementos evidenciam, também, como a profissão de pedagogo foi se popularizando ao longo do tempo entre as classes populares, em razão do amplo processo de urbanização e industrialização que reordenou a atividade econômica e elevou os contingentes populacionais nos grandes centros urbanos, aumentando, por consequência, a demanda por escolarização de forma que as vagas de trabalho no setor educativo foram ampliadas. Além disso, nos últimos censos do ensino superior destacou-se que o curso de pedagogia figura entre os mais ofertados e com mais alunos matriculados, além de estar também entre os cursos mais baratos do ensino superior privado. Há, ainda, uma migração massiva do curso de pedagogia para a modalidade EaD, fator que flexibiliza a possibilidade de o indivíduo realizar o curso, mas que, por outro lado, coloca em questão a qualidade das condições nas quais esse curso ocorre, pensando sobretudo em como a dimensão das atividades de ordem prática como os estágios se darão sem uma supervisão rigorosa e efetiva

Na análise desenvolvida no núcleo *Formação acadêmica, capacitação profissional e continuada e as impressões dos pedagogos como intelectuais que refletem sobre sua prática,* por intermédio do aprofundamento nas entrevistas, ficou evidente como os profissionais incorporam a complexa relação entre formação inicial e atuação profissional, algo próximo do binômio: teoria e prática. As práticas pedagógicas desenvolvidas cotidianamente pelos pedagogos que atuam nas instituições de privação de liberdade emergem do estabelecimento de relações entre os conhecimentos adquiridos na sua formação inicial e nas experiências práticas acumuladas ao longo da carreira. Enquanto intelectuais que são, os pedagogos articulam e expressam na fala reflexiva as influências de diferentes referenciais teóricos que amparam a sua prática e direcionam seu trabalho pedagógico em consonância com o contexto institucional. Todos os pedagogos entrevistados expressaram uma compreensão de educação como um elemento de humanização, vale ressaltar que assumir essa compreensão já a princípio expressa uma perspectiva que pode conduzir a uma postura epistemológica crítica, que é a perspectiva que se defende ao assumir a pedagogia como ciência da educação. Nas palavras de Paulo Freire:

> Uma das primordiais tarefas da pedagogia crítica radical libertadora é trabalhar a legitimidade do sonho ético- político da superação da realidade injusta. É trabalhar a genuinidade desta luta e a possibilidade de mudar, vale dizer, é trabalhar contra a força da ideologia fatalista dominante, que estimula a imobilidade dos oprimidos e sua acomodação à realidade injusta, necessária ao movimento dos dominadores. É defender uma prática docente em que o ensino rigoroso dos conteúdos jamais se faça de forma fria, mecânica e mentirosamente neutra [...] (Freire, 2000, p. 43-44).

Ainda que a formação inicial do indivíduo em determinada instituição de ensino tenha suas limitações, a natureza da Pedagogia aliada à vivência profissional como educador em um contexto bastante peculiar, como a instituição de privação de liberdade, estabelece uma relação fenomênica com o processo educativo que traz à tona conhecimentos e aprendizagens para o indivíduo que se impõe de tal maneira reverberando na visão de mundo do sujeito e na compreensão epistemológica da área. Dessa forma, os dados obtidos na amostra de entrevistados desta pesquisa permitem afirmar que os pedagogos que trabalham no interior das instituições de privação de liberdade refletem criticamente sobre educação e compreendem as nuances da desigualdade social, às quais os educandos de seu contexto de atuação estão expostos ao longo das trajetórias de vida anteriores ao encarceramento ou à internação, relacionados ao envolvimento com a criminalidade a partir dos processos de socialização.

Além disso, o grupo de entrevistados concorda com o fato de que o curso de Pedagogia não aprofunda, de maneira adequada, a atuação no campo das instituições de privação de liberdade. Nesse sentido, boa parte da *"formação técnica"* dos pedagogos que atuam no sistema prisional e socioeducativo ocorreu por meio da prática profissional, ou seja, aprenderam a ser pedagogos não escolares atuando cotidianamente, tendo como repertório as experiências acumuladas e constituídas no cotidiano profissional. Porém, os profissionais evidentemente se referenciam nos conhecimentos da formação universitária e da educação escolar, pois parte do grupo atuou na docência e, sobretudo, assimilando a dinâmica da instituição.

É preciso considerar que esta pesquisa não aborda a atuação de pedagogos em uma perspectiva docente, pois os profissionais entrevistados não ocupam o cargo de professor. Apesar disso, os entrevistados evidenciam que, no cotidiano profissional, por vezes, atuam na perspectiva da docência, articulando conhecimentos do campo da didática, seja trabalhando com alfabetização, reforço escolar ou ministrando cursos de capacitação profissional. Por essa razão, a atuação dos pedagogos nas instituições de privação de liberdade possui uma característica polivalente e interdisciplinar, ou seja, genuinamente pedagógica.

O grupo de profissionais entrevistados explicitou um anseio por formação específica para o trabalho com alfabetização no interior das instituições em que atuam, além disso, parte do grupo, em suas trajetórias individuais, buscou cursos de pós-graduação *lato sensu* – cursos que, na visão dos trabalhadores, oferecem instrumental para lidar com as demandas do atendimento individual dos educandos. Constatou-se que três dos entrevistados possuem pós-graduação em Psicopedagogia e um entrevistado possui pós-graduação em Psicomotricidade, esses quatro profissionais enfatizaram elementos positivos desses cursos de especialização como a capacitação para um atendimento mais individualizado e personalizado, com certa característica clínica, por meio dos elementos teóricos advindos da intersecção entre Psicologia e Pedagogia. Ou seja, uma formação adequada para o trabalho nas instituições de privação de liberdade é aquela que oferece ao pedagogo a possibilidade de articulações interdisciplinares, relacionando as práticas pedagógicas aos contextos particulares das instituições e atendendo às demandas subjetivas específicas que interferem no processo educativo desses sujeitos, já que ficou explícito que o trabalho dos entrevistados não é um trabalho pautado na atuação exclusivamente docente.

A partir dos relatos dos entrevistados foi possível esboçar um escopo de atuação dos pedagogos no contexto das instituições de privação de liberdade que mescla duas dimensões: *"Planejamento e gestão"* e *"Atendimento individual e coletivo"*.

Na dimensão do *"Planejamento e da Gestão"*, em ambos os casos, Fundação Casa e Secretaria da Administração Penitenciária, constatou-se que o pedagogo é, essencialmente, um articulador e propositor das ações pedagógicas – sejam elas formais, relacionadas ao cotidiano escolar ou aos cursos extracurriculares oferecidos nas instituições na perspectiva da educação não escolar, nessa dimensão do planejamento e da gestão está inclusa a gestão burocrática desses processos. Na Fundação Casa, o pedagogo faz a ponte entre a unidade de atendimento socioeducativo e a escola, por vezes, esse trabalho pode remeter, também, ao trabalho do coordenador pedagógico escolar. Além disso, os profissionais evidenciaram que têm espaço para a proposição de iniciativas educativas por meio de projetos pedagógicos que articulem diferentes temáticas.

Na dimensão do *"Atendimento individual e coletivo"* está expressa a atuação do pedagogo como um educador propriamente dito, que executa os processos pedagógicos junto dos educandos, seja no âmbito do atendimento individual ou coletivo, por meio das oficinas, da atuação na perspectiva da alfabetização e no apoio à educação escolar ou profissional.

Assim, é possível estabelecer uma relação concêntrica entre o núcleo: ***"O exercício da profissão, condicionantes objetivos, precarização, contradições e aspirações"*** e o núcleo ***"Formação acadêmica, capacitação profissional e continuada e as impressões dos pedagogos como intelectuais que refletem sobre sua prática"***, pois a formação profissional e a atuação profissional estão intimamente ligadas de maneira que são elementos complementares da identidade do pedagogo. A compreensão dessa relação constitui, portanto, um postulado epistemológico da Pedagogia como Ciência da Educação que considera a teoria como expressão da prática, ou melhor, das ações práticas. Sendo assim, a formação do pedagogo que atua nas instituições de privação de liberdade não se restringe ao âmbito acadêmico, pois tem um caráter praxiológico e se constitui por meio do trabalho. Essa afirmação não se propõe, em nenhum momento, a desqualificar a formação universitária. O que se constata, porém, são os limites do curso de Pedagogia para a formação desses profissionais que atuam fora da escola e necessitam de conhecimentos e habilidades específicas, que contemplem aspectos legais e normativos das instituições de privação de liberdade e de como a educação pode se manifestar e ser desenvolvida nesse contexto.

A análise dos dois núcleos de significação anteriormente abordados pode ser sintetizada na inter-relação dos elementos trabalho e formação que, na verdade, são faces distintas do mesmo objeto, tendo aprofundado essa dinâmica deparou-se com o núcleo de significação que trata: *"A função socioeducativa e ressocializadora do pedagogo e do trabalho pedagógico nas instituições de privação de liberdade"*. Uma vez que se estabeleceram as motivações que direcionam os sujeitos para a profissão, compreende-se sua formação e o trabalho propriamente dito, surgem os aspectos que sustentam a função social dessa atuação, instrumentalizada de acordo com os propósitos do contexto nos quais ocorre o trabalho dos pedagogos, que é caracterizado como um espaço com características específicas, para o desenvolvimento das práticas pedagógicas, é preciso estabelecer, então, as possibilidades, as contradições e a materialidade desse trabalho.

A característica principal do trabalho pedagógico nas instituições de privação de liberdade é a concepção de educação como elemento de ressocialização, dessa perspectiva emerge uma ideia que entende a educação como ferramenta terapêutica, a educação seria um instrumento capaz de disciplinar a conduta do indivíduo, de prover a cultura e o conhecimento minimamente necessários para que a sua cidadania seja recuperada e para que esse indivíduo seja reinserido e reintegrado no meio social. Ora, os profissionais evidenciaram a busca por elementos formativos advindos da intersecção entre Psicologia e Pedagogia, como visto, por meio dos cursos de especialização em Psicopedagogia e Psicomotricidade. Essa compreensão de necessidade de "intervenção clínica" em certa medida está sustentada em uma visão comportamental oriunda do ideal reabilitador.

A perspectiva terapêutica é limitada para a intervenção sobre o sujeito que está privado de sua liberdade, no entanto a grande questão que surge é sobre o limite dessa abordagem, pois o indivíduo é um ser social. Além disso, dessa compreensão estritamente individual pode derivar uma certa patologização do problema, descaracterizando, assim, a natureza da intervenção pedagógica.

Nesse sentido, assume-se uma postura crítica vinculada ao materialismo histórico-dialético, dessa maneira, não se pode desvincular a compreensão do aparato punitivo estatal que forja as instituições de privação de liberdade desvinculando-as de uma finalidade que as caracterize como dispositivos de disciplinamento político e econômico para as camadas mais pauperizadas da classe trabalhadora. Ou seja: o encarceramento é um problema social, criado como resposta para outros problemas sociais. Nesse sentido, é possível levantar um questionamento sobre qual é a eficácia de uma medida individual para tratar de um problema que é produzido no âmbito da coletividade.

A ação pedagógica desenvolvida no âmbito das instituições de privação de liberdade pelos pedagogos tem essa característica, pois se direciona ao indivíduo e nos moldes como funciona não comportaria uma abordagem mais ampla. No entanto, é necessário considerar o potencial das práticas educativas não escolares sociocomunitárias como elementos a serem articulados em territórios de vulnerabilidade social, como o das periferias, que segundo os indicadores oficiais são os territórios de onde vem e para onde volta parte significativa dos indivíduos que são submetidos ao encarceramento.

Encerra-se esta análise internúcleos estabelecendo o encadeamento dos conteúdos elencados na análise. Após esse percurso metodológico investigativo surgem inúmeros desafios ao campo pedagógico e à profissão de pedagogo. Na conclusão, a seguir, serão retomados os elementos da discussão teórica entrelaçando a perspectiva da Pedagogia como ciência às contribuições da Pedagogia Social, no intuito de apontar possíveis caminhos de ação e de questões para aprofundamento em pesquisa.

CAPÍTULO 5

CONSIDERAÇÕES FINAIS

Chegando ao final deste percurso investigativo, mas não esgotando as problematizações acerca da temática, torna-se possível estabelecer algumas posições evidenciadas a partir desta pesquisa, tanto pelo levantamento e discussão bibliográfica como pela pesquisa empírica junto aos pedagogos atuantes nas instituições de privação de liberdade entrevistados.

Um primeiro ponto a se destacar, partindo da pesquisa empírica, é o de que a amostra de pedagogos entrevistados considera que o curso de pedagogia não os preparou, de maneira satisfatória, para trabalhar fora da escola, sobretudo para o trabalho no âmbito das instituições de privação de liberdade – em alguns casos a temática sequer foi abordada.

O referencial teórico-metodológico do subcampo da Pedagogia abarcado pela Pedagogia Social assume os diferentes contextos para realização da educação não escolar como campo e objeto de análise, investigação e teorização. Porém, a Pedagogia Social ainda não está incorporada à grade dos cursos de Pedagogia, assim como também não está incorporada nos regimentos internos que norteiam o trabalho nessas instituições. Cabe ressaltar que os autores brasileiros que se dedicam ao campo da Pedagogia Social compreendem as instituições de privação de liberdade como área de concentração investigativa e reivindicam a pesquisa e sugerem práticas e metodologias para o trabalho nesses contextos.

Essa constatação revela que seria oportuna a realização de novas pesquisas no intuito de mapear como a temática da atuação de pedagogos nas instituições de privação de liberdade vem sendo abordada nos cursos de licenciatura em pedagogia pelo país, bem como a abordagem do subcampo Pedagogia Social, observando, por exemplo, se há diferença de tratamentos dessas temáticas em instituições públicas e privadas, se há diferenciação regional e quais são as grandes tendências desse debate, e se há unidades curriculares exclusivas para a discussão ou se o assunto surge pulverizado em outras unidades curriculares.

Outro ponto importante verificado na amostra de pedagogos entrevistados é que os participantes da pesquisa conhecem vagamente a concepção da Pedagogia como Ciência, porém sem profundidade epistemológica. Nesse sentido, seria oportuno também verificar por meio de novas pesquisas como o estudo da Pedagogia propriamente dita é desenvolvido nas matrizes curriculares dos cursos de Pedagogia, identificando unidades curriculares que abordam a temática. A hipótese levantada aqui é de que a Pedagogia ainda não consolidou sua autonomia científica, sequer dentro do curso de licenciatura, pois a ênfase do curso está nos fundamentos teórico-metodológicos dos componentes curriculares da educação básica e nos fundamentos epistemológicos das ciências da educação, de forma que parece ser urgente e necessário consolidar a Pedagogia como uma disciplina curricular, no interior do curso e das licenciaturas em geral, pois estas se nutrem de conhecimentos genuinamente pedagógicos como os da área da didática.

Uma posição um tanto controversa presente na fala dos entrevistados, mas muito pertinente para a análise, foi a afirmação de que o curso de Pedagogia não preparou os profissionais de forma satisfatória para o trabalho no âmbito das instituições de privação de liberdade. A contradição é constatada, pois, se por um lado os entrevistados apontam lacunas na formação, no sentido do tratamento temático de aspectos relacionados à legislação penal, ECA, ou à dinâmica institucional interna do sistema socioeducativo ou do sistema penitenciário, por outro lado, os pedagogos expressam uma rica síntese analítica das possibilidades concretas e dos limites da sua ação educativa nesses contextos, posições fiéis aos desafios da realidade social, sempre orientadas por perspectivas educativas humanistas e críticas, que se materializam em ações pedagógicas que priorizam o educando como sujeito autônomo.

Tal apontamento nos permite supor que, mesmo de maneira indireta, dada sua natureza interdisciplinar e dialética, a Pedagogia impõe ao educador uma abordagem sistemática para a dinâmica educativa humana que oportuniza o desenvolvimento de práticas educativas nos mais diversos âmbitos, a lacuna referida pelos entrevistados seria de ordem técnico-prática, para lidar com a instituição, e não necessariamente de ordem epistemológica ou científica, para lidar com processos educativos, inúmeras ações citadas pelos pedagogos entrevistados revelam profissionais ativos, engajados e propositivos em seus contextos de atuação.

Após o levantamento desses pontos que demandam novas investigações é possível adentrar no debate sobre a reconfiguração do curso de Pedagogia, encarando as demandas e o desafio de aprofundar os aspectos metodológicos e epistemológicos da educação em contextos não escolares. No entanto, antes de sugerir novos componentes curriculares que podem inflar ainda mais um curso que já é denso, o que os cursos de Pedagogia devem buscar é assumir a Pedagogia como ciência, evitando as flutuações ideológicas e mercadológicas que pautam certas tendências do debate educacional, muitas delas escamoteadas a partir do discurso neoliberal incorporado pela educação.

Para se projetar mudanças para o curso de Pedagogia, é necessário assumir a Pedagogia como *"A ciência da Educação"* e, a partir daí, considerar o seu caráter essencialmente dialético. Uma abordagem epistemológica profundamente pedagógica, dentro do curso de licenciatura, por si só, já possibilitaria uma mudança de postura e estabeleceria um novo perfil para o egresso desses cursos. Dessa forma o pedagogo deve assumir-se como um especialista e cientista da educação, considerando a educabilidade como uma pulsão humana, pois as pessoas se educam porque existem, se educam porque se comunicam. Sendo assim, devemos compreender a condição existencial que impele o ser humano à educabilidade e considerar que todos os espaços se constituem como espaços educativos, portanto espaços para a ação do pedagogo. A docência é apenas uma das possibilidades da efetivação do trabalho pedagógico.

A transformação e superação de uma sociedade fragmentada pelo neoliberalismo requer do pedagogo e do campo educativo ações que possibilitem a mudança radical do atual estado das coisas a partir do rigor científico que a natureza dialética da Pedagogia impõe ao pedagogo. A contribuição do materialismo histórico-dialético, na consolidação do estatuto epistemológico da Pedagogia, auxilia na apreensão das contradições sociais e, como método de análise da realidade social, o materialismo entende a atividade humana, por extensão, a atividade pedagógica como forma de produção e reprodução da vida como ação histórica e, portanto, uma ação que conduza para a transformação social imersa em suas contradições.

O rigor analítico e investigativo que o materialismo histórico-dialético empresta à Pedagogia requer um pensamento analítico categorial capaz de se ancorar na perspectiva da totalidade conceitual, considerando a construção e transmissão do conhecimento como um fenômeno praxiológico e dialético. Dessa relação emerge uma das dimensões fundamentais do trabalho pedagógico: a experiência, elemento capaz de produzir saberes, pois a experiência é sempre produzida por meio de um movimento dialético que busca responder às demandas das dinâmicas educativas. Por isso, o curso de Pedagogia precisa considerar a necessidade de o graduando acessar os *saberes da experiência* ainda na formação inicial, pois o pedagogo também se forma à medida que acessa o fenômeno educativo e à medida que troca conhecimentos com os seus pares. Assim, é urgente que o curso supere a concepção de prática como algo que ocorre apenas no âmbito dos estágios, que, geralmente, são realizados apenas no contexto escolar. A prática é um elemento constitutivo do fazer pedagógico e a educação se efetiva como uma prática social, desse modo, a formação do pedagogo precisa contemplar os conhecimentos específicos do campo não escolar.

Nesse sentido, o modelo dos estágios curriculares desenvolvido nas residências pedagógicas mostra-se como uma alternativa bastante sofisticada que garante uma imersão e uma supervisão bastante efetiva para o processo formativo do pedagogo. Infere-se que seria oportuno considerar modelos de estágio aos moldes das residências que englobem a educação não escolar na sua diversidade de contextos e práticas, de um modo particular contemplando o trabalho do pedagogo nas instituições de privação de liberdade, possibilitando ao graduando do curso de Pedagogia o contato com os profissionais que lá atuam e estreitando o vínculo da academia com essas instituições no sentido da produção de pesquisa para se consolidar um amplo repertório investigativo sobre esse campo.

Finalmente, a pesquisa aqui apresentada buscou oferecer uma contribuição para a Pedagogia, enquanto ciência e profissão, tanto pelo seu caráter empírico e investigativo, quanto pela concepção teórico-metodológico que aponta para o caráter científico da Pedagogia. O pedagogo é, essencialmente, um intelectual, forjado pela teoria e pela prática cotidiana as quais o configuram como um educador. Além disso, é, também, um agente político de extrema relevância que deve ter voz no debate acerca dos rumos de sua profissão.

Não há como pensar em mudanças e inovações no curso de Pedagogia sem considerar a extrema relevância daquilo que têm a dizer os profissionais que operam nos diferentes contextos que recrutam o trabalho de pedagogos. É necessário que essa escuta ocorra não apenas no âmbito da pesquisa acadêmica, mas também em outros espaços destinados à organização dessa classe de trabalhadores, como sindicatos e assembleias, é urgente, também, a criação de conselhos regionais, estaduais e nacional que defendam diretrizes gerais e disciplinem o exercício da profissão no país, de forma que os interesses coletivos da categoria sejam assegurados dentro de um espaço democrático, dirigido pelos profissionais, em que os trabalhadores definam os rumos da profissão, façam a disputa política em torno das demandas concretas para as melhorias das condições de trabalho, contribuam para o debate acadêmico e supervisionem a formação, sempre no intuito de oferecer um serviço de excelência para a sociedade.

Por fim, com relação a mudanças no curso de licenciatura, a grande questão não é a ampliação ou reconfiguração da carga horária ou a criação de novas unidades curriculares, é urgente uma postura epistemológica diante da Pedagogia que fundamente a formação e contribua para a compreensão dos inúmeros campos de trabalho em qualquer que seja o contexto.

O presente pesquisador não compactua com a defesa da segmentação da área da Pedagogia Social e um curso distinto do curso de Pedagogia, pois compreende a Pedagogia Social como um subcampo da Pedagogia. Assim, não faria sentido esse tipo de desvinculação, na verdade, o subcampo precisa ser incorporado com propriedade na discussão mais ampla da Pedagogia e, por outro lado, a educação não escolar, em sua diversidade de contextos, também necessita ser englobada de maneira efetiva na formação.

Ainda tratando da necessidade de se estabelecer cientificidade da Pedagogia, observamos que a área pedagógica, em suas intersecções interdisciplinares, frequentemente é objeto de análise de profissionais de áreas alheias ao tratamento direcionado ao fenômeno educativo, como: advogados, economistas, pediatras e psicólogos, áreas que gozam de certo prestígio social e científico, porém quando os profissionais da Pedagogia se posicionam sobre temas pedagógicos que transitam em outras áreas do conhecimento não gozam do mesmo prestígio.

A Pedagogia precisa consolidar o protagonismo que merece, a partir da complexidade do fenômeno educativo, assumindo como elemento central a compreensão da educabilidade humana como um princípio e um valor, essa é uma tarefa árdua para os pedagogos e pedagogas, intelectuais reflexivos fundamentais para a construção de uma sociedade justa, cidadã e igualitária, livre de amarras e correntes, sejam ideológicas ou institucionais, uma sociedade na qual a liberdade seja um fundamento pelo qual os indivíduos alcancem o pleno desenvolvimento de sua autonomia.

REFERÊNCIAS

ADORNO, S.; SALLA, F. Criminalidade organizada nas prisões e os ataques do PCC. **Estudos avançados**, v. 21, n. 61, p. 7-29, 2007.

ADORNO, S.; BORDINI, E. B. T.; LIMA, R. S. O adolescente e as mudanças na criminalidade urbana. **São Paulo em Perspectiva**, v. 13, n. 4, p. 62-74, 1999.

AGUIAR, V. Um balanço das políticas do governo Lula para a educação superior: continuidade e ruptura. **Rev. Sociol. Polit.**, v. 24, n. 57, p. 113-126, 2016. Disponível em: http://www.scielo.br/scielo.php?script=sci_arttext&pid=S0104-44782016000100113&lng=en&nrm=iso. Acesso em: 28 mar. 2021.

AGUIAR, W. M. J.; OZELLA, S. Apreensão dos sentidos: aprimorando a proposta dos núcleos de significação. **Revista Brasileira de Estudos Pedagógicos**, Brasília, v. 94, n. 236, p. 299-322, jan./abr. 2013.

AGUIAR, W. M. J. Reflexões a partir da psicologia sócio-histórica sobre a categoria "consciência". **Cadernos de Pesquisa**, p. 125-142, 2000.

AGUIAR, W. M. J. Núcleos de Significação como Instrumento para Apreensão da Construção dos sentidos. **Psicologia, Ciência e Profissão** – PUCSP, São Paulo, v. 26, n. 2, p. 222-245, 2006.

ALTHUSSER, L. **Ideologia e aparelhos ideológicos do Estado.** Lisboa: Presença, 1970.

ALVES, G. Trabalho e sindicalismo no Brasil: um balanço crítico da "década neoliberal" (1990-2000). **Revista de Sociologia e Política**, n. 19, p. 71-94, 2002.

ALVES, G. Trabalho e reestruturação produtiva no Brasil neoliberal: precarização do trabalho e redundância salarial. **Revista Katálysis**, v. 12, n. 2, p. 188-197, 2009.

ANFOPE. Formação dos profissionais da educação e base comum nacional: construindo um projeto coletivo – Documento Final. *In*: **Anais [...]** X Encontro Nacional da Associação Nacional Pela Formação dos Profissionais da Educação. Florianópolis, 2002. Disponível em: https://www.anfope.org.br/wp-content/uploads/2018/05/11%C2%BA-Encontro-Documento-Final-2002.pdf. Acesso em: 20. mai. 2020.

ANPED – Associação Nacional de Pós-Graduação e Pesquisa em Educação. **Uma formação formatada** – posição da ANPED sobre o "Texto referência – Diretrizes

Curriculares Nacionais e Base Nacional Comum para a formação inicial e continuada de professores da educação básica". Publicada em 09/10/2019. Disponível em: http://www.anped.org.br/news/posicao-da-anped-sobre-texto-referencia-dcn-e-bncc-para-formacao-inicial-e-continuada-de. Acesso em: 25 maio 2020.

ARIÈS, P. **História social da criança e da família**. Tradução de Flaksman, D. 2. ed. Rio de Janeiro: Zahar Editores, 1981.

BADARÓ BANDEIRA, M. M. Linhas de fuga – uma breve reflexão da prática do psicólogo na prisão. **Revista Diálogos**, Conselho Federal de Psicologia, ano 2, n. 2, mar. 2005.

BARDIN, L. **Análise de conteúdo**. São Paulo: Edições 70, 2011.

BELLO, I. M. **Trajetórias do curso Normal Superior em São Paulo**: das propostas oficiais de formação de professores ao cotidiano Instituições de ensino superior. 2.003. Dissertação (Mestrado em Educação) – Pontifícia Universidade Católica de São Paulo, São Paulo, 2003.

BITENCOURT, C. R. **Tratado de Direito Penal**. 19. ed. São Paulo: Saraiva, 2013.

BOGDAN, R. C.; BIKLEN, S. K. **Investigação qualitativa em educação.** Tradução de Alvarez, M. J.; Santos, S. B.; Baptista, T. M. Porto: Porto Editora, 1994.

BOURDIEU, P. **A dominação masculina**. Rio de Janeiro: Bertrand Brasil, 2002.

BOURDIEU. P. **A economia das trocas simbólicas**. 5. ed. São Paulo: Perspectiva, 2004.

BRAGA, R. **A rebeldia do precariado**: trabalho e neoliberalismo no Sul global. São Paulo: Boitempo, 2017.

BRANDÃO, C. R. **A Educação popular na escola cidadã**. Petrópolis: Vozes, 2002.

BRASIL. [Constituição (1988)]. **Constituição da República Federativa do Brasil de 1988.** Brasília, DF: Presidência da República, [2016]. Disponível em: http://www.planalto.gov.br/ccivil_03/Constituicao/Constituiçao.htm. Acesso em: 10 jan. 2020.

BRASIL. **Lei 8069, de 13 de julho 1990.** Dispõe sobre o Estatuto da Criança e do Adolescente e dá outras providências. Brasília, DF: Presidência da República, [1990]. Disponível em: http://www.planalto.gov.br/ccivil_03/LEIS/L8069.htm#art267. Acesso em: 8 jan. 2020.

BRASIL. INFOPEN. **Levantamento nacional de informações penitenciárias.** Brasília: Departamento Penitenciário Nacional-Ministério da Justiça, 2016.

BRASIL. **Lei n.º 7.210, de 11 de julho de 1984.** Lei de Execução Penal Brasileira. Brasília, DF: Presidência da República, [1984].

BRASIL. **Lei n.º 11.738, de 16 de julho de 2008.** Regulamenta a alínea "e" do inciso III do caput do art. 60 do Ato das Disposições Constitucionais Transitórias, para instituir o piso salarial profissional nacional para os profissionais do magistério público da educação básica. Brasília, DF: Presidência da República, [2008]. Disponível em: http://www.planalto.gov.br/ccivil_03/_ato2007-2010/2008/lei/l11738.htm. Acesso em: 20 mar. 2020.

BRASIL. **Lei n.º 10.172, de 09 de janeiro de 2001.** Plano Nacional de Educação (PNE 2001-2010). Brasília, DF: Presidência da República, 2001.

BRASIL. **Resolução CEB/CNE n. 04, de 9 de março de 2010.** Diretrizes Nacionais para a oferta de educação para jovens e adultos em situação de privação de liberdade nos estabelecimentos penais. Ministério da Educação – Conselho Nacional de Educação; Câmara de Educação Básica. Brasília, 2010.

BRASIL. **Parecer CNE/CP 03/2006.** Ministério da Educação. Conselho Nacional de Educação. Conselho Pleno. Brasília: MEC/CNE, 2006.

BRASIL. Congresso Federal. **Lei n.º 9.394, de 20 de dezembro de 1996.** Estabelece as diretrizes e bases da educação nacional. Brasília, DF: Presidência da República, [1996]. Disponível em: http://www.planalto.gov.br/ccivil_03/leis/l9394.htm. Acesso em: 21 maio 2020.

BRASIL. **Parecer CNE/CP 09, 08 de maio de 2001.** Diretrizes Curriculares Nacionais para a Formação de Professores da Educação Básica, em nível superior, curso de licenciatura, de graduação plena. Ministério da Educação, Conselho Nacional de Educação: (2001). Brasília: Diário Oficial da União, 18 jan. 2002, Seção 1, p.31. Disponível em: http://portal.mec.gov.br/cne/arquivos/pdf/009.pdf. Acesso em: 5 fev. 2021.

BRASIL. Conselho Nacional dos Direitos da Criança e do Adolescente. **Sistema Nacional de Atendimento Socioeducativo – SINASE.** Brasília: Conanda, 2006.

BRASIL. **Projeto de Lei (PL) n.º 5.346 de 2009.** Dispõe sobre a criação da profissão de educador e educadora social e dá outras providências. Câmara dos Deputados, Projetos de leis e Outras Proposições. Brasília. Disponível em:

http://www.camara.gov.br/proposicoesWeb/prop_mostrarintegra;jsessioni-d=79ACD134F482E205C0113905A393E710.node2?codteor=661788&filena-me=PL+5346/2009. Acesso em: 1 mar. 2021.

BRASIL. **Resolução n.º 14, de 11 de novembro de 1994.** Regras mínimas para o tratamento do preso no Brasil. Disponível em: http://www.crpsp.org.br/inter-justica/pdfs/regras-minimas-para-tratamento-dos-presos-no-brasil.pdf. Acesso em: 27 dez. 2019.

BRASIL. Presidência da República. Secretaria de Direitos Humanos (SDH). **LEVAN-TAMENTO ANUAL SINASE 2013.** Brasília, DF: Presidência da República, [2013]. Secretaria de Direitos Humanos da Presidência da República, 2015.

BRASIL. Presidência da República. Secretaria de Direitos Humanos (SDH). **LEVAN-TAMENTO ANUAL SINASE 2017.** Brasília, DF: Presidência da República, [2017]. Secretaria de Direitos Humanos da Presidência da República, 2015.

BRASIL. Ministério da Educação. **Base nacional Comum Curricular:** educação é a base. Brasília: MEC, 2017.

BRASIL. Ministério da Educação. **Proposta para Base Nacional Comum da Formação de Professores da Educação Básica.** Brasília: MEC, 2018.

BRASIL. **Lei n.º 13.935, de 11 de dezembro de 2019.** Dispõe sobre a prestação de serviços de psicologia e de serviço social nas redes públicas de educação básica. Brasília, DF, 2019.

BEIŜIEGEL, C. R. **Estado e educação popular.** São Paulo: Pioneira, 1974.

BRZEZINSKI, I. **Pedagogia, pedagogos e formação de professores:** busca e movimento. Campinas, SP: Papirus, 1996. (Coleção magistério: Formação e trabalho pedagógico).

BISINOTO, C. *et al.* Socioeducação: origem, significado e implicações para o atendimento socioeducativo. **Psicologia em Estudo,** v. 20, n. 4, p. 575-585, 2015.

BOAVIDA, J.; AMADO, J. **Ciência da Educação:** Epistemologia, Identidade e Perspectivas. Coimbra: Imprensa da Universidade de Coimbra, 2006.

CALIMAN, G. A Pedagogia social na Itália. *In*: MOURA, R.; SOUZA NETO, J. C. S.; SILVA, R. (org.). **Pedagogia Social.** São Paulo: Expressão & Arte Editora, 2009. p. 51-60.

CAMORS, J. A Pedagogia Social na América Latina. *In*: SILVA, R.; NETO, J. C. S.; MOURA, R. A. (org.). **Pedagogia Social**. São Paulo: Expressão e Arte Editora, 2009. p. 109-130.

CAPELLER, W. O Direito pelo avesso: análise do conceito de ressocialização. **Temas IMESC, Soc. Dir. Saúde**, São Paulo, v. 2, n. 2, p. 127-134, 1985.

CARVALHO, A. D.; BAPTISTA, I. M. C.; PINTO, U. A. Ciência da Educação, Pedagogia e Pedagogia Social: inter-relações epistemológicas. *In*: PIMENTA, S. G.; SEVERO, J. L. R. L. (org.). **Pedagogia**: teoria, formação, profissão. São Paulo: Cortez, 2021. p. 103-128.

CAVACO, M. H. **Ser professor:** fases da vida e percursos. Um contributo para o estudo da condição do professor do ensino secundário. 1993. Dissertação (Mestrado em Educação) – Departamento de Educação da Faculdade de Ciências de Lisboa, 1993.

CHAMON, M. **Trajetória da feminização do magistério**: ambiguidades e conflitos. Belo Horizonte: Autêntica, 2005.

CLEMMER, D. **The prison Community**. Boston: Christopher Publishing House, 1940.

COLAVITTO, N. B.; ARRUDA, A. L. M. M. Educação de jovens e adultos (EJA): a importância da alfabetização. **Revista Eletrônica Saberes da Educação**, v. 5, n. 1, 2014.

COSTA, A. C. G. **Brasil Criança Urgente**: a Lei 8069/90. São Paulo: Columbus Cultural Editora, 1990. (Coleção Pedagogia Social, v. 3).

COSTA, A. C. G. A Pedagogia Social e o adolescente autor de ato infracional. *In*: SILVA, R.; SOUZA NETO, J. C.; MOURA, R. A. (org.). **Pedagogia Social**. São Paulo: Expressão e Arte Editora, 2009. p. 195-205.

CUNHA, E. O.; DAZZANI, M.V.M. O Que é Socioeducação? Uma Proposta de Delimitação Conceitual. **Revista Brasileira Adolescência e Conflitualidade**, n. 17, p. 71-81, 2018.

DARDOT, P.; LAVAL, C. **A nova razão do mundo** – ensaio sobre a sociedade neoliberal. São Paulo: Boitempo, 2016.

DECLARAÇÃO UNIVERSAL DOS DIREITOS HUMANOS. **Assembleia Geral das Nações Unidas em Paris**, 10 dez. 1948. Disponível em: http://unesdoc.unesco. org/images/0013/001394/139423por.pdf. Acesso em: 10 fev. 2019.

DEJOURS, C. **A banalização da injustiça social**. São Paulo: FGV Editora, 1999.

ESTEVE, J. M. Mudanças sociais e função docente. *In*: NÓVOA, A. (org.). **Profissão professor**. Porto, 1991.

FARIAS, I. M. S. O discurso curricular da proposta para BNC da formação de professores da educação básica. **Revista Retratos da Escola**, Brasília, v. 13, n. 25, p. 155-168, jan./maio 2019.

FICHTNER, B. Pedagogia Social e Trabalho Social na Alemanha. *In*: SILVA, R.; NETO, J. C. S.; MOURA, R. A. (org.). **Pedagogia Social**. São Paulo: Expressão e Arte Editora, 2009. p. 43-50.

FOUCAULT, M. **Vigiar e Punir**. Tradução de Raquel Ramalhete. Petrópolis: Vozes, 1986.

FOUCAULT, M. O sujeito e o poder. *In*: RABINOW, P.; DREYFUSS, H. **Michel Foucault:** uma trajetória filosófica. Rio de Janeiro: Forense Universitária, 1995.

FRANCO, M. A. **Pedagogia como ciência da educação**. 2. ed. São Paulo: Cortez, 2008.

FREIRE, P. **Educação como prática de liberdade**. 13. ed. São Paulo: Paz e Terra, 1982.

FREIRE, P. **Pedagogia do Oprimido**. Rio de Janeiro: Paz e Terra, 1987.

FREIRE, P. **A importância do ato de ler:** em três artigos que se completam. São Paulo: Cortez: Autores Associados, 1992.

FREIRE, P. **Pedagogia da Autonomia**: Saberes necessários à prática educativa. São Paulo: Paz e Terra, 1996.

FREIRE, P. **Pedagogia da indignação**: cartas pedagógicas e outros escritos. São Paulo: UNESP, 2000.

FREYRE, G. **Casa-grande & senzala**: a formação da família brasileira sob regime da economia patriarcal. 22. ed. Rio de Janeiro: Livraria José Olympio Editora, 1983.

FRIEDRICH, M. *et al*. Trajetória da escolarização de jovens e adultos no Brasil: de plataformas de governo a propostas pedagógicas esvaziadas. **Ensaio:** Avaliação e Políticas Públicas em Educação, v. 18, n. 67, p. 389-410, 2010.

FRIGOTTO, G. Reformas educativas e o retrocesso democrático no Brasil nos anos 90. *In*: LINHARES, C. (org.). **Os professores e a reinvenção da escola**. São Paulo: Cortez, 2001. p. 57-80.

GADOTTI, M. Educação popular, educação social, educação comunitária: conceitos e práticas diversas, cimentadas por uma causa comum. **Revista Diálogos**, IV CONGRESSO INTERNACIONAL DE PEDAGOGIA SOCIAL: Domínio Epistemológico, 2012, v. 18, n. 2, p. 10-32.

GATTI, B. **Atratividade da carreira docente no Brasil**: relatório preliminar. São Paulo: Fundação Carlos Chagas, 2009.

GATTI, B. **A construção da Pesquisa em educação no Brasil**. Brasília: Liber Libro Editora, 2007. p. 15-38.

GATTI, B. Didática e formação de professores: provocações. **Cadernos de pesquisa**, v. 47, n. 166, p. 1150-1164, 2017.

GENTILI, P. **Neoliberalismo e educação**: manual do usuário. *In*: GENTILI, P.; SILVA, T. T. (org.). **Escola S.A.**: quem ganha e quem perde no mercado educacional do neoliberalismo. Brasília: CNTE, 1999. p. 9-49.

GHEDIN, E.; PIMENTA, S. (org.). **Professor reflexivo no Brasil**: gênese e crítica de um conceito. 3. ed. São Paulo: Cortez, 2005.

GIL, A. C. **Como elaborar projetos de pesquisa**. 4. ed. São Paulo: Editora Atlas, 2002.

GOFFMAN, E. **Manicômios, prisões e conventos**. Tradução de Leite, D. M.; revisão de Antenor Celestino de Souza. 2. ed. São Paulo: Perspectiva, 1987.

GOFFMAN, E. **A Representação do Eu na Vida Cotidiana**. Petrópolis: Vozes, 2003.

GOMES, R. Análise e interpretação de dados de pesquisa qualitativa. *In*: DESLANDES, S. F.; GOMES, R.; MINAYO, M. C. S. (org.). **Pesquisa social:** teoria, método e criatividade. 26. ed. Petrópolis, RJ: Vozes, 2007. p. 79-108.

GONÇALVES, J. A. A carreira das professoras do ensino primário. *In*: NÓVOA, A. (ed.). **Vidas de professores**. Porto: Porto Editora, 1995. p. 141-169.

GRACIANO, M. **A educação como direito humano**: a escola na prisão. 2005. 154f. Dissertação (Mestrado em Sociologia da Educação) – Faculdade de Educação Universidade de São Paulo, São Paulo, 2005.

GUEIROS, D.; AZEVEDO, R. de C. S. O. Direito a convivência familiar. **Revista do Serviço Social e Sociedade,** São Paulo, n. 81, p. 117-134, 2005.

HABERMAS, J. **Pensamento pós-metafísico**. Estudos filosóficos. 2. ed. Rio de Janeiro: Tempo Brasileiro, 2002.

HUBERMAN, M. O ciclo de vida profissional dos professores. *In*: NÓVOA, A. (org.). **Vidas de professores**. 3. ed. Portugal: Porto Editora, 1995. p. 31-61.

JAPIASSU, H. **Introdução ao pensamento epistemológico**. Rio de Janeiro: Francisco Alves, 1977.

KERSTENETZKY, C. L. **O Estado de Bem-Estar Social na idade da razão**. Rio de Janeiro: Campus, 2012.

KOPNIN, P. V. **Fundamentos lógicos da ciência**. Rio de janeiro: Civilização Brasileira, 1972.

LAVAL, C. **A escola não é uma empresa**: neoliberalismo em ataque ao ensino público. São Paulo: Boitempo, 2019.

LEFRANC, G. **Socialismo Reformista**. Lisboa: Círculo dos Leitores, 1974.

LIBÂNEO, J. C.; PIMENTA, S. G. Formação dos profissionais da educação: visão crítica e perspectivas de mudança. *In*: PIMENTA, S. G. (org.). **Pedagogia e Pedagogos**: caminhos e perspectivas. 3. ed. São Paulo: Cortez, 2002.

LIBÂNEO, J. C.; PIMENTA, S. G. **Pedagogia e Pedagogos, para quê?** 12. ed. São Paulo: Cortez, 2010.

LÓPEZ, S. T. La Pedagogía Social en España. *In*: SILVA, R.; NETO, J. C. S; MOURA, R. A. (org.). **Pedagogia Social**. São Paulo: Expressão e Arte Editora, 2009. p. 95-108.

LOUREIRO, M.; CASTELEIRO, S. A Pedagogia Social em Portugal. *In*: SILVA, R.; NETO, J. C. S.; MOURA, R. A. (org.). **Pedagogia Social**. São Paulo: Expressão e Arte Editora, 2009. p. 83-94.

LUZURIAGA, L. **Pedagogia social e política**. São Paulo: Nacional, 1960.

MACHADO, S. J. **A ressocialização do preso à luz da Lei de Execução Penal**. 2008. 68f. Trabalho de Conclusão de Curso – Monografia (Bacharelado em Direito) – Universidade do Vale do Itajaí, Biguaçú, 2008.

MAZZOTTI, T. Estatuto de cientificidade da Pedagogia. *In*: PIMENTA, S. G. (org.). **Pedagogia, ciência da educação?** São Paulo: Cortez. 1996.

MARQUES, R. M.; MENDES, A. Servindo a dois senhores: as políticas sociais no governo Lula. **Revista Katálysis**, v. 10, n. 1, p. 15-23, 2007.

MARX. K. O 18 de Brumário de Louis Bonaparte. *In*: MARX, K.; ENGELS, F. **Obras escolhidas**. Moscou: Progresso, 1982.

MARX, K. **O capital**: crítica da economia política. Tradução de Sant'Anna, R. 15. ed. Rio de Janeiro: Bertrand Brasil, 1996.

MARX, K. **Para a crítica da economia política.** Salário, preço e lucro. O rendimento e suas fontes. São Paulo: Abril Cultural, 1982.

MELO, A. A. S; SOUSA, F. B. A agenda do mercado e a educação no governo Temer. **Germinal:** Marxismo e Educação em Debate, v. 9, n. 1, p. 25-36, 2017.

MÉSZÁROS, István. **A crise estrutural do capital**. São Paulo: Boitempo, 2008.

MÉSZÁROS, István. **O desafio e o fardo do tempo histórico**. São Paulo: Boitempo, 2007.

NATORP, P. **Pedagogía Social:** teoria de la educación de la voluntad. Madri: La Lectura, 1913.

NÓVOA, A. O passado do presente dos Professores. *In*: NÓVOA, A. (org.). **Profissão professor**. Porto: Portugal, 1991.

OLIVEIRA, M. M. **Como fazer pesquisa qualitativa**. Petrópolis: Vozes, 2007.

OLIVEIRA, S. B. de. **A formação do pedagogo para atuar no sistema penitenciário**. 2015 155 f. Dissertação (Mestrado em Educação) – Instituição de ensino: Pontifícia Universidade Católica do Paraná, Curitiba. Biblioteca depositária: Biblioteca Central da PUC-PR.

ORLANDI, L. B. L. O problema da pesquisa em educação e algumas de suas implicações. **Revista Educação Hoje**, São Paulo, n. 2, 1969, p. 7-25.

SCHMIED-KOWARZIK, W. **Pedagogia dialética**: de Aristóteles a Paulo Freire. Tradução Maar, W. L São Paulo: Brasiliense, 1983.

OSOWSKI, C. I. Situações Limite. *In*: STRECK, D. R.; REDIN, E.; ZITKOSKI, J. J. (org.). **Dicionário Paulo Freire**. São Paulo: Autêntica, 2015. p. 432-433.

OTTO, H. U. Origens da Pedagogia Social. *In*: SILVA, R.; NETO, J. C. S; MOURA, R. A. (org.). **Pedagogia Social**. São Paulo: Expressão e Arte Editora. 2009. p. 29-42.

PENIN, S. T. S. Profissão docente. Salto para o futuro – Edição Especial: Profissão Docente. **TV Escola**, Rio de Janeiro, v. 14, n. 1, 2009. Disponível em:

http://portaldoprofessor.mec.gov.br/storage/materiais/0000012181.pdf. Acesso em: 5 jan. 2022.

PEREIRA, A. A profissionalidade do educador social frente a regulamentação profissional da educação social: as disputas em torno do projeto de lei 5346/2009. **Revista Ibero-Americana de Estudos em Educação**, p. 1294-1317, 2016.

PEREIRA, D. F. F.; PEREIRA, E. T.. Revisitando a história da educação popular no Brasil: em busca de um outro mundo possível. **Revista HISTEDBR On-line**, v. 10, n. 40, p. 72-89, 2010.

PÉREZ-GOMEZ, A. I. Compreender o ensino na escola: modelos metodológicos de investigação educativa. *In*: SACRISTÁN, J. G.; PÉREZ-GOMEZ, A. I. **Compreender e transformar o ensino.** 4. ed. Tradução de Rosa, E. F. F. Porto Alegre: Artmed., 1998. p. 99-117.

PIMENTA, S. G. (org.). **Pedagogia, ciência da educação?** São Paulo: Cortez, 1996.

PIMENTA, S. G. (org.). Formação de professores: identidade e saberes da docência. *In*: PIMENTA, S. G. (org.). **Saberes pedagógicos e atividade docente.** São Paulo: Cortez Editora, 1999.

PINTO, U. A. A didática e a docência em contexto. *In*: **XVI Endipe.** Campinas (SP), Políticas de Formação Inicial e Continuada de Professores, 2012. p. 15-25.

PINTO, U. A. **Pedagogia Escolar**: Coordenação Pedagógica e Gestão Educacional. São Paulo: Cortez, 2011.

PINTO, U. A. O pedagogo escolar: avançando: no debate a partir da experiência nos cursos de Complementação Pedagógica. *In*: PIMENTA, S. G. (org.). **Pedagogia e Pedagogos:** caminhos e perspectivas. 3. ed. São Paulo: Cortez, 2002. p. 155-200.

PINTO, U. A. **Pedagogia e pedagogos escolares.** 2006. Tese (Doutorado em Educação) – Faculdade de Educação, Universidade de São Paulo, São Paulo. 184 p.

QUINTANA, J. M. Antecedentes Históricos de la Educación Social. *In*: PETRUS, A. (coord.) **Pedagogía Social.** Barcelona: Ariel, 1997. p. 71-73.

RIZZINI, I. Crianças e Menores – Do Pátrio Poder ao Pátrio Dever: Um Histórico da Legislação para a Infância no Brasil. *In*: PILLOTTI, F.; RIZZINI, I. (org.). **A Arte de Governar Crianças.** A história das Políticas Sociais, da Legislação e da Assistência a Infância no Brasil. 2. ed. São Paulo: Cortez, 2009, p. 97-149.

RYYNÄNEN, S. A Pedagogia Social na Finlândia e o contexto brasileiro. *In*: SILVA, R.; NETO, J. C. S.; MOURA, R. A. (org.). **Pedagogia Social**. São Paulo: Expressão e Arte Editora, 2009. p. 61-82.

SÃO PAULO. **Decreto n.º 50.412, de 27 de dezembro de 2005.** Reorganiza, na Secretaria da Administração Penitenciária, as Penitenciárias que especifica e dá providências correlatas. Disponível em: https://www.al.sp.gov.br/norma/59694. Acesso em: 5 abr. 2020.

SAVIANI, D. Pedagogia: o espaço da educação na universidade. **Cadernos de Pesquisa**, v. 37, n. 130, p. 99-134, 2007. Disponível em: https://doi.org/10.1590/S0100-15742007000100006. Acesso em: 2 jun. 2021.

SAVIANI, D. **Educação do Senso Comum à Consciência Filosófica**. 19. ed. Campinas: Autores Associados, 2013.

SAVIANI, D. **A Pedagogia no Brasil**: história e teoria. 2. ed. Campinas: Autores Associados, 2012.

SAVIANI, D. Antecedentes, origem e desenvolvimento da pedagogia histórico-crítica. *In*: MARSIGLIA, A. C. G. (org.). **Pedagogia histórico-crítica**: 30 anos. Campinas: Autores Associados, 2011. p. 197-226.

SAVIANI, D. Sobre a natureza e especificidade da educação. **Germinal: Marxismo e Educação em Debate**, v. 7, n. 1, p. 286-293, 2015.

SAVIANI, D. **Pedagogia histórico-crítica**: primeiras aproximações. São Paulo: Autores Associados, 1992.

SCHMIED-KOWARZIK, W. **Pedagogia dialética-de Aristóteles a Paulo Freire**. São Paulo: Brasiliense, 1983.

SCHÖN, D. A. Formar professores como profissionais reflexivos. *In*: NÓVOA, A. (org.). **Profissão professor**. Porto: Portugal, 1991.

SELLES, Sandra Escovedo. A BNCC e a Resolução CNE/CP no 2/2015 para a formação docente: a "carroça na frente dos bois". **Caderno Brasileiro de Ensino de Física**, v. 35, n. 2, p. 337-344, 2018.

SEVERO, J. L. R. L; MACHADO, E. R.; RODRIGUES, M. F. Pedagogia, Pedagogia Social e Educação Social no Brasil: entrecruzamentos, tensões e possibilidades. **Interfaces Científicas-Educação**, v. 3, n. 1, p. 11-20, 2014.

SEVERO, J. L. R. L; MACHADO, E. R.; RODRIGUES, M. F. A formação inicial de pedagogos para a educação em contextos não escolares: apontamentos críticos e alternativas curriculares. *In:* SILVESTRE, M. A.; PINTO, U. A. (org.). **Curso de Pedagogia avanços e limites após as Diretrizes Curriculares Nacionais**. São Paulo: Cortez, 2017. cap. 5, p. 127-162.

SEVERO, J. L. R. L.; MACHADO, E. R.; RODRIGUES, M. F. O horizonte da Pedagogia Social: perspectiva de aproximação conceitual. **Revista Ibero-Americana de Estudos em Educação**, Araraquara, v. 12, n. 4, p. 2122-2137, out./dez. 2017. Disponível em: http://dx.doi.org/10.21723/riaee.v12.n4.out./dez.2017.8802. Acesso em: 28 out. 2019.

SEVERO, J. L. R. L; MACHADO, E. R.; RODRIGUES, M. F. **Pedagogia e Educação Não Escolar no Brasil:** crítica epistemológica, formativa e profissional. 2015. 265 f. Tese (Doutorado em Educação) – Instituição de Ensino: UNIVERSIDADE FEDERAL DA PARAÍBA/JOÃO PESSOA, 2015.

SILVA, C. S. B. **Curso de pedagogia no Brasil:** história e identidade. 3. ed. Campinas: Autores Associados, 2006.

SILVA, R.; SOUZA NETO, J. C.; MOURA, R. A. de. **Pedagogia Social**. São Paulo: Expressão e Arte Editora, 2009. v. 1.

SILVA, R.; SOUZA NETO, J. C.; MOURA, R. A. de. A eficácia sociopedagógica da pena de privação da liberdade. **Educação e Pesquisa,** v. 41, n. 1, p. 33-48, 2015.

SILVA, R.; SOUZA NETO, J. C.; MOURA, R. A. de. Os fundamentos freirianos da Pedagogia Social em construção no Brasil. **Pedagogía Social** – Revista Interuniversitaria, n. 27, p. 179-198. 2016. Disponível em: https://dialnet.unirioja.es/revista/5704/A/2016. Acesso em: 25 out. 2020.

SILVA, R.; SOUZA NETO, J. C.; MOURA, R. A. de. Outras educações possíveis. *In:* GADOTTI, M.; CARNOY, M. (org.). **Reinventando Paulo Freire:** a práxis do Instituto Paulo Freire. São Paulo: IPF/Lemann/Stanford Education, 2018. p. 305-317.

SILVA, R.; SOUZA NETO, J. C.; MOURA, R. A. de.; SATO, L. T. A construção de indicadores para avaliar a função social da escola pública no Brasil. *In:* SILVA, R. da *et al.* **Pedagogia Social:** uma abordagem pedagógica para os conflitos e problemas sociais. São Paulo: Expressão e Arte, 2019. p. 435.

SILVA, R.; SOUZA NETO, J. C.; MOURA, R. A. de. Fundamentos epistemológicos para uma EJA Prisional no Brasil. **Revista Brasileira De Execução Penal-RBEP**, v. 1, n. 1, p. 59-76, 2020.

SILVA, R.; MOREIRA, F. A. Objetivos educacionais e objetivos da reabilitação penal: o diálogo possível. **Revista Sociologia Jurídica**, v. 3, p. 03, 2006.

SILVESTRE, M. A.; PINTO, U. A. (org.). **Curso de Pedagogia avanços e limites após as Diretrizes Curriculares Nacionais**. São Paulo: Cortez, 2017.

SOUZA, T. M. S. Patriarcado e capitalismo: uma relação simbiótica. **Temporalis**, v. 15, n. 30, p. 475-494, 2015.

STRELHOW, T. B. Breve história sobre a educação de jovens e adultos no Brasil. **Revista HISTEDBR On-line**, Campinas, n. 38, p. 49-59, 2010.

TARDIF, M.; LESSARD, C. **O trabalho docente**: elementos para uma teoria da docência como profissão de interações humanas. Petrópolis/RJ: Vozes, 2005.

TARDIF, M. **Saberes Docentes e Formação Profissional**. Petrópolis: Vozes, 2002.

TARDIF, M. A profissionalização do ensino passados trinta anos: dois passos para a frente, três para trás. **Educação e Sociedade**, Campinas, v. 34, n. 123, p. 551-571, 2013.

TAFFAREL, C. N. Z.; NEVES, M. L. C.. Tendências da Educação Frente à Correlação de Forças na Luta de Classes: uma análise do governo Bolsonaro na perspectiva educacional. **Estudos IAT**, v. 4, n. 2, p. 310-329, 2019.

THOMPSON, A. **A questão penitenciária**. 5. ed. Rio de Janeiro: Forense, 2002.

TRIVIÑOS, A. N. S. **Introdução à pesquisa em ciências sociais:** a pesquisa qualitativa em educação. São Paulo: Atlas, 1987.

VIEIRA. E. A social-democracia, longo caminho até a terceira via. **Currículo sem Fronteiras**, v. 13, n. 2, p. 182-203, maio/ago. 2013.

VYGOTSKY, L. S. A transformação socialista do homem, 1930. *In*: UFRGS – Autores Marxistas, 2004. Disponível em: https://www.ufrgs.br/psicoeduc/chasqueweb/ vygotsky/vygotsky-a-transformacao-socialista-do-homem.htm. Acesso em: 2 jan. 2022.

VYGOTSKY, L. S. **Teoria e método em Psicologia**. São Paulo: Martins Fontes, 2004.

VYGOTSKY, L. S. **Pensamento e Linguagem**. São Paulo: Martins Fontes, 2008.

VYGOTSKY, L. S. **A Construção do pensamento e da linguagem**. 2. ed. São Paulo: Martins Fontes, 2001.

WACQUANT, L. **As prisões da miséria**. Tradução de Telles, A. Rio de Janeiro: Jorge Zahar Ed., 2001.

WACQUANT, L. A ascensão do Estado penal nos EUA. *In*: BORDIEU, P. (org.). **De l'Etat social à l'Etat penal. Discursos sediciosos**. Rio de Janeiro: Revan, ano 7, n. 11, p. 14. 2002.

WACQUANT, L. O lugar da prisão na nova administração da pobreza. Tradução Miraglia, P. e Mello Filho, H. **Novos Estudos CEBRAP**, São Paulo, n. 80, p. 9-19, mar. 2008.

WACQUANT, L. Forjando o estado neoliberal: trabalho social, regime prisional e insegurança social. *In*: BATISTA, V. M. (org.). **Wacquant e a questão penal no capitalismo neoliberal**. Rio de Janeiro: Revan, 2012.

ZAFFARONI, E. R. **Em busca das penas perdidas**: a perda da legitimidade do sistema penal. Tradução de Pedrosa, V. R.; Conceição, A. L. Rio de Janeiro: Revan, 1991.